Deutschland – Impulse für ein neues Wirtschaftswunder

Martin Lüdiger

Deutschland – Impulse für ein neues Wirtschaftswunder

Eine sanfte Revolution

Springer Gabler

Martin Lüdiger
23843 Bad Oldesloe, Deutschland

ISBN 978-3-658-50753-4 ISBN 978-3-658-50754-1 (eBook)
https://doi.org/10.1007/978-3-658-50754-1

Die Deutsche Nationalbibliothek verzeichnet diese Publikation in der Deutschen Nationalbibliografie; detaillierte bibliografische Daten sind im Internet über https://portal.dnb.de abrufbar.

Springer Gabler ist ein Imprint der eingetragenen Gesellschaft Springer Fachmedien Wiesbaden GmbH und ist ein Teil von Springer Nature.
Die Anschrift der Gesellschaft ist: Abraham-Lincoln-Str. 46, 65189 Wiesbaden, Germany

Vorwort

Der Verfasser beschäftigt sich seit seinem Studium mit volkswirtschaftlichen Fragestellungen. In seiner Promotion analysierte er die Zusammenhänge von Wechselkursveränderungen auf Preise, Beschäftigung und Realeinkommen. Anschließend richtete sich sein Interesse auf die makroökonomischen Effekte von Fiskal- und Geldpolitik – insbesondere auf deren Einfluss auf Zinsen, Inflation und Wachstum – aus der Perspektive einer Bank.

Im Laufe seiner beruflichen Tätigkeit wurde dem Verfasser zunehmend deutlich, dass politische Entscheidungsprozesse oft nicht von einem strategischen Gesamtkonzept getragen werden – im Gegensatz zu gut geführten Unternehmen, die Zielkonflikte systematisch berücksichtigen. Erfolgreiche Unternehmen verfolgen in der Regel eine ausgewogene Zielerreichung entlang verschiedener Perspektiven: Finanzen, Kunden, Mitarbeiter, Prozesse und Innovation. Politische Entscheidungen hingegen entstehen im Rahmen eines demokratischen Antragsverfahrens, in dem vielfältige Interessen aufeinandertreffen und zu einem Kompromiss geführt werden müssen. Das Ergebnis sind häufig gut begründete, aber widersprüchliche Einzelbeschlüsse, die eher einer Wunschliste als einem konsistenten Konzept gleichen.

Politischen Parteien fehlt es oft an der Kraft, widersprüchliche Positionen konzeptionell zusammenzuführen. Parteitage bieten hierfür nur bedingt Raum; unangenehme Wahrheiten verschwinden aus Parteiprogrammen, und in Regierungsverantwortung wird bei schwierigen Fragen ein ehrlicher, tragfähiger Konsens selten gefunden. Da auf diese Weise kein langfristig konsistentes Zielsystem verfolgt werden kann, hat der Verfasser aus einer gewissen politischen Ernüchterung heraus begonnen, selbst ein strategisches Gesamtkonzept zu entwickeln – mit den Zielebenen Wohlstand, Umwelt, Bildung und Innovation, Sicherheit sowie Verteilung.

Selbst erfolgreiche Unternehmen – verglichen mit dem schwerfälligen Staatsapparat regelrechte Schnellboote – benötigen für strategische Veränderungen Zeit und Ausdauer. Für den Staat gilt dies in besonderem Maße: Ein langfristiger Wandel erfordert ein klares strategisches Konzept, das in Etappen politische Entscheidungsträger und schließlich auch breite Bevölkerungsschichten überzeugt. Dieser Prozess bietet zugleich Raum für kontinuierliche inhaltliche Weiterentwicklung. Das richtige Maß zwischen Veränderungsbereitschaft und strategischer Kontinuität zu finden, ist dabei eine anspruchsvolle Aufgabe. Mit diesem Buch und seinen konkreten, konzeptionellen Überlegungen möchte der Verfasser einen Beitrag zu dieser Aufgabe leisten – ganzheitlich, fundiert und praxisnah.

Das Buch bietet einen kompakten, empirisch fundierten Überblick über die zentralen wirtschaftspolitischen Herausforderungen unserer Zeit. Es formuliert ein konsistentes Gesamtkonzept für ein neues Wirtschaftswunder in Deutschland. Durch die ausgewogene Betrachtung der fünf zentralen Zielfelder – Wohlstand, Umwelt, Bildung/Innovation, Sicherheit und Verteilung – jeweils unterlegt mit klaren Mess- und Zielgrößen sowie konkreten Maßnahmen, entsteht ein praxisorientierter Leitfaden mit neuen Ideen und interessanten Einsichten. Damit das Konzept nicht theoretisch bleibt, werden alle vorgeschlagenen Reformen durchgerechnet – mit einem überraschenden Ergebnis.

Martin Lüdiger

Einleitung

Die Politik der 2020er-Jahre polarisiert unsere Gesellschaft zunehmend. Dieses Buch verfolgt das Ziel, ideologische Gräben zu überwinden und einen konstruktiven Beitrag zur politischen und wirtschaftlichen Erneuerung Deutschlands zu leisten. Der Verfasser entwickelt dazu eine ausgewogene Zielkarte, die die zentralen Herausforderungen unserer Zeit systematisch erfasst und deren Bewältigung als Voraussetzung für ein neues Wirtschaftswunder versteht.

Die Zielkarte umfasst fünf wesentliche Handlungsfelder: **Wohlstand, Umwelt, Bildung und Innovation, Sicherheit sowie Verteilung**. Für jedes dieser Felder werden präzise Zielgrößen definiert und konkrete Maßnahmen zur Zielerreichung vorgeschlagen. Dabei gilt ein einfacher, aber entscheidender Grundsatz: Nur was verständlich ist, kann auch überzeugen. Ein wirtschaftlicher Aufschwung – ein neues Wirtschaftswunder – kann nur gelingen, wenn breite Teile der Bevölkerung den Weg nachvollziehen, daran glauben, aktiv mitwirken und ihn gegenüber Widerständen verteidigen. Denn die positiven Effekte einer soliden Reformstrategie entfalten sich nicht über Nacht, sondern schrittweise über Jahre hinweg.

Dieses Konzept setzt bewusst auf kontinuierliche, realistische Veränderung. Es vermeidet radikale Umbrüche, die Bürger überfordern und politische Akteure von einer konsequenten Umsetzung abhalten würden. Gleichzeitig verfolgt es die nötigen Veränderungen mit inhaltlicher Konsequenz vom Anfang bis zum Ende. Bildlich gesprochen gleicht der Reformprozess einem sportlichen Neubeginn: Wer lange inaktiv war, wird durch plötzliche Überforderung scheitern. Doch wer klein beginnt, Ausdauer beweist und schrittweise Fortschritte macht, wird mit der Zeit Kraft, Tempo und Freude an der Bewegung gewinnen. Was anfangs mühsam war, erscheint nach Jahren selbstverständlich. Entscheidend ist der Mut zum ersten Schritt und die Beharrlichkeit, ihn immer wieder zu tun.

Das angestrebte Ergebnis ist ein schlanker, starker und effizienter Staat, dessen Handeln nachvollziehbar bleibt und auf breite Akzeptanz stößt. Seine Stärke liegt nicht in Selbstdarstellung oder inszenierter Führung, sondern in der verlässlichen Wahrnehmung seiner Kernaufgaben. Der Staat agiert nicht als bevormundender Übervater oder allgegenwärtige Übermutter, sondern als Coach und Dienstleister im Hintergrund. Gleichzeitig achtet er konsequent auf die Einhaltung der Spielregeln: Rechtsstaatlichkeit, Gleichheit vor dem Gesetz, innere Sicherheit, fairer Wettbewerb, Umweltverantwortung, hochwertige Bildung, Leistungsgerechtigkeit und existenzieller Schutz in Notlagen.

Manche Leser mögen eine umfassendere europäische Perspektive erwarten. Der Verfasser bekennt sich zwar ausdrücklich zu Europa, konzentriert sich in diesem Buch jedoch bewusst auf eine Zielkarte für Deutschland: nicht aus Abgrenzung, sondern aus der Überzeugung, dass hier dringender und unmittelbarer Handlungsbedarf besteht. Europäische Aspekte werden daher nur dort aufgegriffen, wo sie im direkten Zusammenhang mit den nationalen Zielen und Reformen stehen.

Inhaltsverzeichnis

Teil I Das Zielbild für ein neues Wirtschaftswunder – marktwirtschaftlich, gerecht und ökologisch

1 Die Zielkarte im Überblick 3

2 Wohlstand 7
2.1 Steigerung des realen Bruttoinlandsproduktes (BIP) pro Einwohner 7
2.2 Solide Staatsfinanzen 8
2.3 Preisniveaustabilität 19
2.4 Bürokratie- und Regulierungsabbau 21
2.5 Wettbewerbsfähigkeit Deutschlands erhöhen 27
2.5.1 Wettbewerbsfähige Energiepreise für Industrie und Haushalte schaffen 28
2.5.2 Quote der Steuerbelastung der Mittelschicht senken 32
2.5.3 Sozialversicherungsbeiträge stabilisieren 37
2.5.4 Öffentliche Infrastruktur intakt und modern halten 42

3 Umwelt 47
3.1 CO_2-Neutralität erreichen 48
3.2 Erhalt der Biodiversität 49
3.3 Plastikmüll reduzieren 51
3.4 Weltbeste Kernfusionsforschung 55

4 Bildung und Innovation 57
4.1 Anteil der Universitätsabschlüsse in MINT-Fächern erhöhen 57
4.2 Weltweit bei Pisa-Tests unter den Top 10 Ländern 59
4.3 Anteil/Anzahl der deutschen Patente erhöhen 66
4.4 Anzahl selbständige Unternehmen absolut und weltweit in den Top 100 erhöhen 69
4.5 Anzahl selbständiger Meister erhöhen 71

5 Sicherheit . . . 75
5.1 Deutschland und Europa verteidigungsfähig machen . . . 75
5.2 Kriminalität senken . . . 77
5.3 Fluchtmigration verringern und Integration steigern . . . 79
5.4 Deutsche Auswanderung verringern und qualifizierte Zuwanderung aus dem Ausland erhöhen . . . 83

6 Verteilung . . . 87
6.1 Ungleichverteilung begrenzen – Leistung ermöglichen . . . 87
6.2 Generationengerechtigkeit sicherstellen . . . 92
6.3 Sozialleistungen einfrieren und Subventionen senken . . . 95
6.3.1 Sozialleistungen einfrieren . . . 95
6.3.2 Subventionen senken . . . 97

7 Zwischenfazit . . . 101

Teil II Maßnahmen für ein neues Wirtschaftswunder – Eine sanfte Revolution

8 Maßnahmen für mehr Wohlstand . . . 107
8.1 Steigerung des realen Bruttoinlandsproduktes (BIP) pro Einwohner . . . 107
8.2 Solide Staatsfinanzen . . . 109
8.3 Preisniveaustabilität . . . 112
8.4 Bürokratie- und Regulierungsabbau . . . 115
8.5 Wettbewerbsfähigkeit Deutschlands erhöhen . . . 122
8.5.1 Wettbewerbsfähige Energiepreise für Industrie und Haushalte schaffen . . . 122
8.5.2 Quote der Steuerbelastung der Mittelschicht senken . . . 129
8.5.3 Sozialversicherungsbeiträge stabilisieren . . . 130
8.5.4 Öffentliche Infrastruktur intakt und modern halten . . . 132

9 Maßnahmen für eine bessere Umwelt . . . 135
9.1 CO_2-Neutralität erreichen . . . 135
9.2 Erhalt der Biodiversität . . . 139
9.3 Plastikmüll reduzieren . . . 141
9.4 Weltbeste Kernfusionsforschung . . . 143

10 Maßnahmen für mehr Bildung und Innovation . . . 145
10.1 Anteil Universitätsabschlüsse in MINT-Fächern erhöhen . . . 145
10.2 Weltweit bei Pisa-Tests unter den Top10 Ländern . . . 147
10.3 Anteil/Anzahl der deutschen Patente erhöhen . . . 152
10.4 Anzahl selbständiger Unternehmen absolut und weltweit in den TOP 100 erhöhen . . . 154
10.5 Anzahl selbständiger Meister erhöhen . . . 155

11 Maßnahmen zu mehr Sicherheit . . . 157
11.1 Deutschland und Europa verteidigungsfähig machen . . . 157
11.2 Kriminalität senken . . . 158
11.3 Fluchtmigration verringern und Integration steigern . . . 159
11.4 Deutsche Auswanderung verringern und qualifizierte Zuwanderung aus dem Ausland erhöhen . . . 162

12 Maßnahmen für mehr Verteilungsgerechtigkeit . . . 165
12.1 Ungleichverteilung begrenzen – Leistung ermöglichen . . . 165
12.1.1 Förderung von Wohneigentum . . . 165
12.1.2 Steuerliche Gleichbehandlung vermieteter Immobilien . . . 168
12.1.3 Vermögensaufbau durch kapitalgedeckte Rentenversicherung . . . 170
12.1.4 Reform der Erbschaftsteuer bei Betriebsvermögen . . . 171
12.2 Generationengerechtigkeit sicherstellen . . . 172
12.3 Sozialleistungen einfrieren und Subventionen senken . . . 176

13 Zielkarte mit Ist-Werten . . . 179

Teil III Die Reformagenda und ihre Haushaltseffekte

14 Zusammenfassung der Haushaltseffekte aller Reformen . . . 185
14.1 Gesamtwirtschaftliche Bewertung: . . . 189
14.2 Fazit . . . 190

Literatur . . . 195

Stichwortverzeichnis . . . 199

Abkürzungsverzeichnis

AEUV	Vertrag über die Arbeitsweise der Europäischen Union
APP	Asset Purchase Programme
ASMK	Arbeits- und Sozialministerkonferenz
BAI	Bruttoanlageinvestitionen
b. a. w.	bis auf weiteres
BIP	Bruttoinlandsprodukt
BMF	Bundesministerium der Finanzen
BSP	Bruttosozialprodukt
BVerfG	Bundesverfassungsgericht
CBAM	carbon border adjustment mechanism
CE	Circular Economy
CO2e	Kohlendioxidäquivalente
c. p.	ceteris paribus
CSRD	Corporate Sustainability Reporting Directive (EU-Richtlinie)
DPMA	Deutsche Patent- und Markenamt
EIA	Energy Information Administration
EMRK	Europäische Menschenrechtskonvention
EU	Europäische Union
Eurostat	Statistische Amt der Europäischen Union
EZB	Europäische Zentralbank
Fn.	Fußnote
GEAS	Gemeinsames Europäisches Asylsystem
GG	Grundgesetz
IMD	International Institute for Management Development
ISCED	International Standard Classifications of Education
IWF	Internationaler Währungsfonds
KMK	Kultusministerkonferenz
MINT	Mathematik, Informatik, Naturwissenschaften, Technik
Mio.	Millionen
Mrd.	Milliarden

NKR	Normenkontrollrat
NKRG	Gesetz zur Einsetzung eines Nationalen Normenkontrollrates (NKR)
OECD	Organisation für wirtschaftliche Zusammenarbeit und Entwicklung
PCT	Patent Cooperation Treaty
pks	Polizeiliche Kriminalstatistik
PSPP	Public Sector Purchase Programme
RV	Rentenversicherung
StBA	Statistisches Bundesamt
TPI	Transmission Protection Instrument
Tsd.	Tausend
UBS	Union de Banques Suisses
Verf.	Verfasser
Vgl.	vergleiche
Vbw	Vereinigung der Bayerischen Wirtschaft e. V.
VGR	Volkswirtschaftliche Gesamtrechnung
z. B.	zum Beispiel

Teil I

Das Zielbild für ein neues Wirtschaftswunder – marktwirtschaftlich, gerecht und ökologisch

1 Die Zielkarte im Überblick

In diesem ersten Teil wird eine Zielkarte für ein neues deutsches Wirtschaftswunder entwickelt. Sie enthält zentrale Unterziele mit zugehörigen Messgrößen (Tab. 1.1). Die Unterziele definieren die aus Sicht des Verfassers entscheidenden Hebel zur Zielerreichung.

Im zweiten Teil folgen Maßnahmen, mit denen diese Ziele erreicht werden sollen. Viele dieser Maßnahmen lassen sich bereits direkt aus den definierten Messgrößen ableiten. Der Autor stellt fest: Es mangelt in der Politik nicht an Erkenntnissen, sondern an einer konsequenten Umsetzung. Die Ursachen sieht er in einer unzureichenden Priorisierung der Ziele und einer fehlenden Analyse der Zielkonflikte bei konkreten Maßnahmen.

Oft werden Gesetze – etwa in Form von Subventionen oder Verboten – allein auf ein einzelnes Ziel hin ausgerichtet. Dabei bleibt unbeachtet, welche negativen Wirkungen auf andere Zielbereiche entstehen könnten. Darum plädiert der Verfasser für eine klare Begrenzung und Fokussierung bei den politischen Zielen – und ebenso bei den Maßnahmen.

Durch einen jährlichen Abgleich der Ist-Werte mit den Zielwerten soll überprüft werden, ob die Maßnahmen zur Zielerreichung beitragen. Bei Zielverfehlungen sind neue Maßnahmen festzulegen. Auch eine Anpassung der Ziele ist im Rahmen eines rollierenden Systems möglich – sollte aber die Ausnahme bleiben. Denn nachhaltiger Erfolg entsteht nicht durch ständige Kurswechsel, sondern durch langfristige Umsetzung. Strategie ist auch in der Politik das Gegenteil von aktionistischem Reagieren.

Parteien versuchen sich in ihren Programmen thematisch breit aufzustellen, sodass jede Wählergruppe etwas findet, das ihr wichtig ist. Dagegen ist zunächst auch nichts einzuwenden. Aber der entscheidende Folgeschritt unterbleibt: in der Regierungsarbeit über Jahre langfristige Ziele im Sinne der vorgenannten Zielkarte zu setzen, Maßnahmen zu deren Erreichen zu ergreifen und deren Erfolg nachvollziehbar zu messen. Im Ergebnis verliert die Politik sich im sogenannten Klein-Klein, was zu vielen unerfüllten Versprechungen und Zielverfehlungen führt.

M. Lüdiger, *Deutschland – Impulse für ein neues Wirtschaftswunder*,
https://doi.org/10.1007/978-3-658-50754-1_1

Tab. 1.1 Zielkarte Deutschland: Ziele, Unterziele, Messgröße

Ziel	Unterziele	Messgröße
Wohlstand	Steigerung reales (preisbereinigt) Bruttoinlandsprodukt	Steigerung reales Bruttoinlandsprodukt in Prozent pro Einwohner
	Solide Staatsfinanzen	Neuverschuldung
	Preisniveaustabilität	Inflationsrate
	Bürokratie- und Regulierungsabbau	Erfüllungsaufwand laut Normenkontrollrat
		Bürokratiekostenindex Statistisches Bundesamt
		Mitarbeiterzahl im öffentlichen Dienst
	Wettbewerbsfähigkeit Deutschlands erhöhen	Wettbewerbsfähige Energiepreise für Industrie und Haushalte
		Steuerbelastung Mittelstand: Steuerbelastungsfaktor (SBF)
		Quote der Sozialversicherungsbeiträge am Bruttoarbeitsentgelt
		öffentliche Infrastruktur sanieren, 600 Mrd. Euro Investitionen nachholen
Umwelt	CO_2-Neutralität erreichen	CO_2-Äquivalente (CO_2e), 2024 ca. 656 Mio. t CO_2e
	Erhalt der Biodiversität	Biodiversität durch Umsetzung des EU-Plans
	Verpackungsabfall reduzieren und stofflich verwerten	Verpackungs- und Kunststoffabfall in Tonnen/Anteil stoffliche Verwertung
	weltbeste Kernfusionsforschung	Anzahl neuer Lehrstühle für Kernfusion/Plasmaphysik
Bildung/ Innovation	Weltweite Spitzenposition in den MINT-Fächern	Anteil Universitätsabschlüsse in MINT-Fächern
	Weltweit bei Pisa unter Top 10-Ländern	Plazierung und Testpunktzahl
	Anteil der deutschen Patente weltweit halten	Anteil deutscher Patente in Prozent weltweit
	Anzahl selbständiger Unternehmen absolut und welt weit in TOP 100 erhöhen	Unternehmensanzahl (rechtliche Einheit) Firmen weltweit in TOP 100 nach Marktkapitalisierung
	Anzahl selbständiger Meister erhöhen	Zahl zulassungspflichtiger Handwerksbetriebe
Sicherheit	Deutschland und Europa verteidigungsfähig machen	Verteidigungsausgaben am BIP aus dem lfd. Haushalt ohne Ukrainehilfe
	Kriminalität senken	Straftaten Deutscher/Nichtdeutscher
	Fluchtmigration verringern/ Integration steigern	Nettozuwanderung aus Nicht-Europa, Ausländerarbeitslosigkeit
	Deutsche Auswanderung verringern und qualifizierte Zuwanderung aus dem Ausland erhöhen	Auswanderung von Deutschen ins Ausland Zuwanderung mit Blue-Card EU

(Fortsetzung)

Tab. 1.1 (Fortsetzung)

Ziel	Unterziele	Messgröße
Verteilung	Ungleichverteilung optimieren	Ginikoeffizienten Einkommen und Vermögen
	Generationengerechtigkeit sicherstellen	Renten-/Pensionseintrittsalter
		Gleiche WR der Renten/Pensionen und Nettoeink. nach Sozialabgaben
		Wahlrecht auf anteilige Rentenversicherung/ Pension mit Kapitaldeckung
	Sozialleistungen einfrieren/ Subventionen senken	Sozialausgaben
		Summe Finanzhilfen/Steuervergünstigungen

Wohlstand 2

Jede Regierungspartei will wiedergewählt werden – das gelingt ihr nur, wenn sie den Wohlstand der Bevölkerung verbessert oder zumindest erhält. Auch zunächst unpopuläre Maßnahmen finden Akzeptanz, wenn sich ihr Nutzen im Alltag zeigt. Erfolg überzeugt.

Zudem ist wachsender Wohlstand eine Voraussetzung für weitere politische Ziele wie eine intakte Umwelt oder eine solidarische Sozialpolitik mit möglichst wenig Verteilungskonflikten. In einer schrumpfenden Volkswirtschaft hingegen nehmen Spaltung und Konflikte zu.

Das erste von fünf Unterzielen der Zielkarte ist daher die Steigerung des realen Bruttoinlandsprodukts (BIP) pro Einwohner.

2.1 Steigerung des realen Bruttoinlandsproduktes (BIP) pro Einwohner

Das reale Wirtschaftswachstum wird in der volkswirtschaftlichen Gesamtrechnung als Zunahme des preisbereinigtes (realen) Bruttoinlandsprodukt (BIP) gemessen. Zur Beurteilung des materiellen Wohlstands der Bevölkerung ist jedoch nicht das absolute BIP, sondern das reale BIP pro Einwohner die entscheidende Kennziffer.

Deutschland weist ein hohes Wohlstandsniveau auf. Gleichwohl stagniert das Wachstum aufgrund struktureller Schwächen, die im weiteren Verlauf näher analysiert werden. Diese Schwächen gilt es konsequent zu beheben. Reales Wachstum ist zudem erforderlich, um langfristige Herausforderungen – etwa den demografischen Wandel oder den ökologischen Umbau – wirtschaftlich tragfähig zu gestalten. Der Verfasser hält ein jährliches Wachstum von zwei Prozent pro Einwohner für realistisch, vorausgesetzt es wird eine Reformagenda verfolgt, die marktwirtschaftliche Prinzipien stärkt und Leistungsanreize gezielt fördert.

M. Lüdiger, *Deutschland – Impulse für ein neues Wirtschaftswunder*,
https://doi.org/10.1007/978-3-658-50754-1_2

Ein internationaler Vergleich unterstreicht den Handlungsbedarf: Die Vereinigten Staaten erzielten in den letzten fünf Jahren ein durchschnittliches reales Wachstum von 2,5 % jährlich, im 10-Jahresdurchschnitt rund 2 %. In Deutschland lag das reale Wachstum 2022 bei lediglich 1,4, 2023 bei −0,3 und 2024 bei −0,2 %. Der Sachverständigenrat zur Begutachtung der gesamtwirtschaftlichen Entwicklung prognostiziert für den Zeitraum 2025 bis 2029 lediglich ein Potenzialwachstum von 0,3 bis 0,4 % jährlich.[1]

Diese Wachstumsschwäche ist in erster Linie auf die geringe Entwicklung der Arbeitsproduktivität je Erwerbstätigen und je Stunde zurückzuführen. Zwischen 2014 und 2024 stieg die jährliche Produktivität je Erwerbstätigen im Durchschnitt nur um 0,15 %, je Arbeitsstunde aufgrund der gesunkenen Jahresarbeitszeit um 0,63 %. Im Zeitraum seit 2018 ist die Entwicklung bei beiden Kennziffern sogar rückläufig. Produktivitätsgewinne durch Innovation, technischen Fortschritt oder Prozessoptimierung blieben weitgehend aus. Tab. 2.1 veranschaulicht diese Entwicklung im Detail.

Ein **jährliches reales Wachstum von 2 % pro Einwohner** wird als Zielgröße in die **Zielkarte** aufgenommen und in der Zielprojektion als Folge der Reformen im Jahr 3 erreicht.

2.2 Solide Staatsfinanzen

Solide Staatsfinanzen sind die Voraussetzung für generationengerechten Wohlstand. Während im Unternehmensbereich überschuldete und illiquide Unternehmen Insolvenz anmelden müssen – was zu Marktbereinigungen führt und disziplinierend wirkt –, ist die Lage bei Staaten anders gelagert: Staatsverschuldung und Geldschöpfung wirken wie ein schleichendes Gift, dessen schädliche Auswirkungen – etwa in Form von Inflation, steigenden Zinsen und sinkendem Potenzialwachstum oft erst mit Zeitverzug sichtbar werden. Nur wenn im Durchschnitt eines Konjunkturzyklus nicht mehr verteilt wird, als tatsächlich erwirtschaftet wurde, lässt sich Wohlstand dauerhaft sichern.

Die vielfach vertretene Behauptung, ein erfolgreicher Umbau der deutschen Volkswirtschaft sei nur durch neue staatliche Schulden möglich, ist trügerisch – sie wird langfristig Wohlstand gefährden. Die historischen Beispiele für gescheiterte Schuldenpolitik sind zahlreich (u. a. Frankreich, Italien, Japan). Erstmals hat auch der Internationale Währungsfonds (IWF) in aller Deutlichkeit vor den heutigen Gefahren der globalen Verschuldung gewarnt:

> „Die globale Staatsverschuldung ist hoch. Sie wird im Jahr 2024 voraussichtlich 100 Billionen US-Dollar übersteigen und mittelfristig weiter steigen. Dieses Kapitel zeigt, dass die Risiken für die Schuldenprognose stark nach oben tendieren. In einem sehr ungünstigen Szenario wird die globale Schuldenlast in drei Jahren schätzungsweise fast 20 Prozentpunkte des BIP höher sein als in der Basisprojektion und 115 Prozent des BIP erreichen. Um die Schulden zu stabilisieren (oder zu reduzieren), sind mit hoher Wahrscheinlichkeit viel größere

[1] Sachverständigenrat, Jahresgutachten 2024/2025, S. 69 ff.

Tab. 2.1 Volkswirtsschaftliche Gesamtrechnungen (VGR) des Bundes – Arbeitsproduktivität Deutschland

Insgesamt: alle Wirtschaftsbereiche	Einheit	2014	2016	2018	2020	2022	2024	WR in % gg. 2014	WR in % gg. 2018
Arbeitsproduktivität je Erwerbstätigen (im Inland)	2020 = 100	100,55	102,27	103,51	100,00	104,26	102,03		
Wachstum in Prozent im Zweijahresabstand			1,71	1,21	−3,39	4,26	−2,14	0,15	−0,24
Arbeitsproduktiv. je Erwerbst.stunde (im Inland)	2020 = 100	94,35	96,24	98,47	100,00	101,94	100,44		
Wachstum in Prozent im Zweijahresabstand			2,00	2,32	1,55	1,94	−1,47	0,63	−0,33

© Statistisches Bundesamt (Destatis), 2025 Stand: 25.09.2025, Code 81000-0017

Haushaltsanpassungen erforderlich als derzeit geplant. Jetzt ist ein günstiger Zeitpunkt für den Wiederaufbau der Haushaltspuffer, und jede Verzögerung ist kostspielig. Der Wiederaufbau der Haushaltspuffer auf wachstumsfreundliche Weise und die Stärkung der Haushaltsführung sind unerlässlich, um nachhaltige öffentliche Finanzen und Finanzstabilität zu gewährleisten."[2]

Zwar ist die offiziell ausgewiesene deutsche Staatsverschuldung im internationalen Vergleich relativ niedrig – ein stabiler Ausgangspunkt –, jedoch wird im weiteren Verlauf dieses Kapitels auf die **hohen impliziten Schulden** eingegangen, die häufig ausgeblendet werden. Gleichzeitig fordern nahezu alle Parteien zusätzliche sogenannte Sondervermögen – de facto Sonderschulden – sowie eine Lockerung der Schuldenbremse. Selbst in der CDU/CSU, die in den Parteiprogrammen hohe Schulden kritisch sieht und lange die „Schwarze Null" im Haushalt wollte, gibt es Befürworter einer solchen Politik. Nach dem Wahlsieg hat sich Friedrich Merz offen an die Spitze dieser Entwicklung gestellt.

In einer jüngsten empirischen Studie des Internationalen Währungsfonds stellen die Autoren in ihrer Modellrechnung fest, dass in den USA die Steigerung der Verschuldung der letzten 20 Jahre von 60 auf 120 % des Bruttoinlandsproduktes zu einer achtprozentigen Reduzierung des Bruttoinlandsproduktes geführt hat.[3] Die Ursache liegt darin, dass die öffentliche Verschuldung bei einem Wirtschaftswachstum, das größer als der reale Zinssatz ist, private Investitionen durch die wachsende Kreditnachfrage mit steigenden Zinsen verdrängt werden. In den USA wurde dieser Effekt aber durch das technologiegetriebene Wirtschaftswachstum überkompensiert. 72 der 100 größten Unternehmen der Welt stammen inzwischen aus den USA (siehe Abschn. 3.4). Länder wie Frankreich, Italien oder Japan belegen deutlich, dass eine hohe und wachsende Verschuldung in der längeren Frist Wirtschaftswachstum kostet. Der Staat gibt den überwiegenden Teil der aufgenommenen Schulden für den sozialen Konsum aus und der kleinere Teil, der auf Investitionen entfällt, erbringt keine oder nur eine geringe Rendite.

Es bleibt abzuwarten, ob die EU-Kommission nach der Aufweichung der europäischen Fiskalregeln auf deren Einhaltung in der neuen Fassung besteht. Das betrifft insbesondere Frankreich und Italien, aber nunmehr infolge der geplanten dramatischen Verschuldung auch Deutschland. Sollte dies erneut ausbleiben, droht der Währungsunion schwerer Schaden – im schlimmsten Fall ihr Zerfall. Bereits jetzt mehren sich die Anzeichen, dass neue Ausnahmen bei der Verschuldung – etwa für Verteidigungsausgaben – politisch akzeptiert werden sollen. Zur Finanzierung der Ukrainehilfen für die Jahre 2026 und 2027 wurde am 19. Dezember 2025 ein zinsloser Kredit von 90 Mrd. EUR vereinbart, der nicht über die nationalen Haushalte oder die eingefrorenen russischen Währungsreserven bereitgestellt wird, sondern schuldenfinanziert über gemeinsame EU-Emissionen an den Kapitalmärkten zulasten des EU-Haushalts. Kreditaufnahmen über die EU werden zu einem ‚Schmiermittel' europäischer Kompromisse.

---

[2] IMF, Fiscal Monitor, Überblick, Oktober 2024.

[3] Yongquan Cao, Vitor Gaspar, and Adrian Peralta-Alva, Costly Increases in Public Debt when r < g, IMF Working Papers, 24/10.

Politiker denken in Wahlperioden. Notwendige Reformen werden selten dann angestoßen, wenn Wissenschaft und Experten sie vorschlagen, sondern erst, wenn die negativen Folgen bereits spürbar und für breite Teile der Bevölkerung sichtbar geworden sind – wenn also offensichtlicher Handlungsdruck besteht und die Mehrheitsmeinung der Wählerinnen und Wähler politisches Handeln erzwingt. Solche Situationen haben wir wiederholt erlebt: bei der Migrationspolitik, dem Verlust an Wettbewerbsfähigkeit mit hoher Arbeitslosigkeit oder der Umweltpolitik.

Da häufig zu spät reagiert wird, fallen die notwendigen Korrekturen besonders einschneidend aus – ähnlich wie bei Unternehmen, die erforderliche Anpassungen zu lange aufschieben. Die Sanierung ganzer Volkswirtschaften bringt jedoch zusätzlich soziale Spannungen mit sich und stellt eine ernsthafte Gefahr für die Stabilität demokratischer Systeme dar. Solide Staatsfinanzen beugen Krisen wie der Eurokrise (2010) vor und geben Handlungsoptionen wie in der Corona-Pandemie (2020). Vor diesem Hintergrund war es ein bedeutender Schritt, als die Schuldenbremse im Jahr 2009 mit Artikel 109 und 115 in das Grundgesetz aufgenommen wurde:

> „Art. 109 Abs. 3 GG: Die Haushalte von Bund und Ländern sind grundsätzlich ohne Einnahmen aus Krediten auszugleichen. Bund und Länder können Regelungen zur im Auf- und Abschwung symmetrischen Berücksichtigung der Auswirkungen einer von der Normallage abweichenden konjunkturellen Entwicklung sowie eine Ausnahmeregelung für Naturkatastrophen oder außergewöhnliche Notsituationen, die sich der Kontrolle des Staates entziehen und die staatliche Finanzlage erheblich beeinträchtigen, vorsehen. Für die Ausnahmeregelung ist eine entsprechende Tilgungsregelung vorzusehen. Die nähere Ausgestaltung regelt für den Haushalt des Bundes Artikel 115 mit der Maßgabe, dass Satz 1 entsprochen ist, wenn die Einnahmen aus Krediten 0,35 vom Hundert im Verhältnis zum nominalen Bruttoinlandsprodukt nicht überschreiten. Die nähere Ausgestaltung für die Haushalte der Länder regeln diese im Rahmen ihrer verfassungsrechtlichen Kompetenzen mit der Maßgabe, dass Satz 1 nur dann entsprochen ist, wenn keine Einnahmen aus Krediten zugelassen werden.
>
> Art. 115 Abs. 2: Einnahmen und Ausgaben sind grundsätzlich ohne Einnahmen aus Krediten auszugleichen. Diesem Grundsatz ist entsprochen, wenn die Einnahmen aus Krediten 0,35 vom Hundert im Verhältnis zum nominalen Bruttoinlandsprodukt nicht überschreiten. Zusätzlich sind bei einer von der Normallage abweichenden konjunkturellen Entwicklung die Auswirkungen auf den Haushalt im Auf- und Abschwung symmetrisch zu berücksichtigen. Abweichungen der tatsächlichen Kreditaufnahme von der nach den Sätzen 1 bis 3 zulässigen Kreditobergrenze werden auf einem Kontrollkonto erfasst; Belastungen, die den Schwellenwert von 1,5 vom Hundert im Verhältnis zum nominalen Bruttoinlandsprodukt überschreiten, sind konjunkturgerecht zurückzuführen. […] Im Falle von Naturkatastrophen oder außergewöhnlichen Notsituationen, die sich der Kontrolle des Staates entziehen und die staatliche Finanzlage erheblich beeinträchtigen, können diese Kreditobergrenzen auf Grund eines Beschlusses der Mehrheit der Mitglieder des Bundestages überschritten werden. Der Beschluss ist mit einem Tilgungsplan zu verbinden. Die Rückführung der nach Satz 6 aufgenommenen Kredite hat binnen eines angemessenen Zeitraumes zu erfolgen."

Diese Verfassungsregelung ist keineswegs starr: Sie sieht eine **symmetrische Berücksichtigung konjunktureller Schwankungen** sowie **Ausnahmen in Notlagen** vor – etwa bei Naturkatastrophen oder außergewöhnlichen Krisen, die sich der Kontrolle des Staates entziehen. Zudem erlaubt sie dem Bund eine strukturelle Neuverschuldung von bis zu 0,35 % des nominalen Bruttoinlandsprodukts, ohne den Grundsatz des Haushaltsausgleichs zu verletzen.

Die wiederkehrenden politischen Forderungen nach einer Aufweichung der Schuldenbremse belegen paradoxerweise ihre Notwendigkeit: Es sind die Regierenden selbst – parteiübergreifend –, die regelmäßig neue Argumente vorbringen, um ihre Ausgabenwünsche jenseits der haushaltspolitischen Realität durchzusetzen. Wie unbegründet diese Forderungen sind, zeigt ein Blick auf die Entwicklung der **Steuereinnahmen:** Sie sind mit dem Bruttoinlandsprodukt[4] deutlich gewachsen, ebenso das **preisbereinigte Pro-Kopf-Steueraufkommen** (Tab. 2.2).

Infolge struktureller Schwächen, insbesondere der sinkenden Wettbewerbsfähigkeit, stagniert das preisbereinigte Steueraufkommen inzwischen. Gleichzeitig steigen die Ausgabenbedarfe infolge der demografischen Entwicklung, der Notwendigkeit zur Modernisierung von Infrastruktur und wachsender Verteidigungsausgaben. Dies verlangt nun eine bewusste und begründete Prioritätensetzung – nicht neue Schulden. Bislang fehlt dazu jedoch der politische Wille oder die Kraft.

Die Einhaltung der Schuldenbremse ist vor dem Hintergrund der deutlich gestiegenen Steuereinnahmen und der hohen Abgabenbelastung ein wichtiges Mosaikstück für ein neues, nachhaltiges deutsches Wirtschaftswunder. Spielräume im Konjunkturzyklus und in Notlagen sind wie oben dargestellt explizit im Grundgesetz vorgesehen. Eine sinnvolle Steigerung der Investitionsquote in den öffentlichen Haushalten ist zulasten der übrigen Ausgaben vorzunehmen. In der Vergangenheit wurden durch Steuermehreinnahmen und gesunkene Zinslast entstandene Haushaltsspielräume gerade nicht für Zukunftsinvestitionen, sondern für steigende Sozialausgaben verwendet. **Neuverschuldung heute aber bedeutet Abgabenerhöhungen in der Zukunft.**

Trotz der bekannten Risiken und der klaren Regeln im Grundgesetz haben Bundestag und Bundesrat – mit den Stimmen von CDU, SPD und Grünen – einer weitreichenden Aufweichung der Schuldenbremse zugestimmt. Das Wahlkampfversprechen der CDU/CSU, die Schuldenbremse zu erhalten und einzuhalten, wurde damit gebrochen. Konkret wurde **Artikel 109 Absatz 3 Satz 5** durch folgende Neuregelung ersetzt:

> „Von den zu berücksichtigenden Einnahmen aus Krediten ist der Betrag abzuziehen, um den die Verteidigungsausgaben, die Ausgaben des Bundes für den Zivil- und Bevölkerungsschutz sowie für die Nachrichtendienste, für den Schutz der informationstechnischen Systeme und für die Hilfe für völkerrechtswidrig angegriffene Staaten 1 vom Hundert im Verhältnis zum nominalen Bruttoinlandsprodukt übersteigen. Die Gesamtheit der Länder entspricht Satz 1, wenn die durch sie erzielten Einnahmen aus Krediten 0,35 vom Hundert im Verhältnis zum nominalen Bruttoinlandsprodukt nicht überschreiten. Die Aufteilung der für die Gesamtheit

[4] Das BSP (Bruttosozialprodukt) bezieht das Einkommen und Vermögen der Staatsangehörigen ein, das BIP hingegen umfasst alle Einkommen und Vermögenswerte, die innerhalb der Landesgrenzen erwirtschaftet werden. Für steuerliche Betrachtungen ist deshalb das BIP die bessere Bezugsgröße.

Tab. 2.2 Entwicklung des preisbereinigten Steueraufkommens je Einwohner

Jahr	Insgesamt in Mio. Euro		Bevölkerung in Mio.	Steuer pro Kopf preisb.	BIP in Mrd. Euro	Steueranteil am BIP in %
	nominell	preisbereinigt[1]				
1962	44166	190459	57,2	3327	184,46	23,9
1972	100726	319245	61,8	5165	436,37	23,1
1982	193627	370856	61,5	6026	860,21	22,5
1992	374128	575582	81,0	7108	1702,06	22,0
2002	441629	565466	82,5	6851	2223,36	19,9
2003	442167	560414	82,5	6790	2240,81	19,7
2004	442761	552071	82,5	6692	2293,04	19,3
2005	452079	554698	82,4	6729	2325,71	19,4
2006	488444	589908	82,3	7166	2426,18	20,1
2007	538243	635470	82,2	7729	2542,22	21,2
2008	561182	645779	82,0	7875	2589,68	21,7
2009	524000	600918	81,8	7346	2494,87	21,0
2010	530587	602255	81,8	7367	2616,06	20,3
2011	573351	637057	80,3	7931	2747,81	20,9
2012	600046	654357	80,5	8126	2800,38	21,4
2013	619708	665637	80,8	8241	2867,28	21,6
2014	643617	684699	81,2	8433	2985,17	21,6
2015	673261	712446	82,2	8670	3085,65	21,8
2016	705791	742938	82,5	9003	3196,11	22,1
2017	734513	761943	82,8	9203	3331,11	22,1
2018	776263	791297	83,0	9531	3431,13	22,6
2019	799308	803325	83,2	9659	3534,88	22,6
2020	739704	739704	83,2	8895	3449,62	21,4
2021	833189	808137	83,2	9709	3676,46	22,7
2022	895716	812809	83,1	9779	3953,85	22,7
2023	915750	784705	83,5	9403	4185,55	21,9
2024	947707	794390	83,6	9500	4305,26	22,0

[1]Basis 2020, Steuereinnahmen Bund, Länder und Gemeinden/Gemeindekreise
Quellen: BMF, Statistisches Bundesamt Steuereinnahmen 71211-0001, Verbraucherpreisindex 61111-0001

der Länder zulässigen Kreditaufnahme nach Satz 6 auf die einzelnen Länder regelt ein Bundesgesetz mit Zustimmung des Bundesrates. Die nähere Ausgestaltung für die Haushalte der Länder regeln diese im Rahmen ihrer verfassungsrechtlichen Kompetenzen. Bestehende landesrechtliche Regelungen, die hinter der gemäß Satz 7 festgelegten Kreditobergrenze zurückbleiben, treten außer Kraft."

Mit dieser Formulierung wird dem Bund und den Ländern de facto eine Neuverschuldung über die bisherige Grenze hinaus erlaubt – und diese wird verfassungsrechtlich legitimiert, obwohl sie dem ursprünglichen Geist der Schuldenbremse widerspricht. Zusätzlich wurde mit Artikel 143 h GG ein neues Instrument geschaffen, das es dem Bund erlaubt, ein Sondervermögen mit eigener Kreditermächtigung in Höhe von bis zu 500 Mrd. EUR aufzulegen – für Investitionen in Infrastruktur und Klimaneutralität bis 2045:

> „(1) Der Bund kann ein Sondervermögen mit eigener Kreditermächtigung für zusätzliche Investitionen in die Infrastruktur und für zusätzliche Investitionen zur Erreichung der Klimaneutralität bis zum Jahr 2045 mit einem Volumen von bis zu 500 Milliarden Euro errichten. Zusätzlichkeit liegt vor, wenn im jeweiligen Haushaltsjahr eine angemessene Investitionsquote im Bundeshaushalt erreicht wird. Auf die Kreditermächtigung sind Artikel 109 Abs. 3 und Artikel 115 Abs. 2 nicht anzuwenden. Investitionen aus dem Sondervermögen können innerhalb einer Laufzeit von zwölf Jahren bewilligt werden. Zuführungen aus dem Sondervermögen in den Klima- und Transformationsfonds werden in Höhe von 100 Milliarden Euro vorgenommen. Das Nähere regelt ein Bundesgesetz.
>
> (2) Aus dem Sondervermögen nach Absatz 1 Satz 1 stehen den Ländern 100 Milliarden Euro auch für Investitionen der Länder in deren Infrastruktur zur Verfügung. Die Länder haben dem Bund über die Mittelverwendung Bericht zu erstatten. Der Bund ist zur Prüfung der zweckentsprechenden Mittelverwendung berechtigt. Das Nähere regelt ein Bundesgesetz mit Zustimmung des Bundesrates."

Der Eindruck entsteht, dass hier nach dem Prinzip von Pippi Langstrumpf verfahren wird: *‚Ich mach' mir die Welt, wie sie mir gefällt.'* Mit der neuen Regelung wird die Tür geöffnet für **dramatisch steigende Schulden,** die weder mit der ursprünglichen Schuldenbremse noch mit den – ohnehin aufgeweichten – europäischen Stabilitätsregeln vereinbar sind. Es ist zu befürchten, dass diese deutsche Entwicklung zu weiteren Verschuldungsexzessen auf europäischer Ebene führen wird.

Politisch wird dieser Paradigmenwechsel zunächst als Erfolg gefeiert: Die Milliarden sollen bedeutende Investitionsimpulse freisetzen. Doch die Skepsis wächst. Erste kritische Stimmen machen darauf aufmerksam, dass dem Koalitionsvertrag der neuen Regierung strukturpolitische Reformen weitgehend fehlen. Die Finanzierungsstrategie beruht allein auf zusätzlichen Schulden – ein hochriskantes Vorgehen.

Noch bevor der erste Euro aus dem Sondervermögen am Kapitalmarkt aufgenommen wurde, **stieg der Zinssatz für zehnjährige Bundesanleihen trotz einer Zinssenkung der EZB um 0,30 Prozentpunkte** – ein ungewöhnlich starker Anstieg (Tab. 2.3). Es war der höchste Wochenanstieg seit 30 Jahren. Ähnliche Zinsbewegungen folgten in anderen europäischen Staaten – mit besonders gravierenden Folgen für hochverschuldete Länder.

Aber auch für Deutschland bedeutet eine Zinssteigerung von 0,30 % (über alle Laufzeiten) auf die Gesamtverschuldung von 2,69 Billionen (Stand Jahresende 2024) eine Haushaltsmehrbelastung von 8,1 Mrd. EUR. Das einzige Positive an dieser Entwicklung ist: Die Kapitalmärkte zeigen Staaten und Notenbanken wieder **deutliche Grenzen der Verschuldung** auf.

Wie stark sich zusätzliche Schulden auf die Inflation auswirken, hängt maßgeblich von der Art und der Geschwindigkeit der Ausgabenverwendung ab und ob die Notenbank monetär gegensteuert. Der Verfasser hält es für richtig, diese Grundgesetzänderung **rückgän-**

Tab. 2.3 Kapitalmarktstatistik: Zinssätze in % P.a. mit Restlaufzeiten. (Quelle: Deutsche Bundesbank)

Restlaufzeit börsennotierte Bundeswertpapiere										
Datum	**1**	**2**	**3**	**4**	**5**	**6**	**7**	**8**	**9**	**10**
03.03.2025	2,11	2,01	2,00	2,06	2,13	2,21	2,29	2,36	2,43	2,50
04.03.2025	2,10	1,99	1,99	2,04	2,12	2,20	2,28	2,36	2,43	2,50
05.03.2025	2,19	2,14	2,17	2,23	2,32	2,40	2,49	2,57	2,65	2,72
06.03.2025	2,20	2,20	2,28	2,38	2,49	2,59	2,68	2,77	2,84	2,90
07.03.2025	2,21	2,20	2,27	2,36	2,46	2,56	2,65	2,73	2,80	2,87
10.03.2025	2,20	2,18	2,24	2,33	2,43	2,53	2,62	2,71	2,78	2,85
11.03.2025	2,18	2,19	2,26	2,36	2,47	2,58	2,67	2,76	2,84	2,91
12.03.2025	2,20	2,20	2,29	2,39	2,50	2,61	2,71	2,80	2,88	2,96
13.03.2025	2,19	2,20	2,28	2,38	2,49	2,60	2,70	2,79	2,87	2,94
14.03.2025	2,16	2,17	2,25	2,35	2,47	2,58	2,68	2,77	2,86	2,93
17.03.2025	2,15	2,15	2,22	2,32	2,42	2,53	2,62	2,71	2,79	2,86
18.03.2025	2,16	2,17	2,24	2,34	2,45	2,55	2,65	2,74	2,82	2,89
19.03.2025	2,14	2,13	2,20	2,29	2,39	2,49	2,59	2,68	2,75	2,82
20.03.2025	2,14	2,13	2,20	2,29	2,39	2,49	2,58	2,67	2,73	2,81
21.03.2025	2,13	2,12	2,18	2,27	2,37	2,47	2,56	2,65	2,75	2,80
01.08.2025	2,27	2,37	2,46	2,59	2,72	2,86	2,98	3,09	3,19	3,27

gig zu machen und die Finanzpolitik **an der ursprünglichen Schuldenbremse** auszurichten. Infrastruktur und Verteidigung gehören zu den Kernaufgaben des Staates – sie müssen aus einem geordneten, ausgeglichenen Haushalt finanziert werden. Die CDU/CSU forderte in der Opposition eine klare Prioritätensetzung. Das ist auch heute noch richtig.

Länder mit soliden Staatsfinanzen und einer hohen privaten Sparquote haben auch eine politisch und ökonomisch **unproblematische Außenhandelsbilanz.** Volkswirtschaftlich gilt der folgende Zusammenhang:

Volkseinkommen (V) = Konsum (K) + Investition (I) + Export (X) – Import (M)

Da Volkseinkommen minus Konsum die Ersparnis (S) ergeben, gilt auch:

$S - I = X - M$[5]

Ein Überschuss der Ersparnis über die Investitionen führt folglich zu einem Exportüberschuss. Genau dies ist seit Jahren die Lage in Deutschland: Eine **hohe Sparquote** (S/V), kombiniert mit einer **niedrigen Investitionsquote** (I/V) führt strukturell zu einem **Handelsbilanzüberschuss.** Ähnliche Mechanismen gelten etwa für China, wo traditionell

[5] Der Außenhandelsbeitrag X – M kann vor allem in der kürzeren Frist auch durch Finanztransaktionen an den Kapitalmärkten dominiert werden. Diese werden wie in der Finanzmarkttheorie durch internationale Zinsdifferenzen verursacht. Bei flexiblen Wechselkursen gilt: X – M = Kapitalexport (K_X) – Kapitalimport (K_M), weil die Nachfrage nach einer Währung durch den Wechselkurs mit dem Angebot dieser Währung zum Ausgleich gebracht wird. Hohe Kapitalimporte führen in einem Land zur Aufwertung der Währung und in deren Folge zu Handelsbilanzdefiziten. Entgegengesetzt sind die Effekte im Land mit hohen Kapitalexporten.

ebenfalls eine hohe Sparneigung herrscht. Dabei reduzieren Staatsdefizite (negatives Sparen) die gesamtwirtschaftliche Sparleistung.

Ganz anders stellt sich die Lage in den USA dar: Dort treffen eine niedrige private und eine sehr hohe negative staatliche Sparquote (Staatverschuldung) zusammen. Das Resultat sind dauerhafte Außenhandelsdefizite, die erhebliche politische Spannungen erzeugen – insbesondere gegenüber exportstarken Nationen.

Hohe Außenhandelsbilanzdefizite – häufig politisch als Verlust von Arbeitsplätzen fehlinterpretiert – aber bergen immer die politische Gefahr einer Abschottungspolitik durch Schutzzölle. Die theoretisch und empirisch belegte wohlstandssteigernde Wirkung von Freihandel wird ignoriert und der Eindruck erweckt, durch Zölle lasse sich das Handelsbilanzdefizit bekämpfen. Damit wird nicht die Ursache des Handelsbilanzdefizits beseitigt, sondern mit wohlstandssenkenden Zöllen eine schädliche Medizin verabreicht. Auch in den Ländern, die Einfuhrzölle einführen, zahlen die Konsumenten die höheren Kosten in Form steigender Verbraucherpreise.

Darüber hinaus schwächen protektionistische Maßnahmen langfristig die Wettbewerbsfähigkeit in Hochlohnländern. Die Geschichte zeigt: In geschützten Märkten sinkt der Innovations- und Effizienzdruck. Branchen, die künstlich am Leben gehalten werden, verlieren mittelfristig an Substanz. Kurzfristigen regionalen Marktanteilsgewinnen stehen ein langfristiges Schrumpfen dieser vermeintlich geschützten Industrien gegenüber. „Trump hingegen will die alten US-Industrien durch einen Einfuhrzoll schützen und glaubt so den Strukturwandel aufhalten zu können. Doch das hat noch nie geklappt; vielleicht sollte Trump einer seiner ersten Auslandsreisen ins Ruhrgebiet unternehmen. Eisen- und Stahlindustrie sowie der Bergbau sind in Industriestaaten unrettbar. Da helfen auch hohe Mauern nicht.“[6] Zölle führen zu Gegenzöllen und damit zu einer Abwärtsspirale mit am Ende Verlierern auf beiden Seiten. Der Internationale Währungsfonds warnt in diesem Zusammenhang vor einer neuen Welle von Handelskriegen, ausgelöst durch populistische, nationalistische Tendenzen – mit potenziell dramatischen wirtschaftlichen und politischen Folgen.[7] Die Entwicklungen des Jahres 2025 zeigen diese Gefahren deutlich auf: Erste protektionistische Maßnahmen unter dem Schlagwort der „strategischen Autonomie“ führen zu Gegenreaktionen, zu einem Rückzug vom Multilateralismus und – im Extremfall – zur Destabilisierung ganzer Regionen.[8] Die Gefahr: wirtschaftliche Konflikte, die sich zu militärischen Spannungen ausweiten können.

Umso wichtiger ist es, die **Welthandelsorganisation (WTO)** zu stärken und die **Regeln des freien, fairen Handels** zu verteidigen. Eine weltweit solide Finanzpolitik ist – wie zuvor dargelegt – ein entscheidender Baustein zur **Vermeidung extremer Handelsbilanzungleichgewichte,** zur Sicherung von Preisniveaustabilität und letztlich zur globalen Wohlstandsmehrung und Armutsbekämpfung. Während früher insbesondere linke

---

[6] Jörg Lichter: Protektionismus: Wann funktioniert er – wann schadet er dem Land? Handelsblatt Research Institute, 2024.

[7] IMF Fiscal Monitor, Oktober 2024, Kap. 1.

[8] IMF World Economic Outlook, April 2025, S. 34 f.

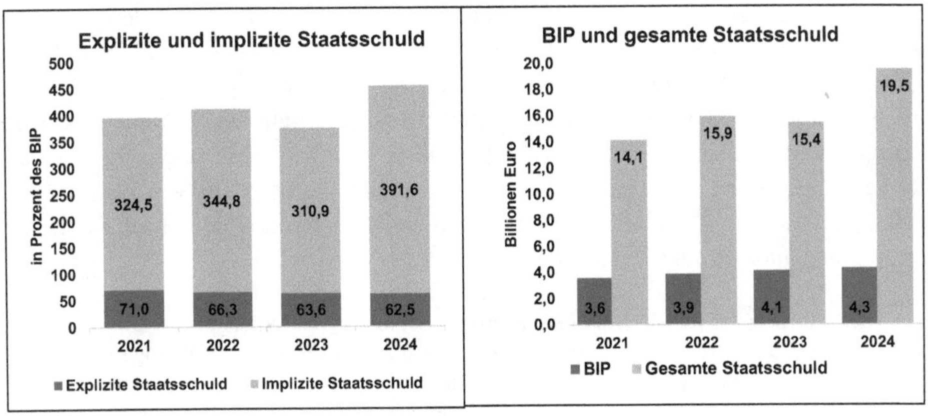

Abb. 2.1 Explizite und implizite Staatsschuld BIP und gesamte Staatsschuld[11]

Gruppen die Globalisierung kritisierten, wird diese Rolle inzwischen zunehmend auch von nationalistischen Staatsführungen übernommen. Leider sind weder Europa noch die USA in dieser Hinsicht aktuell ein Vorbild.

Die Sinnhaftigkeit der Schuldenbremse in Deutschland wird noch deutlicher, wenn man nicht nur die **expliziten,** sondern auch die **impliziten Schulden** betrachtet – also jene zukünftigen Verpflichtungen, die sich aus dem demografischen Wandel und einem unausgewogenen Verhältnis zwischen Beitragszahlern und Transferempfängern ergeben. Diese impliziten Schulden entstehen vor allem in den umlagefinanzierten Sozialversicherungssystemen – insbesondere der Rentenversicherung. Aufgrund des **fortschreitenden Alterungsprozesses** stehen zunehmend weniger Erwerbstätige einer wachsenden Zahl von Rentnerinnen und Rentnern gegenüber. Diese strukturelle Schieflage stellt die öffentlichen Haushalte vor enorme Herausforderungen. Während sich die politische Debatte oft auf kurzfristige oder mittelfristige Haushaltsplanungen beschränkt, macht es sich die [9,10] zur Aufgabe, den Blick auf die langfristigen Auswirkungen heutiger Finanzentscheidungen zu lenken. Sie quantifiziert die **impliziten Schulden** und stellt sie den ausgewiesenen **expliziten Schulden** gegenüber.

Die Generationenbilanz weist für das Jahr 2024 Schulden der öffentlichen Hände von insgesamt 454,1 % des BIP aus, von denen 62,5 auf explizite und 391,6 % auf implizite Schulden entfallen (Abb. 2.1). Folglich haben die expliziten Schulden einen Anteil von nur 13,8 %, die versteckten Schulden aber einen Anteil von 86,2 %. 10 Jahre zuvor, im Jahre

[9] Generationenbilanz, siehe Wikipedia: hier wird ein Überblick zur Entstehung, Methodik und Kritik gegeben.

[10] L. Bahnsen, G. Manthei, B. Raffelhüschen, Ehrbarer Staat? Die Generationenbilanz: Nachhaltigkeit im Klammergriff des Wahlkampfes, Argumente zu Marktwirtschaft und Politik Nr. 138, September 2017

[11] (Bernd Raffelhüschen u. a., Ehrbarer Staat? Die Generationenbilanz, Argumente zu Marktwirtschaft und Politik, Nr. 171, 2023, S. 6 und Nr. 176, 2024, S. 5, Nr. 183, 2025, S. 5.)

2014, betrug der Anteil der expliziten Schulden noch 33,7 %, der Anteil der impliziten Schulden 66,3 %. Die Gesamtschuld steigt deutlich schneller als das BIP, obwohl die hohe, historisch nicht gekannte Neuverschuldung als Folge der Lockerung der Schuldenbremse erst ab dem Jahr 2025 sichtbar eintritt. Die dramatische Entwicklung macht die **Dringlichkeit politischer Strukturreformen** unmissverständlich deutlich. Das Handeln der neuen Regierung verschlechtert die Situation durch die Erfüllung von Wahlversprechen beider Regierungsparteien stattdessen weiter. Bildlich formuliert: Heute stehen wir am Abgrund, morgen sind wir einen Schritt weiter.

> „Als Paradebeispiel für die Ursachen derartiger impliziter Verschuldung sind die umlagefinanzierten Sozial-, vor allem Rentenversicherungssysteme anzuführen. Im Zuge des fortschreitenden Alterungsprozesses, der einer wachsenden Anzahl von Transferempfängern immer weniger Beitragszahler gegenüberstehen lässt, stellen die Generationenverträge die öffentlichen Haushalte vor eine schwerwiegende finanzielle Herausforderung. Während die kurz- und mittelfristige Haushaltsrechnung, die noch häufig den Rahmen der politischen Diskussion absteckt, es erlaubt, die Augen vor diesen heute bereits abzusehenden Problemen zu verschließen, macht es sich die Generationenbilanzierung zur Aufgabe, sie aufzudecken."[12]

Um dieser Realität Rechnung zu tragen, nimmt der Verfasser in seine **Zielkarte** eine Kennziffer auf, die beide Verschuldungskomponenten berücksichtigt:

(Explizite + implizite Schulden)/Bruttoinlandsprodukt (BIP) reduzieren. Langfristig soll für Zukunftsbelastungen weitgehend Vorsorge getroffen werden und damit der **Zielwert eins** erreicht werden, also 100 % des BIP nicht überschreiten. Das Maastricht-Kriterium der EU für die öffentlichen Verschuldungsobergrenze beträgt 60 % des BIP (Art 126 Abs. 2 AEUV).

Diese für die Zielkarte gewählte Maßzahl lenkt den Blick auf die langfristige Nachhaltigkeit der öffentlichen Finanzen und gibt der **wachsenden Gesamtverschuldung** die nötige politische Aufmerksamkeit. Als Ausgangswert wird das Jahr 2024 festgelegt – was bedeutet, dass die Gesamtverschuldung dem **4,54-fachen** des Bruttoinlandsproduktes entspricht. Die Bedeutung dieses Zielwerts liegt nicht in seiner absoluten Höhe, sondern in seiner dynamischen Entwicklung über die Zeit. Eine deutliche Verringerung dieser Kennziffer würde einen entscheidenden Beitrag zur **Generationengerechtigkeit** leisten – zum Wohle der jüngeren Bevölkerung. Die alte und ebenso neue Bundesregierung verschlimmern die Situation jedoch durch neue Zukunftslasten wie zuletzt die Mütterrente.

Natürlich hat die Politik zahlreiche Möglichkeiten, dieser Entwicklung zu begegnen: durch Reformen, durch Prioritätensetzung, durch Effizienzsteigerung. Aber sie muss diese Möglichkeiten auch nutzen. Leider dominiert in der politischen Realität häufig der **kurzfristige Fokus auf Stimmenmaximierung,** was langfristige Verantwortung in den Hintergrund drängt. Der Verfasser wird diese Frage vertieft im Kapitel zur **Verteilungsgerechtigkeit** behandeln.

[12] Karen Feist, Bernd Raffelhüschen, Möglichkeiten und Grenzen der Generationenbilanzierung, in: Wirtschaftsdienst, 80 Jg., Juli 2000, Heft 7, S. 440.

In die **Zielkarte** werden daher zwei zentrale Leitgrößen aufgenommen:

- **Einhaltung der Schuldenbremse** in der Fassung des Grundgesetzes von 2024
- **Reduzierung der Summe aus expliziten und impliziten Schulden** in Relation zum Bruttoinlandsprodukt auf den Zielwert eins.

Diese beiden Ziele sind entscheidende Bausteine für **nachhaltige Staatsfinanzen, wirtschaftliche Stabilität** und eine **generationengerechte Ordnungspolitik.** Im Haushaltsentwurf für 2025 ist im Gegensatz zu diesen Zielen eine Neuverschuldung unter Berücksichtigung neuer Sonderschulden von 143 Mrd. EUR, für 2026 von 182 Mrd. vorgesehen. Das ist eine dramatische und in höchstem Maße explosiv gefährliche Schuldenausweitung.

2.3 Preisniveaustabilität

Preisniveaustabilität ist ein zentrales Fundament für den Erhalt des Wohlstands in einem Land. Die Finanzkrise 2007 leitete eine Phase extrem lockerer Geldpolitik ein, die sich über mehr als ein Jahrzehnt erstreckte – fortgesetzt über die Euro- und Coronakrise hinweg. In dieser Zeit blieb eine nennenswerte Inflation aus. Viele Ökonomen und Politiker sahen deshalb in der expansiven Geldpolitik und der wachsenden Staatsverschuldung keine unmittelbare Gefahr.

Die lange bewährte **potenzialorientierte Geldpolitik** mit einer gesteuerten Geldmengenausweitung in Höhe der Summe des realen Wirtschaftswachstums, der unvermeidbarer Inflation und der Abnahme der Geldumlaufgeschwindigkeit, wie sie insbesondere von der Deutschen Bundesbank vertreten wurde, galt als überholt. Sie wurde durch eine neue Lehre ersetzt, in der die Liquiditätsausweitung der Notenbanken und Schulden des Staates als vermeintlich schmerzfreies Allzweckmittel zur Lösung der wirtschaftlichen Probleme erschienen. Diese Sichtweise fand insbesondere in linken politischen Kreisen Zustimmung und wurde von der Politik weltweit gerne angenommen. Doch viele Volkswirte warnten: Die expansive Geld- und Finanzpolitik werde früher oder später zu inflationären Entwicklungen führen – es sei nur eine Frage der Zeit.

Ab 2021 kam die Inflation mit voller Wucht zurück. Zuvor hatte Deutschland mit der „schwarzen Null" im Haushalt einen restriktiven Kurs verfolgt, während südeuropäische Staaten infolge der Eurokrise Sparvorgaben einhielten. Mit der Coronapandemie änderte sich dies grundlegend: Alle großen Volkswirtschaften setzten auf expansive Fiskalpolitik, mit massiver **staatlicher Nachfragefinanzierung.** Auch die **Europäische Union verschuldete sich erstmals gemeinsam** durch Eurokredite – ein tiefgreifender Tabubruch. Über Schulden finanzierte Nachfrage traf auf ein verknapptes Angebot infolge durch die Coronapandemie gestörter Lieferketten. Die durch die Notenbanken geschaffene Geldmenge eröffnete nun Preissteigerungsspielräume, die genutzt wurden und mit dem Ende der Coronapandemie durch eine aufgestaute Nachfrage weiter angetrieben wurde. Die gewerblichen Erzeugerpreise stiegen in Deutschland im September 2022 um 38,6 %, im Jahresdurchschnitt 2022 um 29,8 %. Die Verbraucherpreise erhöhten sich um 6,9 % (2022) und 5,9 % (2023).

Diese Entwicklung führte zu einem (späten) Umschwenken der Notenbanken. Dabei ist das vorrangige Ziel der **Preisniveaustabilität** in den europäischen Verträgen fest verankert – vor allem auf deutsches Betreiben. Doch es ist keineswegs sicher, dass dieses Ziel in Zukunft wieder in der bisherigen Eindeutigkeit verfolgt wird.

Die einschneidenden sozialen und wirtschaftlichen Folgen der Inflation sind bekannt und sie zeigen sich erneut in aller Deutlichkeit:

- Wachsende Armut besonders bei den unteren Einkommensgruppen,
- Wachsende Vermögensungleichheit, da Sachwerte wie Immobilien und Aktien im Besitz Vermögender weniger stark entwertet werden,
- Abnehmende Preistransparenz durch häufige Preisanpassungen,
- Preiserhöhungen werden zunehmend mit „Kostendruck" begründet und damit legitimiert.

Besonders belastend ist, dass die **Grundbedürfnisse** – etwa für Energie und Nahrungsmittel – teils **zweistellige Preissteigerungen** verzeichneten. Man muss nicht nach Argentinien oder in die Türkei blicken, um die zerstörerische Kraft der Inflation auf den Wohlstand zu erkennen – sie wirkt hierzulande ebenso unmittelbar. Erfahrungen wirken stärker als theoretische Warnungen. Die Inflation hat erneut bewiesen: Stabile Preise sind eine Grundvoraussetzung für soziale Stabilität, wirtschaftliches Vertrauen und demokratische Verlässlichkeit. Kaufkraftverluste erzeugen Frust – sie bieten einen Nährboden für Populismus und radikale Kräfte. Die Wiederwahl Donald Trumps etwa wurde maßgeblich durch die Kaufkraftverluste breiter Bevölkerungsschichten begünstigt, auch wenn die Inflationsrate zum Wahltag 2024 wieder auf rund 2,6 % gesunken war. Das Preisniveau hatte sich zuvor aber bereits massiv erhöht. Auch Lohnerhöhungen verbesserten das Stimmungsbild im inflationären Umfeld nicht grundlegend. Ein ähnliches Stimmungsbild zeigt sich auch in Deutschland: kalte Progression, steigende Sozialabgaben und reale Einkommensverluste belasten die Mitte der Gesellschaft.

Inflation wirkt zudem als Vermögensvernichter – zumindest dann, wenn nicht nominale Werte, sondern inflationsbereinigte Größen betrachtet werden. Die Bundesbank hat für die Jahre 2021 bis 2023 nachgewiesen, dass vor allem Haushalte mit mittleren und niedrigen Vermögen real deutlich verloren haben, weil sie stärker unter höheren Zinsen und Konsumpreisen litten (Abb. 2.2).[13]

In der **Zielkarte** wird Preisniveaustabilität daher mit einer **Inflationsrate von 0 bis 2 %** definiert. Der Verfasser widerspricht ausdrücklich der 2021 von der EZB eingeführten „symmetrischen" Definition eines durchschnittlichen Inflationsziels von 2 %. Diese wurde

[13] Deutsche Bundesbank, Vermögen und Finanzen privater Haushalte in Deutschland: Ergebnisse der Vermögensbefragung 2023, Monatsbericht April 2025, S. 14 f.

Veränderung der durchschnittlichen Nettovermögen zwischen 2021 und 2023

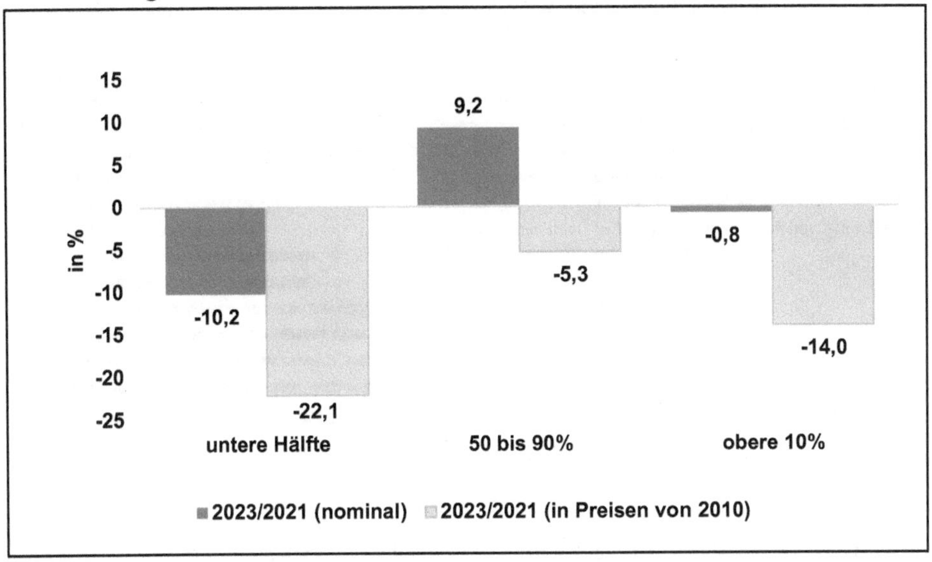

Abb. 2.2 Veränderung der durchschnittlichen Nettovermögen zwischen 2021 und 2023

offenkundig vor dem Hintergrund eigener Zielverfehlungen angepasst. Bis 2021 galt das Ziel „unter, aber nahe 2 %". Gerade in jenen Jahren mit Inflationsraten von 0,5 bis 1,8 % wurde in Deutschland ein hohes Realeinkommenswachstum verzeichnet (vgl. Tab. 2.11 und 2.12).

2.4 Bürokratie- und Regulierungsabbau

Die wachsende Bürokratie und Regulierungsdichte in Deutschland und Europa ist seit vielen Jahren als **strukturelle Wachstumsbremse** erkannt.[14] Eine überwältigende Mehrheit der Unternehmen teilt diese Einschätzung. Das zeigt auch Abb. 2.3, die auf einer Erhebung zur Standortqualität basiert: Fast 90 % der Befragten bewerten Bürokratie und Regulierung als Schwäche des Standorts Deutschland, kaum jemand als Stärke.

Historisch gesehen ist das Entstehen einer effizienten, rechtsstaatlichen Bürokratie ein Wachstumstreiber und Aushängeschild eines modernen Staates. Nach Max Weber (1864–1920) ist mit Bürokratie die Verwaltung gemeint, die Entscheidungen nach Gesetz und Vorschrift, Planmäßigkeit und Genauigkeit sowie Routine hierarchisch strukturiert ausführt. Eine solche Bürokratie ist folglich eine Bedingung für Rechtsstaatlichkeit und gegen Willkür. Doch seit rund zwei Jahrzehnten hat sich die Wahrnehmung grundlegend

[14] Justus Haucap, Christiane Kehder, Ina Loebert, Bürokratie und die Folgen für die Wirtschaft in Deutschland, Düsseldorf 11/2022.

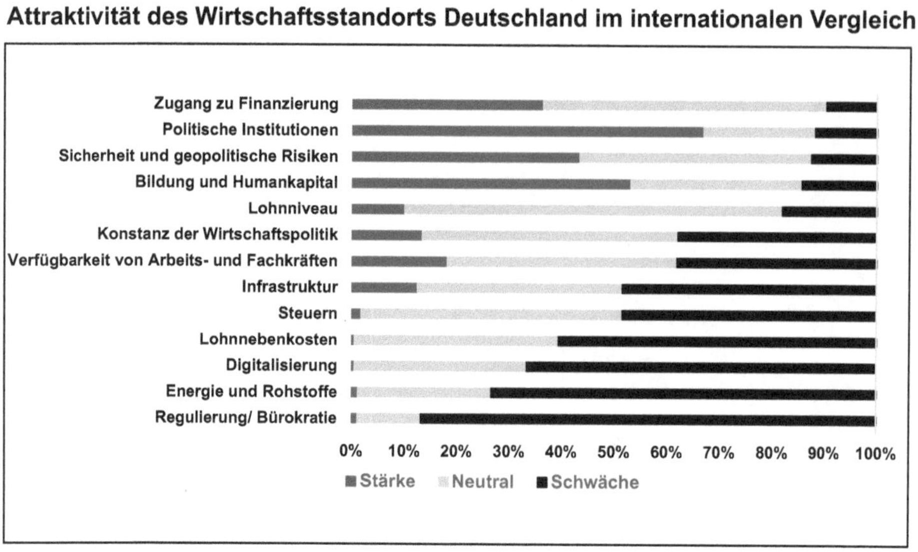

Abb. 2.3 Stärken und Schwächen des Wirtschaftsstandorts Deutschland[15]

gewandelt. Der Begriff „Bürokratie" ist heute überwiegend negativ besetzt. Das hat zwei zentrale Ursachen:

- **Politischer Aktionismus:** Nach jedem öffentlich wahrgenommenen Missstand werden „gesetzgeberische Konsequenzen" eingefordert. Politiker überbieten sich in neuen Vorschriften, die auf kurzfristige Zustimmung zielen, aber langfristig Regulierungsfolgen schaffen.
- **Gestaltungswille und Selbstüberschätzung:** Viele politische Akteure überschätzen ihre Fähigkeit, gesellschaftliche Probleme durch Regulierung lösen zu können – oft mit gutem Willen, aber schlechtem Ergebnis.

So entsteht ein immer dichteres Netz von Vorschriften, das sich zu einem **Regulierungsmonstrum** auswächst – vergleichbar mit dem Porträt in Oscar Wildes ‚Bildnis des Dorian Gray': Was ursprünglich als Idealbild begann, wird mit der Zeit zum abschreckenden Spiegel der Realität. Und obwohl alle betonen, dass etwas getan werden müsse, wächst das Regelwerk weiter. Natürlich ist es nachher keiner gewesen und die Empörung über das entstandene Monstrum ist allen gemein. Alle sind für die Bekämpfung, es gibt punktuelle Verbesserungen, aber das Gesamtbild verschlechtert sich weiter.

[15] (Potrafke/Schlepper/R. Schmid/M. Schmidt, Perspektiven für den Wirtschaftsstandort Deutschland – Reformvorschläge, ifo Schnelldienst 5/2024, S. 79.)

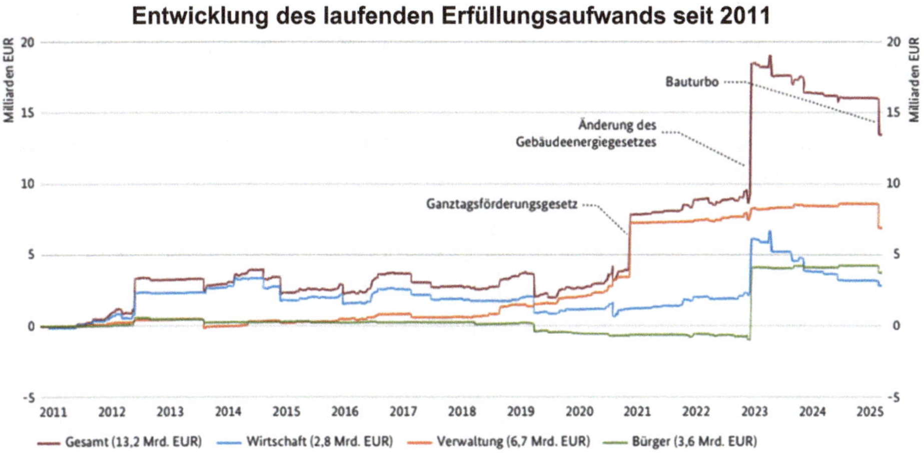

Abb. 2.4 Entwicklung des laufenden Erfüllungsaufwands seit 2011. (Quelle: NKR, Jahresbericht 2025, S. 60)

Bereits 2012 wurde als Reaktion auf diese Entwicklung der **Nationale Normenkontrollrat (NKR)** geschaffen – ein unabhängiges Beratungsgremium der Bundesregierung. Er misst den sogenannten **Erfüllungsaufwand,** also den Aufwand, der Bürgern, Unternehmen und Verwaltung beim Befolgen von Gesetzen entsteht (§ 2 Abs. 1 NKRG). Die Zahlen belegen eine deutliche Zunahme dieses Aufwands in den letzten Jahren wie Abb. 2.4 des NKR[16] und Tab. 2.4 zeigen.

Der Normenkontrollrat ermittelt im Jahresbericht 2025 ein Steigerung des jährlichen Erfüllungsaufwands für die drei Adressaten Wirtschaft, Verwaltung und Bürger von 13,2 Mrd. seit dem Jahr 2011. Seinerzeit war der gemessene laufende Erfüllungsaufwand fast nicht vorhanden. Dabei verdeutlicht Abb. 2.4 eine Zunahme in Sprüngen und wachsendem Ausmaß. Erfreulicherweise ist der jährliche Erfüllungssaufwand zuletzt wieder gefallen. Allerdings sind einige Vorhaben wegen des vorzeitigen Endes der Legislatur nicht mehr vom Parlament verabschiedet worden. Dazu fällt die Umsetzung der EU-Richtlinie über Nachhaltigkeitsberichte (CSRD), deren Umsetzung somit noch aussteht.[17]

Weniger Beachtung findet der beachtliche Einmalaufwand für Wirtschaft und Verwaltung, den Tab. 2.4 zeigt. Ein wesentlicher Treiber ist dabei die **Umsetzung von EU-Regelungen in nationales Recht,** die mittlerweile einen bedeutenden Anteil am Regulierungsaufkommen ausmachen.[18] Der Erfüllungsaufwand umfasst mehr als nur klas-

[16] Normenkontrollrat, Jahresbericht 2025.

[17] Normenkontrollrat, Jahresbericht 2025 S. 59. Das Bundeskabinett stimmt einem Regierungsentwurf am 3.9.2025 zu.

[18] Normenkontrollrat, Jahresbericht 2023, S. 18.

Tab. 2.4 Entwicklung des Erfüllungsaufwands der Wirtschaft und der Verwaltung nach Jahren (Daten vor Anpassung der methodischen Neubewertung des Mindestlohns im NKR Jahresbericht 2025, S. 60)

Wirtschaft			Verwaltung	
Jahre	Jährlich wiederkehrend (Veränderung zum Vorjahr)	einmalig	Jährlich wiederkehrend (Veränderung zum Vorjahr)	einmalig
In Millionen Euro				
2023	1232	16160	1210	3830
2022	711	6967	529	1566
2021	8344	5802	4433	7935
2020	343	2992	1293	3304
2019	−982	1301	792	2042
2018	−369	641	55	128
2017	633	612	−55	510
2016	−435	1835	1014	1085
2015	−785	789	−113	357
2014	3828	691	147	809
2013	1430	2267	217	283
2012	689	2227	203	794
Summe	**14638**	**42284**	**9723**	**17728**

Statistisches Bundesamt, Bürokratiekosten, Erfüllungsaufwand, Stand 23.04.2025

sische Bürokratiekosten. Letztere beziehen sich spezifisch auf Informationspflichten (z. B. Anträge, Statistiken) und werden separat ausgewiesen – jedoch bislang nur für Unternehmen und ohne Einbeziehung der EU-bedingten Lasten.[19] Auch dieser methodische Mangel führt zu einer Unterschätzung der tatsächlichen Belastung. Selbst die Bundesregierung räumt ein, dass die Belastungen trotz punktueller Verbesserungen erneut zunehmen.

Es ist die Regulierungswut in Deutschland und Europa, die zum Haupttreiber des Erfüllungsaufwands wurde. Im Jahresbericht 2024 stellt der NKR fest, dass der weitere Anstieg des Erfüllungsaufwands gebremst wurde. Diese Sachlage kann aber in keinerlei Hinsicht befriedigen, insbesondere nicht vor dem Hintergrund vollmundiger, parteiübergreifender politischer Beteuerungen über erforderlichen Regulierungs- und Bürokratieabbau sowie des fortschreitenden Wettbewerbsverlustes der deutschen Volkswirtschaft. Wenn die neue Bundesregierung das Ziel materiell erfolgreich umsetzt, den Erfüllungsaufwand innerhalb von 4 Jahren um 10 Mrd. EUR zu senken,[20] wäre dies ein deutlicher Beitrag für den Bürokratieabbau.

[19] Ebenda, S. 14 f.

[20] NKR, Jahresbericht 2025, S. 5.

Als Zielgröße wurde in der **Zielkarte** der laufende **Erfüllungsaufwand von 5 Mrd. EUR** des Jahres 2020 gewählt mit der klaren Aufforderung an die Politik, den auf 13,2 Mrd. EUR ausgeuferten jährlichen Erfüllungsaufwand für Wirtschaft, Verwaltung und Bürger weiter zügig zu reduzieren. Als Ergänzung und Abrundung wird der vom Statistischen Bundesamt ermittelte Bürokratiekostenindex betrachtet. Dieser hat sich in den letzten Jahren erfreulich entwickelt,[21] in 2024 allerdings ebenfalls nur, weil nach dem Bruch der Regierungskoalition alle vom alten Bundestag nicht mehr beschlossenen Gesetze aus dem Bürokratieindex entfernt wurden. Der Bürokratiekostenindex weist das große Manko auf, dass bislang durch die EU verursachter Bürokratieaufwand nicht erfasst wird. Aufgrund der zunehmenden Verlagerung von bürokratieschaffenden Regelungen auf die EU-Ebene ist der deutsche Bürokratieindex somit methodisch und damit inhaltlich unzureichend und zugleich beschönigend. Der Bürokratiekostenindex muss vor diesem Hintergrund deutlich sinken.

Sichtbar wird der Bürokratie- und Regulierungsaufbau auch im Wachstum der öffentlichen Verwaltung. **Zwischen Juni 2008 und Juni 2024 stieg die Zahl der Beschäftigten in den Kommunen um 35,2 % und 2024 um 3,5 % im Vorjahresvergleich zu 2023, in den Ländern um 18,1 %. Während die Beschäftigung im öffentlichen Dienst bis 2017 noch langsamer als das reale BIP wuchs, hat sich das Verhältnis seither umgekehrt: Seit 2017 stieg das reale BIP nur um 2,4 %, die Zahl der Beschäftigten jedoch zunehmend schnell um 13,5 %** (Tab. 2.5). Dabei ist noch nicht berücksichtigt, dass damit eine Tendenz zu einer höheren Vergütung einherging. Von 2017 bis 2024 stiegen die Personalkosten im öffentlichen Dienst um 14,9 % stärker als das BIP und somit um 49,7 % schneller.[22] Die Beschäftigtenzahl im Öffentlichen Dienst vergrößerte sich um 11,1 % schneller als das preisbereinigten BIP,was einen relative Zunahme um das 4,6-fache bedeutet.[23] Mit den Personalkosten steigen auch die Sachkosten, die man pauschal mit mindestens 40 % ansetzen kann.

Der Bürokratie- und Regulierungsabbau ist der entscheidende Hebel für die Verbesserung der deutschen Wettbewerbsfähigkeit und die dringend erforderliche Verkleinerung des Öffentlichen Dienstes. Er ist damit auch ein wichtiger Beitrag für die beschriebene Umschichtung von Haushaltsmitteln in die Beseitigung von Infrastrukturmängeln und die Verteidigung. In der **Zielkarte** wird die Reduzierung auf 4.505.000 Mitarbeiter angestrebt. Das ist das im Jahr 2008 erreichte Niveau nach vorausgegangenen Sparanstrengungen.

[21] Statistisches Bundesamt, Bürokratiekostenindex, Stand 6.11.2024.

[22] (406670/280998-1)/(4328,97/3333,11-1)-1; Personalkosten in Mio. StBA H31/37171100, BIP in Mrd. Euro StBA 81000-0001

[23] (119,4/105,2-1)/(115,0/112,3-1)-1, Tab. 2.5. Methodisch muss hier zum Vergleich mit den Mitarbeiterzahlen das preisbereinigte BIP herangezogen werden

Tab. 2.5 Personalstandstatistik des öffentlichen Dienstes in Deutschland

Beschäftigte im öffentlichen Dienst in Tausend					Eigene Berechnungen		
Stichtag	Bundesbereich	Landesbereich	Kommunaler Bereich	Sozialversicherung	Insgesamt	Index in %	Index BIP[1] preisbereinigt
30.06.2003	573,0	2373,0	1479,9	353,4	4779,4	106,1	90,9
30.06.2004	569,4	2347,5	1410,3	342,7	4669,9	103,7	91,9
30.06.2005	560,9	2298,1	1373,0	367,4	4599,4	102,1	92,7
30.06.2006	554,9	2287,1	1358,2	375,8	4576,0	101,6	96,3
30.06.2007	550,5	2273,1	1341,2	375,7	4540,6	100,8	99,1
30.06.2008	536,5	2262,8	1331,4	374,4	**4505,1**	100,0	100,0
30.06.2009	533,9	2284,1	1350,2	379,3	4547,6	100,9	94,5
30.06.2010	530,3	2317,8	1355,2	382,8	4586,1	101,8	98,4
30.06.2011	524,7	2337,0	1367,2	374,1	4602,9	102,2	102,1
30.06.2012	513,9	2346,5	1386,1	370,8	4617,4	102,5	102,6
30.06.2013	503,9	2353,7	1406,4	371,3	4635,2	102,9	102,9
30.06.2014	496,6	2356,6	1428,0	371,4	4652,5	103,3	105,2
30.06.2015	489,4	2346,9	1439,5	369,6	4645,5	103,1	106,9
30.06.2016	489,5	2364,1	1464,4	371,1	4689,0	104,1	109,4
30.06.2017	493,4	2387,5	1487,6	370,1	4738,6	**105,2**	**112,3**
30.06.2018	496,3	2419,8	1518,6	368,2	4802,9	106,6	113,6
30.06.2019	501,9	2460,5	1556,4	366,0	4884,8	108,4	114,7
30.06.2020	509,9	2493,3	1596,8	368,0	4968,0	110,3	110,0
30.06.2021	521,4	2541,5	1657,6	375,1	5095,6	113,1	114,1
30.06.2022	525,7	2603,6	1701,5	375,1	5206,0	115,6	115,6
30.06.2023	524,7	2628,9	1738,7	377,6	5270,0	117,0	115,3
30.06.2024	527,0	2672,9	1799,5	380,6	5380,0	118,3	115,0

[1]Daten per 31.12. des Jahres, Statistisches Bundesamt, Code 81000-0001, eigene Berechnungen Sozialversicherung: einschließlich Bundesagentur für Arbeit, erhöhte Zunahme 2005 durch die erstmalige Erfassung der Betriebskrankenkassen

Statistisches Bundesamt (Destatis), 2025 Stand: 19.11.2025, Code 74111-0001

2.5 Wettbewerbsfähigkeit Deutschlands erhöhen

Deutschland hat in den letzten Jahren im Vergleich zur übrigen Welt deutlich an internationaler **Wettbewerbsfähigkeit** verloren wie das Ranking des International Institute for Management Development (IMD), World Competitiveness Center zeigt (Tab. 2.6).[24]

Deutschland ist im Vergleich zum Jahr 2015 (Platz 10) auf Rang 24 abgerutscht und schneidet im langfristigen Vergleich fast ebenso schlecht ab wie im Jahr 2006. Damals war Deutschland nach einem dramatischen Verlust an Wettbewerbsfähigkeit als „kranker Mann Europas" bezeichnet worden und belegte in der weltweiten Wettbewerbsrangliste nur noch Rang 25. Ab dem Jahr 2005 leitete Kanzler Schröder mit den **Hartz-IV-Reformen** eine politische Wende ein, die Deutschlands wirtschaftliche Stärke bis 2014 wiederherstellte. Zuletzt deuten viele Indikatoren erneut auf eine strukturelle Schwäche hin: Eine zerrüttete Regierungskoalition mit wenig Reformwillen, wachsende Bürokratie, überzogene Rentenversprechen und zunehmender Dirigismus haben das Vertrauen in die wirtschaftspolitische Steuerungsfähigkeit untergraben. Die Neuwahlen 2025 haben daran zunächst wenig geändert – der neue Koalitionsvertrag enthält zwar große Ausgabenprogramme und Schuldenaufwüchse, aber **keine entschlossenen Reformmaßnahmen.** Das Versprechen einer Wirtschaftswende, wie sie CDU und CSU vor der Wahl gegeben hatten, ist bislang nicht eingelöst worden.

Neben dem skizzierten Bürokratieabbau sind weitere strukturelle Maßnahmen erforderlich, um **die Wettbewerbsfähigkeit Deutschlands zu stärken.**

Der Verfasser legt den Fokus auf vier Handlungsfelder:

1. **Wettbewerbsfähige Energiepreise** für Industrie und Haushalte
2. **Senkung der Steuerbelastung** für die Mittelschicht
3. **Stabilisierung der Lohnnebenkosten**
4. **Erhalt einer leistungsfähigen öffentlichen Infrastruktur.**

Tab. 2.6 Wettbewerbsfähigkeit Deutschland: Ranking im IMD World Competitiveness Booklet

	2015	2019	2020	2021	2022	2023	2024
Overall	10	17	17	15	15	22	24
Economic Performance	8	9	5	3	5	12	13
Government Efficiency	18	22	24	23	21	27	32
Business Efficiency	16	26	25	23	21	29	35
Infrastruktur	9	10	11	10	9	14	20

[24] IMD World Competitiveness Booklet 2019 S. 48 f., 2023 S. 50 f., 2024 S. 68 f.

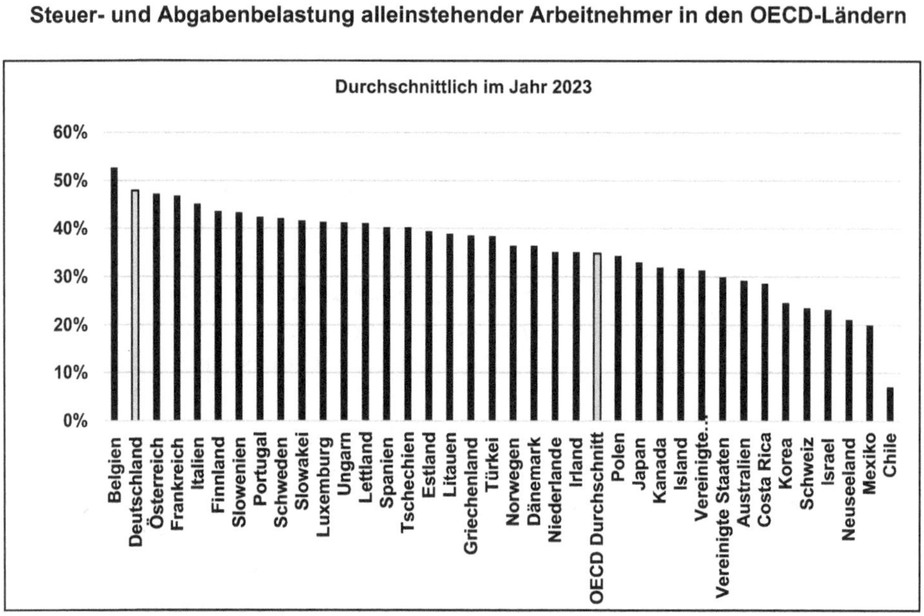

Abb. 2.5 Steuer- und Abgabenbelastung alleinstehender Arbeitnehmer in den OECD-Ländern

Diese Schwerpunktsetzung wird gestützt durch das IMD-Ranking,[25] in dem Deutschland bei Energiepreisen, Steuerlast und Infrastruktur im internationalen Vergleich schwach abschneidet, sowie durch die Ergebnisse des ifo-Expertenpanels (Abb. 2.3). Auch die **Abgabenlast** zählt in Deutschland zu den höchsten weltweit (Abb. 2.5).[26]

2.5.1 Wettbewerbsfähige Energiepreise für Industrie und Haushalte schaffen

Wettbewerbsfähige Energiekosten sind für viele Industrien ein wesentlicher Wettbewerbs- und damit Standortfaktor. Deutschlands Industriegeschichte ist eng mit dem Wettbewerbsvorteil durch günstige Energiepreise aus Steinkohle verbunden. Daran schloss sich ab 1972 der preisgünstige Gaseinkauf über Leitungssysteme aus Russland an. Mit dem Einmarsch Russlands in der Ukraine und dem Ausstieg aus der Atomenergie wurde aus einem bedeutenden Wettbewerbsvorteil ein gravierender Wettbewerbsnachteil. Viele energieintensive Unternehmen stellen ihre Produktion in Deutschland ein oder verlagern diese in Länder mit günstigeren Energiepreisen. Für Deutschlands wirtschaftlichen Erfolg wird es

[25] IMD World Competitiveness Booklet 2024, S. 93 und Erläuterung Daten S. 144 ff.

[26] OECD (2024), Taxing Wages 2024: Tax and Gender through the Lens of the Second Earner, OECD Publishing, Paris, S. 24 f.

Internationaler Strompreisvergleich für die Industrie

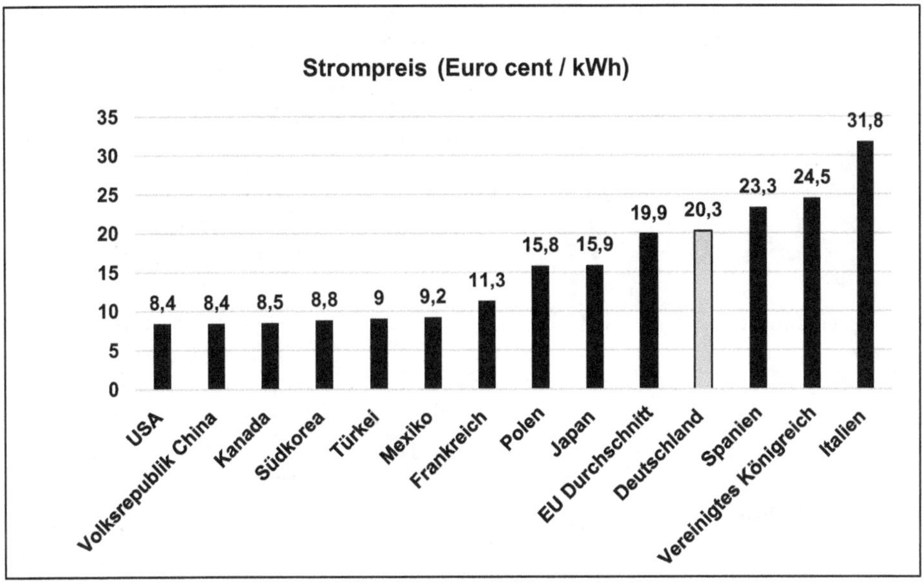

Abb. 2.6 Internationaler Strompreisvergleich für die Industrie. (Quelle: vbg-Studie: Internationaler Energiepreisvergleich für die Industrie, Abb. 2.1, Oktober 2023)

deshalb von Bedeutung sein, bei den Energiepreisen Strom und Gas wieder wettbewerbsfähig zu werden. Wie wenig dies derzeit der Fall ist, zeigt Abb. 2.6[27] für den Industriestrompreis.

In der Zielkarte konzentriert sich der Verfasser auf den Strom- und Gaspreisvergleich zur EU und zu den USA. Die USA kann auf absehbare Zeit bei den Energiepreisen als Benchmark gelten. Tab. 2.7 gibt einen aufschlussreichen Einblick über die Preisentwicklung und insbesondere die relative Preisentwicklung der EU, Deutschlands und den USA. Dargestellt werden die Strom- und Gaspreise für Haushalte und die Industrie. Bei den Strompreisen für Haushalte wird zudem zwischen dem Preis ohne und mit Steuern/Abgaben unterschieden. In allen Segmenten zeigt die Zeitreihe seit dem Jahr 2021 einen massiven Verlust an Deutschlands Preiswettbewerbsfähigkeit.

Beim Industriegaspreis hat sich die Preisrelation zu den USA vom Index 73,8 % auf 24,7 % verschlechtert, die Industrie in den USA zahlt also ein Viertel von dem, was die Industrie in Deutschland zahlen muss. Beim Strom sind es im Jahr 2024 ebenso beachtliche 41,2 %.

Auch die deutschen Haushalte leiden unter der deutschen Energiepolitik mit Wohlstandsverlusten durch hohe Steuern und Abgaben. Mittlerweile liegen die deutschen Strompreise selbst in der EU mit einem gut funktionierenden Energiemarkt deutlich über

[27] Vbw-Studie: Internationaler Energiepreisvergleich für die Industrie, 10/2023.

Tab. 2.7 Strom- und Gaspreisvergleich Deutschland zur EU und USA

Strom in Cent/kWh, Gas in Cent/Gigajoule	Jahr	2021	2022	2023	2024
Strompreis Haushalte	1 EU ohne Steuern	0,1428	0,2168	0,2300	0,2187
	2 EU mit Steuern	0,2203	0,2525	0,2937	0,2889
	1 BRD ohne St.	0,1579	0,2116	0,2928	0,2806
	2 BRD mit St.	0,3193	0,3318	0,4073	0,3951
	USA mit St.	0,1366	0,1504	0,1600	0,1648
	1 EU/BRD	0,9044	1,0243	0,7855	0,7794
	2 EU/BRD	0,6899	0,7610	0,7212	0,3664
	1 USA/BRD	0,8651	0,7108	0,5465	0,5873
	2 USA/BRD	0,4278	0,4533	0,3929	0,4171
Strompreis Industrie	EU mit St.	0,0859	0,1604	0,1936	0,1558
	BRD mit St.	0,0908	0,1512	0,1904	0,1976
	USA mit St.	0,0718	0,0815	0,0804	0,0815
	EU/BRD	0,9460	1,0608	1,0168	0,7885
	USA/BRD	0,7907	0,5390	0,4223	0,4124
	Jahr	**2021**	**2022**	**2023**	**2024**
Gaspreis Haushalte	EU mit St.	0,1772	0,2393	0,3294	0,3066
	BRD mit St.	0,1796	0,2239	0,3415	0,3328
	USA mit St.	0,1089	0,1478	0,1501	0,1430
	EU/BRD	0,9866	1,0688	0,9646	0,9213
	USA/BRD	0,6063	0,6601	0,4395	0,4297
Gaspreis Industrie	EU ohne St.	0,0662	0,1638	0,2063	0,1472
	BRD ohne St.	0,0660	0,1235	0,1856	0,1543
	USA mit St.	0,0487	0,0771	0,0442	0,0381
	EU/BRD	1,0030	1,3263	1,1115	0,9540
	USA/BRD	0,7379	0,6243	0,2381	0,2469

Quellen: Eurostat und EIA, eigene Berechnungen

dem Durchschnitt der anderen EU-Länder (Index 0,7794 bei Haushalten und 0,7885 bei der Industrie).

Drei Ursachen sind entscheidend:

- Der Wegfall günstiger russischer Energie nach dem Angriffskrieg Russlands auf die Ukraine,
- eine **ideologisch geprägte Energiepolitik,** die einseitig auf erneuerbare Energien setzt, **Kernkraftwerke abgeschaltet,** und demzufolge Zusatzkosten in Form von Netzausbaubedarfen und Ersatzkraftwerken verursacht und
- kostentreibende bürokratische gesetzliche Einzelvorgaben, deren Umweltnutzen zumindest zweifelhaft ist (z. B. Heizungs-Gesetz).

Politik sollte die Bedeutung der Energiepreise für die deutsche Wettbewerbsfähigkeit erkennen und Konsequenzen aus der aktuellen Situation ziehen. Die Energiepolitik der rotgrüngelben Regierungskoalition legte hierauf keinen Fokus. Diskussionen jenseits von

Parteigrenzen über einen subventionierten Industriestrompreis zeigen zudem eine irregeleitete Diskussion. Anstatt die Ursachen der fehlenden Wettbewerbsfähigkeit durch eine marktwirtschaftliche Angebotspolitik zu verbessern, glauben viele in Deutschland, durch (teure) Preissubventionen einen leichten Weg aus der schwierigen Situation zu finden. Auch die neue Koalition von CDU/CSU und SPD setzt auf Subventionen. Diejenigen, die einen subventionierten Industriestrompreis fordern, sprechen zwar von einer Übergangszeit, beziffern diese aber auf 10 bis 15 Jahre, ohne erklären zu können, wieso sich die Subvention bei diesem Vorgehen erübrigen sollten. Die damit verbundenen hohen Subventionsaufwände fehlen erneut für strukturelle Verbesserungen. Frankreich zeigt bereits heute mit hohen staatlichen Energiepreissubventionen, wohin dieser Weg führen kann: Hohe staatliche Energiesubventionen belasten den Haushalt, ohne nachhaltige Verbesserungen der Wettbewerbsfähigkeit zu bringen. Deutschland läuft Gefahr, denselben Weg zu gehen. Auch die neuen Koalitionäre von CDU/CSU und SPD begeben sich auf Abwege. Die Einnahmen von 25 Mrd. EUR (2024) aus der CO_2-Bepreisung werden nunmehr nicht an die privaten Haushalte zurückgeben, sondern anderweitig verwendet, u. a. für die Subvention der Netzentgelte. Ein solches Unterfangen dient der Kaschierung einer fehlgeleiteten Energiepolitik der teuren Regulierungen durch bürokratische Klimaschutzgesetze und Subventionierungen über den Klima- und Transformationsfonds. Bezahlen werden es letztlich die Bürger durch Abgaben und Arbeitsplatzverluste. Die Abgaben steigen wegen der enormen Investitionssummen für neue Netze infolge der Klimapolitik, die bislang allein auf erneuerbare Energien abstellt. Dabei steht mit dem europäischen CO_2-Zertifikatehandel ein Instrument zur Verfügung, dass das Ziel der Klimaneutralität ohne weitere Eingriffe in den Markt effizient erreichen lässt. Der deutsche Alleingang in der Klimapolitik wird Deutschlands Wettbewerbsfähigkeit zunehmend schaden. Auch in Europa mehren sich in den anderen Ländern verärgerte Regierungsstimmen, weil im integrierten europäischen Strommarkt die Preiswettbewerbsfähigkeit der gesamten EU durch die deutsche Energiepolitik Schaden nimmt. Die schwedische Energieministerin Ebba Busch sagte: „Eine industrielle Wirtschaft kann nicht vom Wohlwollen der Wettergötter abhängen“. Die Energieministerin betonte, das Wind- und Solarenergie nicht stabil genug sein, wie die vergangene Woche gezeigt habe. In dieser besagten Woche schoss der Strompreis in Deutschland auf fast 1000 EUR pro Megawattstunde, weil Wind und Sonne ausfielen. Auch in Südschweden explodierten die Preise, da Deutschland Stromimporte benötigte. Busch erklärte weiter: „Schwedens Regierung unterstützt erneuerbare Energien. Dennoch lassen sich physikalische Gesetze nicht ignorieren, nicht einmal von Herrn Habeck […]. Ohne eine stabile Grundlast wie Kernenergie leiden Nachbarländer unter den Folgen von Dunkelflauten“.[28] Gleichzeitig führen Phasen mit einem Stromüberangebot dazu, dass negative Börsenpreise auftreten. Dies führt zu hohen öffentlichen Zusatzkosten, weil den Investoren vom Staat Mindestpreise garantiert wurden.

[28] Blackout News GmbH, Schwedens Energieministerin legt mit der Kritik an der deutschen Energiepolitik nach, Karlsruhe, 20.12.2024.

In der **Zielkarte** wird ein **Vergleich der Strom- und Gaspreise für Industrie und Haushalte mit der EU und den USA** verankert. Industrie und Haushalte werden hälftig gewichtet. Ziel ist es, die Preiswettbewerbsfähigkeit Deutschlands im internationalen Vergleich wiederherzustellen. Die Preisentwicklung wird auf Basis von Indexwerten wie in Tab. 2.7 regelmäßig überprüft. Konkrete Maßnahmen zur Erreichung dieses Ziels werden im zweiten Teil des Manuskripts behandelt.

2.5.2 Quote der Steuerbelastung der Mittelschicht senken

Tab. 2.8a, 2.8b zeigen: Im Jahr 2019 zahlten die oberen 5 % der Steuerpflichtigen 37,9 % und die oberen 10 % sogar 50,3 % des gesamten Einkommensteueraufkommens (inkl. Solidaritätszuschlag). Unter Berücksichtigung der Kapitaleinkünfte verschieben sich diese Werte nur geringfügig. Für das Coronajahr 2021 ergaben sich ohne Kapitaleinkünfte sogar noch höhere Werte: 40,8 % (5 %) bzw. 53,4 % (10 %).[29]

Diese Verteilung bestätigt im Grundsatz die verfassungsrechtlichen Vorgaben: Das **Existenzminimum bleibt steuerfrei,** und die **Leistungsfähigkeit** wird als Maßstab für die Steuerlast beachtet. Auch die Durchschnittssteuersätze in den oberen Einkommensdezilen folgen dieser Logik: Das oberste Prozent zahlt im Schnitt 31,9 %, die oberen 5 % zahlen 26,9 %.

Dennoch ist ein **strukturelles Problem** offensichtlich: Die Schwelle, ab der der **Spitzensteuersatz** greift, liegt inzwischen **viel zu nah am Durchschnittseinkommen**. Dies zeigt Tab. 2.9, die das Verhältnis zwischen dem Einstiegspunkt des Spitzensteuersatzes und dem 12-fachen durchschnittlichen Bruttomonatseinkommen seit 1958 darstellt. Um lange und konsistente Zeitreihen auswerten zu können, wurde die

Entwicklung der alten Bundesländer bis heute zugrunde gelegt. Um hinreichende Leistungsanreize für Mehrarbeit und beruflichem Aufstieg sowie Zuwanderung qualifizierter Fachkräfte zu geben, ist die Aufteilung des Bruttoeinkommens zwischen den Bürgern und dem Staat wichtig und wie sich diese bei steigendem Einkommen zugunsten des Staates erhöht. Während der Spitzensteuersatz im Zeitraum bis 1967 erst beim 14,9-fachen des durchschnittlichen Monatseinkommens einsetzte, ist es heute nur noch rund das 1,1-fache. Schon ein durchschnittlich verdienender Arbeitnehmer erreicht mit einer Gehaltserhöhung schnell den Spitzensteuersatz.[30,31] Gleichzeitig greifen **hohe Sozialabgaben**, die

---

[29] IW-Gutachten, Martin Beznoska, Tobias Hentze: Die Steuerlastverteilung der Einkommensteuer und des Soli von 1998 bis 2021, Zahlen Spitzenverdiener weniger Einkommensteuern als früher? 4/2021.

[30] IW-Gutachten, Martin Beznoska, Tobias Hentze: Die Steuerlastverteilung der Einkommensteuer und des Soli von 1998 bis 2021, Zahlen Spitzenverdiener weniger Einkommensteuern als früher? 4/2021, S. 10.

[31] Es sei der Korrektheit halber darauf hingewiesen, dass der Steuersatz auf das zu versteuernde Einkommen gezahlt wird und dieses generell unter dem 12-fachen Bruttoeinkommen liegt.

Tab. 2.8a Verteilung des Steueraufkommens 2019 in der integrierten Datenbasis ohne Kapitaleinkommen

Verteilung des äquivalenzgewichteten Bruttoeinkommens	Äquivalenzgewichtetes Bruttoeinkommen		Anzahl Personen	Bruttoeinkommen	Festgesetzte Einkommensteuer	Solidaritätszuschlag	Einkommensteuer und Solidaritätszuschlag
	Durchschnitt	Untergrenze					
	Euro pro Jahr		in 1000	in Prozent			
1. Dezil	8782	–	6962	2,6	0	0,0	0,0
2. Dezil	15292	12573	6916	4,3	0,5	0,0	0,5
3. Dezil	19725	17722	6940	5,5	1,1	0,3	1,1
4. Dezil	23736	21641	6940	6,4	2,3	1,4	2,3
5. Dezil	28146	25878	6944	7,6	3,8	2,8	3,8
6. Dezil	32736	30432	6943	8,6	5,7	4,8	5,6
7. Dezil	38227	35330	6943	10,2	8,4	7,7	8,3
8. Dezil	45311	41363	6923	11,9	11,7	11,4	11,7
9. Dezil	55740	49791	6941	14,6	16,4	17,2	16,4
10. Dezil	104137	64517	6936	28,2	50,2	54,3	50,3
Obere 5 %	137245	80696	3467	19,0	37,7	41,2	37,9
Obere 1 %	288071	141790	688	8,8	20,5	22,4	20,6
Insgesamt	31176	–	69387	100,0	100,0	100,0	100,0

Tab. 2.8b Verteilung des Steueraufkommens 2019 in einer „Corona"-Szenario-Rechnung für das Jahr 2021

Verteilung des äquivalenzgewichteten Bruttoeinkommens	Äquivalenzgewichtetes Bruttoeinkommen		Veränderung des Bruttoeinkommens „Corona"	Bruttoeinkommen	Festgesetzte Einkommensteuer	Solidaritätszuschlag	Einkommensteuer und Solidaritätszuschlag
	Durchschnitt	Untergrenze					
	Euro pro Jahr			in Prozent			
1. Dezil	8762	–	1,6	2,6	0,0	0,0	0,0
2. Dezil	15312	12786	–0,8	4,4	0,2	0,0	0,2
3. Dezil	19583	17587	–1,3	5,5	0,9	0,0	0,9
4. Dezil	23476	21579	–3,2	6,4	1,8	0,0	1,8
5. Dezil	27685	25543	–5,2	7,4	3,4	0,1	3,3
6. Dezil	32305	29897	–2,5	8,6	5,3	0,1	5,2
7. Dezil	37873	34953	–4,1	10,0	7,8	0,1	7,6
8. Dezil	45079	40889	–2,8	11,9	11,4	0,2	11,2
9. Dezil	55761	49607	–5,7	14,3	16,6	1,1	16,4
10. Dezil	107326	64862	–3,2	28,8	52,7	98,3	53,4
Obere 5 %	142497	82516	–2,0	19,7	40,0	95,1	40,8
Obere 1 %	300876	145772	–0,5	9,3	22,0	70,6	22,8
Insgesamt	37310	–	–3,4	100,0	100,0	100,0	100,0

Grundgesamtheit: Personen in Privathaushalten ab 18 Jahren. Verteilung anhand der äquivatenzgewichteten Haushaltsbruttoeinkommen (neue OECD-Skala). Quelle: IW-Gutachten: M. Beznoska, T. Hentze: Die Steuerlastverteilung der Einkommensteuer und des Soli von 1998 bis 2021, S. 25 und S. 29

Tab. 2.9 Entwicklung des Steuerbelastungsfaktors seit 1958[a]

Zeitraum	10-Jahresdurchschnitte
1958 bis 1967	14,9
1968 bis 1977	7,0
1978 bis 1987	4,0
1988 bis 1997	2,5
1998 bis 2007	1,6
2008 bis 2017	1,3
2018 bis 2024	1,1

[a] Verhältnis vom 12-fachen des Bruttomonatsverdienstes in den alten Bundesländern zum Einkommen, ab dem der Spitzensteuersatz einsetzt (ohne Reichensteuer), Quellen: Statistische Bundesamt, Durchschnittliche Bruttomonatsverdienste; Bundesministerium der Finanzen, Datensammlung der Steuerpolitik, eigene Berechnungen

den Anreiz für **Mehrarbeit, Aufstieg oder qualifizierte Zuwanderung** verringern – besonders im unteren und mittleren Einkommensbereich.

Das hat zur Entstehung des sogenannten **„Mittelstandsbauchs"** in der Steuerbelastung geführt. Die Abgabenlast steigt **nicht proportional,** sondern **überproportional** mit dem Einkommen. Nur durch die zunehmende Belastung breiter Bevölkerungsteile lassen sich die hohen Finanzbedarfe der öffentlichen Hand vereinnahmen. Die vom Bundestag 2012 eingeführte Pflicht zur Vorlage eines Steuerprogressionsberichts alle zwei Jahre zusammen mit dem Existenzminimumbericht soll diese Entwicklung sichtbar machen und korrigieren helfen. Tatsächlich wurde die **kalte Progression** in den letzten zehn Jahren weitgehend kompensiert – dennoch bleibt die Steuerstruktur so gestaltet, dass durchschnittliche Verdiener kaum noch motiviert sind, mehr zu arbeiten. Ein echter Leistungsanreiz besteht nicht. Um dies zu ändern, schlägt der Verfasser eine **Reform der Tarifstruktur** vor:

- **Verdopplung** des zu versteuernden Einkommens, bei der der Spitzensteuersatz einsetzt. Dadurch wird wieder ein Steuerbelastungsfaktor von 2,2 wie zuletzt im Jahr 1995 erreicht. Das entspricht derzeit einem inflationsbereinigten steuerpflichtigen Jahreseinkommen von 133.522 EUR.
- Der Einkommensteuertarif wird bis zum Spitzensteuersatz **linearisiert.**[32] Gleichzeitig wird der Steuertarif anschließend bis zum Erreichen der „Reichensteuer" als begrenzte Gegenfinanzierung ebenfalls linearisiert.

Diese Reform bedeutet eine umfassende **Entlastung der Mittelschicht zulasten des Staates** – aber eine notwendige, will Deutschland wirtschaftlich zu neuem Wachstum aufbrechen. In Anbetracht der Situation, dass der Steuerbelastungsfaktor selbst in der Zeit

[32] Andreas Bach, Aktuelle Reformvorschläge zum Einkommensteuertarif, in: Wirtschaftsdienst 2021, S. 606 ff.

von 1968 bis 1977 noch bei 7,0 lag, ist dieser Schritt überfällig. Damit wird Politik allerdings eine Abkehr vom ‚alles regeln und bestimmen wollenden Staat' vollziehen müssen. Dies wird vermutlich erst dann erfolgen, wenn wir Bürger diese Rückbesinnung und Neuorientierung wollen und dann auch als Wähler erzwingen. Da in den nächsten Jahren die Kombination von abnehmender deutscher Wettbewerbsfähigkeit mit Realeinkommensverlusten und alternder Gesellschaft den Staat überfordern wird, werden zunehmende Konflikte in der Gesellschaft zu Tage treten. Es geht dem Staat dann fast wie einem Unternehmen, dass seine „Hausaufgaben" lange nicht gemacht hat. Es wird „ungemütlich" in Deutschland.

Strukturveränderungen sind am effektivsten, wenn sie in kleinen Schritten und kontinuierlich erfolgen. Je eher eine deutsche Bundesregierung dazu bereit ist, desto besser. Die neue Regierung CDU/CSU und SPD scheint allerdings alle diese Vorsätze bereits direkt nach dem Wahltag vergessen zu haben: statt Reform ist gigantische Verschuldung angesagt. Der wirksame, aber dennoch dumme Spruch ‚whatever it takes' hat wieder Konjunktur auf dem Weg in den Abstieg im internationalen Wettbewerb. Dumm ist der Spruch deshalb, weil er nur solange wirksam ist, solange der Bürger und die Kapitalmarktteilnehmer an die Macht der Worte glauben.

Die Steuereinnahmen sind in den letzten 10 Jahren um 47,2 % oder durchschnittlich **3,9 %** p.a. (Tab. 2.10) gestiegen und damit deutlich stärker als die durchschnittlichen Bruttoeinkommen je Arbeitnehmer mit 40,3 % oder **3,4 %** p.a. und die Inflationsrate mit **2,4 %** p.a.(Tab. 2.11 und 2.12). Diese prozentualen Unterschiede führen bei langen Zeiträumen zu großen **Verschiebungen zugunsten des Staates** und zulasten des Bürgers.

Tab. 2.10 Statistik über das Steueraufkommen Deutschlands insgesamt in Mrd. Euro

Jahr	2014	2015	2016	2017	2018	2019	2020	2021	2022	2023	2024
Steuereinnahmen	643,6	673,3	705,8	734,5	776,3	776,3	799,3	739,7	833,2	895,7	947,7

Statistisches Bundesamt (Destatis), 2025 Stand: 23.04.2025

Tab. 2.11 Entwicklung Bruttolöhne und Bruttogehälter monatlich je Arbeitnehmer

Jahr	2014	2015	2016	2017	2018	2019	2020	2021	2022	2023	2024
Euro	2758	2843	2918	3001	3101	3199	3192	3300	3445	3667	3862
Zunahme in %	3,21	3,08	2,64	2,84	3,33	3,16	−0,22	3,38	4,39	6,44	5,32

Statistisches Bundesamt (Destatis), 2025 Stand: 28.03.2025, Code 81000-0007

Tab. 2.12 Verbraucherpreisindex Deutschland (2020 = 100)

Jahr	2014	2015	2016	2017	2018	2019	2020	2021	2022	2023	2024
Index	94,0	94,5	95,0	96,4	98,1	99,5	100,0	103,1	110,2	116,7	119,3
Veränderung Vorjahr	1,0	0,5	0,5	1,5	1,8	1,4	0,5	3,1	6,9	5,9	2,2

Statistisches Bundesamt (Destatis), 2025 Stand: 16.03.2025, Code 61111-0001

Trotz der deutlich stärker als Preisniveau und Bruttoeinkommen gestiegenen Steuereinnahmen gibt es einen Investitionsstau bei der öffentlichen Infrastruktur, weil die Einnahmen überwiegend durch neue Sozialversprechen zu steigenden Sozialausgaben führten. Das typische Vorgehen dabei ist, bei deren Einführung auf eine geringe Belastung beim Start hinzuweisen und die dauerhaften Belastungen zu verschweigen oder kleinzurechnen. **So sind die Sozialausgaben des Staates in den letzten 10 Jahren um 58,9 % oder jährlich durchschnittlich 4,7 % gestiegen** (Tab. 2.13). Die Tab. 2.10, 2.11, 2.12, 2.13 unterstreichen als Gesamtschau die Notwendigkeit eines Politikwechsels, um den Bürger zu entlasten, Wachstum zu schaffen und Wohlstand in Deutschland zu sichern.

In die **Zielkarte** wird aufgenommen, den **Steuerbelastungsfaktor** in fünf Schritten über fünf Jahre auf 2,2 zu **verdoppeln** und den Tarifverlauf sowohl bis zum Erreichen des Spitzensteuersatzes von 42 % und dann bis zum Reichensteuersatz zu **linearisieren.** Es wird keine Senkung der Körperschaftssteuer in die Zielkarte aufgenommen, weil sie nur Kapitalgesellschaften begünstigt und der Schwerpunkt vielmehr auf Steuererleichterungen für die Breite der Bevölkerung einschließlich der überwiegenden Anzahl der Unternehmen mit ihren Inhabern (Tab. 2.14) liegen soll. Zudem dürfte der 70prozentige Anteil der Kapitalgesellschaften mit bis unter 10 Mitarbeitern zu großen Teilen über den möglichen Gewinn der Gesellschaft als Gehalt des/der Gesellschafter-Geschäftsführer verfügen.

2.5.3 Sozialversicherungsbeiträge stabilisieren

Abb. 2.5 hat gezeigt, dass Deutschland innerhalb der OECD nach Belgien das Land mit den höchsten Abgaben ist. Neben der Steuerbelastung ist der Anstieg der **Abgabenlast** infolge der Kostensteigerungen in der Kranken-, Pflege- und Rentenversicherung besonders problematisch. In den vergangenen zehn Jahren wurde dieser Trend noch durch eine hohe Erwerbstätigenquote abgemildert. Trotzdem waren bereits in dieser Phase hohe Steuerzuschüsse aus dem Bundeshaushalt erforderlich – insbesondere zur Deckung versicherungsfremder Leistungen (vgl. Abschn. 6.3.1). Zwar blieb die **Sozialabgabenquote** von Arbeitnehmern und Arbeitgebern seit 2013 prozentual nahezu konstant (Tab. 2.15 und 2.16), doch diese Stabilität ist trügerisch: Die Beiträge stiegen nur deshalb nicht stärker, weil das **Gesamtvolumen der Arbeitnehmerentgelte** infolge wachsender Beschäftigung um **53,3 %** wuchs – das Entgelt pro Kopf hingegen nur um **39,2 %**.

Diese Entwicklung überdeckt die **strukturellen Defizite** der Sozialversicherungssysteme. Der Rückgang der Arbeitslosenquote bis 2022 senkte zusätzlich die Beiträge zur Arbeitslosenversicherung. Doch die demografische Entwicklung lässt erkennen: Die Belastungen werden steigen. In einer alternden Gesellschaft müssen künftig immer weniger Erwerbstätige immer mehr Rentenempfänger finanzieren. Bei der Kranken- und Pflegeversicherung steigen die Krankheitskosten pro Kopf im Alter und müssen aus geringeren Altersbezügen getragen werden. Das schon heute bestehende strukturelle Defizit wird dabei durch **Zuschüsse aus dem Bundeshaushalt kaschiert** (vgl. auch Abschn. 6.3.1).

Tab. 2.13 Statistik über monetäre Sozial- und Sachleistungen des Staates in Mrd. Euro

Jahr	2014	**2015**	**2016**	**2017**	**2018**	**2019**	**2020**	**2021**	**2022**	**2023**	**2024**
Monetäre Sozialleistungen	**452,8**	**471,6**	**489,4**	**509,6**	**523,2**	**550,0**	**595,4**	**617,9**	**617,9**	**660,7**	**709,5**
Soziale Sachleistungen	**363,6**	**379,9**	**401,2**	**414,6**	**427,1**	**448,8**	**481,7**	**514,4**	**542,5**	**551,3**	**586,4**
Summe Sozialleistungen	**816,3**	**851,4**	**890,6**	**924,2**	**950,4**	**998,8**	**1077,2**	**1132,2**	**1160,3**	**1212,0**	**1295,9**

Statistisches Bundesamt (Destatis), 2025 Stand: 04.10.2025, Code 81000-0305

Tab. 2.14 Unternehmensregister 2023: Anzahl nach zusammengefassten Rechtsformen

Rechtliche Einheiten[1]					
Rechtsformen		davon mit …	bis unter	…abhängigen	Beschäftigten
	Insgesamt	0 bis 10	10 bis 50	50 bis 250	250 und mehr
Einzelunternehmer	2048063	1954811	89627	3540	85
Personengesellschaften (zum Beispiel: OHG, KG)	417526	335851	64122	14322	3231
Kapitalgesellschaften (zum Beispiel: GmbH, AG)	833890	591177	181460	49919	11334
Sonstige Rechtsformen	170439	132816	27618	7328	2677
Insgesamt	**346918**	**3014655**	**362827**	**75109**	**17327**

[1]Rechtliche Einheiten mit Umsatzsteuervoranmeldungen und/oder Beschäftigten 2023 sowie Sitz in Deutschland. Eine Rechtliche Einheit ist eine natürliche Person, die wirtschaftlich tätig ist, eine juristische Person oder eine Personenvereinigung. Betrachtet werden also beispielsweise eine Aktiengesellschaft, Gesellschaft mit beschränkter Haftung, Offene Handelsgesellschaft oder Einzelunternehmer. Details sind dem Qualitätsbericht zu entnehmen
Quelle: Statitisches Bundesamt, Statitische Unternehmensregister, 04.10.2025, Stand 2.12.2024

Der Reformbedarf und die Notwendigkeit von unpopulären Maßnahmen wird damit erst mit Verzögerung für den Wähler sichtbar. Gleichzeitig ist absehbar, dass gerade dann Sparzwänge wegen der nicht mehr gegebenen Finanzierbarkeit und dem Aufbegehren vor allem der Jugend gegen eine weitere Verschuldung zu ihren Lasten unvermeidbar werden, wenn sie im konjunkturellen Abschwung volkswirtschaftlich falsch sind. Es handelt sich um das sich politisch immer wiederholende Verhalten prozyklischen Agierens durch die Fiskalpolitik, dass die Ausschläge im Konjunkturzyklus verstärkt.

In der **Zielkarte** wird die **Stabilisierung der Sozialversicherungsbeiträge** von Arbeitgebern und Arbeitnehmern für die Kranken-, Renten-, Pflege- und Arbeitslosenversicherung auf maximal 40 % festgelegt, um noch weitere Belastungen zu vermeiden. Gleichzeitig wird eine Erhöhung der Beitragsbemessungsgrenzen über die Inflationsraten hinaus abgelehnt, weil damit die Probleme nur verschoben werden. Kurzfristige Mehreinnahmen stehen langfristig auch höhere Rentenansprüche und damit Belastungen gegenüber. Zudem ist es unter dem Gesichtspunkt der Subsidiarität richtig, dass die Rentenversicherungspflicht nur eine hinreichende Basisversorgung der Bevölkerung im Alter gewährleisten soll. Eine Anhebung der Beitragsbemessungsgrenze um die Inflationsrate ist allerdings sinnvoll, um die reale Kaufkraft zukünftiger Renten im System zu erhalten. Die große Herausforderung liegt folglich darin, einerseits die Abgabenbelastung durch die Sozialversicherungssysteme zu stabilisieren und andererseits gleichzeitig die staatlichen Zuschüsse für diese zu reduzieren.

Die dazu erforderlichen Reformen sind einschneidend. Auch Beamte sollten künftig in die Sozialversicherungspflicht einbezogen werden. Dazu sind die Gehälter adäquat zu

Tab. 2.15 Volkswirtschaftliche Gesamtrechnung des Bundes – Arbeitnehmerentgelt, Löhne und Gehälter -

Gegenstand der Nachweisung	Einheit		2014	2016	2018	2020	2022	2024	Wachstum in %[1]
Arbeitnehmerentgelt (Inländer)	Mrd.	EUR	1535,82	1661,27	1820,40	1899,30	2086,96	2353,76	53,26
– Sozialbeiträge der Arbeitgeber	Mrd.	EUR	270,54	288,39	313,82	337,59	368,23	402,42	48,74
in Prozent Arbeitnehmerentgelt (Inländer)[1]			**17,62**	**17,36**	**17,24**	**17,77**	**17,64**	**17,10**	**−2,94**
= Bruttolöhne und -gehälter (Inländer)	Mrd.	EUR	1265,28	1372,88	1506,58	1561,72	1718,73	1951,34	54,22
– Abzüge der Arbeitnehmer	Mrd.	EUR	404,32	441,52	486,97	495,63	543,93	588,55	45,57
Sozialbeiträge der Arbeitnehmer	Mrd.	EUR	208,45	227,12	249,40	251,70	282,46	315,31	51,26
in Prozent Arbeitnehmerentgelt (Inländer)[1]			**13,57**	**13,67**	**13,70**	**13,25**	**13,53**	**13,40**	**−1,30**
Lohnsteuer	Mrd.	EUR	195,87	214,40	237,57	243,93	261,47	273,24	39,50
= Nettolöhne u. -gehälter (Inländer)	Mrd.	EUR	860,97	931,37	1019,62	1066,08	1174,80	1362,80	58,29
nachrichtl.: Arbeitnehmerentgelt mtl. je Arbeitnehmer	EUR		3348	3531	3747	3883	4184	4659	39,16
Bruttolöhne u. -geh. mtl. je Arbeitnehmer	EUR		2758	2918	3101	3192	3445	3862	40,03
Nettolöhne u. -geh. mtl. je Arbeitnehmer	EUR		1877	1980	2099	2179	2355	2697	43,69

Statistisches Bundesamt (Destatis), 2025 Stand: 24.04.2025, Code 81000-0007, 1 eigene Berechnungen

Tab. 2.16 Beitragssätze in der Sozialversicherungen 1970 bis 2025[33]

Jahr	Rentenversicherung	Krankenversicherung	Arbeitslosenversicherung	Pflegeversicherung[1]	davon Zusatzbeitrag Kinderlose[1]	Gesamt
1970	17,0	8,2	1,3			26,50
1975	18,0	10,4	2,0			30,40
1980	18,0	11,4	3,0			32,40
1985	19,2	11,8	4,1			35,10
1990	18,7	12,6	4,3			35,60
1995	18,6	13,2	6,5	1,0		39,30
2000	19,3	13,6	6,5	1,7		41,10
2005	19,5	14,2	6,5	2,0	0,25	42,15
2010	19,9	14,9	2,8	2,2	0,25	39,80
2015	18,7	15,5	3,0	2,3	0,25	39,50
2020	18,6	15,7	2,4	3,3	0,25	40,00
2025	18,6	17,1	2,6	4,2	0,60	42,50

Quelle: siehe Fn. 33, 1: durchschnittlichen Zusatzbeiträge wurden geschätzt, unberücksicht bleibt in der Tabelle, dass Eltern in der Pflegeversicherung ab dem zweiten bis zum fünften Kind jeweils um 0,25 % entlastet werden

[33] (Institut Arbeit und Qualifikation der Universität Duisburg-Essen, Beitragssatzentwicklung in der Sozialversicherung 1970–2025, 2025, S. 1 f.)

erhöhen. Es gibt keine überzeugende Begründung für die bisherige Sonderstellung. Im Sinne politischer Impulse und solidarischer Konsequenzen der Arbeitslosigkeit gehört dazu auch die Arbeitslosenversicherung. Der Einwand, Beamte könnten nicht arbeitslos werden, ist da wenig überzeugend, eher interessengeleitet. Die politische Führungsebene in den Ministerien besteht weitgehend aus Beamten.

Die Verweigerung in der Politik, notwendige Reformen anzugehen, hat zur Folge, dass sich nicht mehr die Frage stellen wird, welche Teile der Bevölkerung diese Belastung tragen. Es wird alle treffen. Die schwierige Frage ist vielmehr, wer welchen Anteil leistungsgerecht und zudem sozialverträglich zu tragen hat. Je länger mit den Reformen gewartet wird, umso schmerzhafter werden die Folgen sein. Es geht dabei nicht nur um eine soziale Verteilungsfrage, sondern auch um die Wettbewerbsfähigkeit der deutschen Wirtschaft und damit gleichermaßen um viele Arbeitsplätze als auch um den Erhalt des heutigen Wohlstands. Zwar wird heute mehr über den Arbeitskräftemangel als über Arbeitslosigkeit geklagt, aber auch das kann sich trotz einer sinkenden erwerbsfähigen Bevölkerung ändern. Bereits heute zeigt sich diese Tendenz in einer wieder steigenden Arbeitslosenquote.

2.5.4 Öffentliche Infrastruktur intakt und modern halten

Den Investitionsstau bei den öffentlichen Investitionen beträgt laut IW Köln rund **600 Mrd. EUR.**[34] Investitionen sind der Grundpfeiler künftigen Wohlstands – sie wirken jedoch meist zeitverzögert, führen wie im Straßenbau kurzfristig sogar zur Verärgerung beim Bürger. Hingegen kann der Politiker bei neuen Sozialleistungen sofortige Zustimmung erwarten, während sich die Belastungen und Kosten erst später zeigen. Zudem lassen sich Investitionen in Wachstumsschwächen – dann werden sie aber gerade zur Konjunkturstabilisierung benötigt – leichter kürzen als Sozialgesetze zu reformieren, um die Ausgaben zu reduzieren. Seit dem Jahr 2020 kommt die öffentliche Hand ihrer ureigensten und primären Aufgabe, im Rahmen der Daseinsvorsorge die öffentliche Infrastruktur als Basis für eine erfolgreiche Volkswirtschaft modern und in gutem Zustand zu erhalten, nicht hinreichend nach. In der unternehmerischen Sprache würde man sagen, die Politik vernachlässigt ihr Kerngeschäftsfeld.

Die Bruttoanlageinvestitionen des Staates lagen 2024 bei 125,9 Mrd. EUR und sind damit seit 2020 preisbereinigt um 5,2 % rückläufig (Tab. 2.17). Die Bruttoanlageinvestitionen sollten in einer florierenden Volkswirtschaft mindestens im Gleichlauf mit dem

[34] S. Dullien/S. G. Iglesias/M. Hüther/K. Rietzler, Herausforderungen für die Schuldenbremse, Investitionsbedarfe in der Infrastruktur und für die Transformation, Köln 5/2024, S. 9.

Tab. 2.17 Bruttoanlageinvestitionen des Staates und Bruttoinlandsprodukt (Kettenindex 2020, preisbereinigt)

Jahr	1995	2000	2005	2010	2015	2016	2017	2018	2019	2020	2021	2022	2023	2024
Bruttoanlageinvestitionen	61,9	68,3	63,4	78,0	77,4	81,2	84,1	89,4	91,2	100,0	97,0	92,0	92,2	94,8
Bruttoinlandsprodukt	74,2	81,9	84,3	89,4	97,2	99,4	102,1	103,3	104,3	100,0	103,7	105,1	104,8	104,6
BAI relativ zum BIP	83,4	83,4	75,2	87,2	79,6	81,6	82,4	86,6	87,5	100,0	93,6	87,6	88,0	90,6
Veränderung BAI/BIP		0,0	−8,3	12,0	−7,6	2,0	0,8	4,2	0,8	12,5	−6,4	−6,0	0,4	2,6
Ausrüstungsinvestitionen	34,4	43,3	51,7	67,5	67,7	71,3	76,1	86,4	86,7	100,0	92,7	86,5	86,2	90,7
Bauinvestitionen	82,2	88,6	72,0	83,6	78,5	81,8	84,5	88,2	90,5	100,0	96,7	92,0	93,5	96,0
Wohnbauten	126,6	110,9	66,5	67,0	67,5	77,7	113,6	85,0	89,7	100,0	103,7	97,5	134,1	127,3
Nichtwohnbauten	81,5	88,3	72,1	83,9	78,7	81,8	84,0	88,2	90,5	100,0	96,6	91,9	92,6	95,4
Sonstige Anlageinv	47,5	50,4	55,3	75,6	85,5	90,8	92,4	96,2	98,1	100,0	102,7	98,2	95,5	95,7

Statistisches Bundesamt, Stand 10.04.2025, Code 81000-0001 und 81000-0025, eigene Berechnungen

Bruttoinlandsprodukt steigen. Berücksichtigt man diesen wichtigen gesamtwirtschaftlichen Aspekt, wird die Investitionsschwäche noch deutlicher und ergibt einen Vergleichsindexwert

von nur noch 90,6. Damit blieben die Anlageinvestitionen in den letzten 5 Jahren um 9,4 % hinter einem ökonomisch sinnvollen Niveau zurück. Hätten die politisch Verantwortlichen die Bruttoanlageinvestitionen (BAI) des Staates seit dem Jahr 2020 mindestens mit dem BIP anwachsen lassen, lägen diese im Jahr 2024 bei 139 Mrd. EUR und damit 13,1 Mrd. EUR über dem Ist-Wert. Dagegen sind in der Zeit von 1995 bis 2020 die Bruttoanlageinvestitionen stärker als das BIP gestiegen, von 2015 bis 2020 sogar um 25,6 %. Seit dem Jahr 2020 kam es zu einem gewaltigen Einbruch absolut und in Relation zur Entwicklung des Bruttoinlandsprodukts. Das ist in Anbetracht der gewaltigen Ausgabenprogramme des Staates in dieser Zeit besonders bedenklich. Wie schon angemerkt, wurden die staatlichen Kernaufgaben sträflich vernachlässigt. Eine Umschichtung von staatlichen Ausgaben vom Konsum zur Investition ist zudem mit einem zusätzlichen Wachstumsimpuls für das BIP verbunden. Der Umfang hängt dabei natürlich von der volkswirtschaftlichen Bedeutung der Investition ab. Der Ausbau von digitaler Infrastruktur für schnelle Internetverbindungen von Unternehmen oder der Verkehrsinfrastruktur bei Straße und Bahn, die Staus und Verspätungen beseitigt, erzeugt einen nachhaltigen Wachstumsimpuls, während dies beim Bau von zum Beispiel neuen Bürgerhäusern nur kurzfristig der Fall ist und langfristig für die Volkswirtschaft belastende Folgekosten verursacht.

In die **Zielkarte** werden für die nächsten **10 Jahre jährliche preisbereinigte Steigerungen der Investitionen von 4,0 % p.a.** von 125,9 Mrd. EUR im Jahr (Indexwert 94,8 in 2024) auf 185,9 Mrd. EUR (Indexwert 140,0) aufgenommen. Danach dürfte ein Anwachsen mit dem BIP angemessen sein und zur Zielerreichung einer intakten und modernen Infrastruktur ausreichen. Wer eine sinnvolle Verwendung steigender staatlicher Investitionen möchte, wird sich für den dargestellten Anpassungspfad entscheiden. Investitionen brauchen Fachwissen sowie Planungs- und Projektkompetenz. Die öffentliche Hand muss in die neuen Dimensionen, die um 50 % über den heutigen Investitionsbudgets liegen, hineinwachsen.

Aus aktuellem Anlass sei angemerkt: Jetzt ein schuldenfinanziertes Infrastrukturprogramm von 500 Mio. EUR zur Beseitigung des Investitionsstaus aufzulegen, ist ein fataler Fehler. Auf die negativen Nebenwirkungen mit höheren Zinsen für die Gesamtwirtschaft, zusätzliche Zinsbelastungen für die öffentlichen Haushalte, der Verdrängung privater Investitionen durch staatliche und den nachlassenden zeitnahen Reformdruck wurde bereits eingegangen. Auch wird schnell deutlich, wie wenig durchdacht die politisch motivierte Aktion der schuldenfinanzierten Geldschwemme war, als kurzerhand aus dem Infrastrukturtopf 100 Mrd. EUR für Subventionen in den Klima- und Transformationsfonds geschoben wurden, um die qualifizierte

Bundestagsmehrheit für den über 1000 Mrd. EUR zusätzlicher Schuldenrahmen zu ‚erkaufen'. Gleiches gilt für die von den Ländern zuletzt erstrittene **Streichung**, dass ihr Anteil für **zusätzliche** Investitionen verwendet wird. Die Zunahme der öffentlichen Investitionen muss bei einer erfolgversprechenden Wirtschaftspolitik durch Einsparungen im Sozialstaat mühevoll und nicht durch neue Schulden erreicht werden (siehe Abschn. 6.3.1 Verteilung).

3 Umwelt

Erlebter und gelebter Wohlstand ist nur in einer Welt möglich, in der Klima und Umwelt geschützt werden. Nur dann ist Wachstumspolitik wirklich **werte- und zukunftsorientiert.** Zu den prägnantesten Symptomen des globalen Raubbaus zählen **Klimaerwärmung, Plastikverschmutzung** bis in die Meere und das **Artensterben.** In der Volkswirtschaftslehre besteht schon lange Einigkeit: **Die Natur darf kein freies Gut bleiben,** das von allen beliebig verbraucht oder verschmutzt werden darf. Eine verantwortungsvolle Umweltpolitik muss deshalb in allen sensiblen Bereichen **verbrauchsbezogene Obergrenzen** festlegen – orientiert an der **Regenerationsfähigkeit der Natur.** Damit können Emissionsmengen festgelegt werden, die der Staat als Emissionsrechte – ehrlicher spricht man von Verschmutzungsrechten – verkauft. Damit wird die Umwelt vom freien Gut zu einem wertvollen Gut, dass es wie ein Eigentumsrecht zu schützen gilt. Folglich verändern sich damit in der Volkswirtschaft die relativen Preise von Gütern. Güter, die zu einer Beschädigung der Umwelt führen, werden wertvoller und damit teurer. Der Konsum wird auf den von der Natur regenerierbaren Umfang reduziert. Ein solches Vorgehen ist kein Dirigismus, auch keine Planwirtschaft, sondern ein **ordnungspolitisch durchdachter Marktmechanismus.** Kleingliedriger Dirigismus und Subventionen vom Lastenrad, der Wärmepumpe bis zum Elektroauto etc. können und sollten entfallen. Der Verbraucher bleibt in seinen Konsumentscheidungen frei – jedoch unter Einbeziehung der ökologischen Wahrheit in den Preisen. Unternehmen bleiben ebenso frei in ihren Investitionsentscheidungen, müssen jedoch **Umweltkosten im Produktpreis einkalkulieren, somit internalisieren.**

Der Clou: Die **Einnahmen aus der Versteigerung von Verschmutzungsrechten** können vollständig an die Bürger zurückgegeben werden – **sichtbar, individuell, transparent.** Damit entsteht Vertrauen: Der Staat bereichert sich nicht, sondern schafft eine faire Ordnung. So wird Umweltpolitik nicht zur Belastung, sondern **zur Basis eines neuen Wohlstandsverständnisses.**

M. Lüdiger, *Deutschland – Impulse für ein neues Wirtschaftswunder*,
https://doi.org/10.1007/978-3-658-50754-1_3

Der Umwelt in dieser Form einen Wert zu geben, erhöht den Wohlstand. Dennoch wird der Bürger nicht vom Staat bevormundet. Der Bürger bleibt in seiner Konsum- und Investitionsentscheidung frei. Es gilt somit zu verhindern, dass wir alle als unbewusste Trittbrettfahrer unsere Umwelt beschädigen oder gar vernichten. Es ist wichtig, jeden Bürger von diesem Grundsatz zu begeistern. Dazu ist darauf zu achten, dass die großen Herausforderungen bei der Umsetzung der Festlegung von käuflichen Verschmutzungsrechten nicht dazu führen, dass dieses den Wohlstand erhöhende Vorgehen durch Interessenvertreter diskreditiert wird. Es ist auch hier wie mit der Sozialen Marktwirtschaft generell: sie ist nicht perfekt, aber besser als alle autokratischen und sozialistischen Systeme. Der Verfasser hat viel Sympathie dafür, von einer sozialen und ökologischen Marktwirtschaft zu sprechen. Wichtig ist aber, dass dabei die Marktwirtschaft mit freier Preisbildung durch uns Bürger als dezentralen Anbietern und Nachfragen erhalten bleibt.

Während die Richtigkeit des zuvor dargestellten Grundkonzeptes zweifelsfrei ist – wie die Erde sich um die Sonne dreht –, bleibt die Umsetzung in einer Welt mit 194 unabhängigen Staaten anspruchsvoll. Da der Zustand der Umwelt wie bei den genannten priorisierten Themen Klima, Plastikverschmutzung der Meere und Biodiversität nicht an nationalen Grenzen, nicht einmal vor Kontinenten Halt macht, bedarf es möglichst umfassender internationaler Verständigungen. Da bedeutende relative Preisveränderungen die Voraussetzung für den Erfolg jeder marktwirtschaftlichen Umweltpolitik sind, wird es zwangsläufig nicht nur innerhalb eines Staates Gewinner- und Verliererbranchen geben. Auch Staaten sind unterschiedlich betroffen. Wenn aber nur ein Staat seine Preise durch die Bepreisung der Verschmutzung anhebt, besteht natürlich die Gefahr, dass diese Unternehmen daraufhin ihre Produktion in Staaten ohne diese sinnvolle Bepreisung der Umweltverschmutzung verlegen. Der Umwelt ist damit nicht gedient, und verständlicherweise lässt sich dann in einer durch die politischen Auseinandersetzungen emotional aufgeladenen Atmosphäre die Bevölkerung nicht für die Umsetzung solcher Maßnahmen gewinnen – zumal die sichtbare Rückgabe der Einnahmen aus den Verschmutzungszertifikaten an die Bürger meistens unterbleibt. Deshalb aber nichts zu verändern, wäre auch nicht klug. Aber es sollte schon eine bedeutende Gruppe von Staaten, wie die EU, einheitliche marktwirtschaftliche Regeln über Verschmutzungsrechte über alle Sektoren schaffen und Importe durch CO_2-Importabgaben dem gleichgestellt werden. Diese müssen in der Höhe den in Europa geltenden Preisen für CO_2-Zertifikate entsprechen, um einen fairen Wettbewerb sicherzustellen. Die Ermittlung solcher auf dem CO_2-Fußabdruck einer Ware basierenden Importabgaben ist nicht einfach und mit bürokratischem Mehraufwand verbunden. Zudem bergen solche CO_2-Importabgaben erhebliches Konfliktpotenzial in sich. Deshalb ist eine Ausweitung des CO_2-Zertifikatehandels auf Staaten über Europa hinaus anzustreben und zu verhandeln.

3.1 CO_2-Neutralität erreichen

Die EU besitzt eine hinreichende Größe, um hier einen erfolgreichen Einstieg auf dem Weg zur CO_2-Neutralität zu finden. Dazu sind abnehmende CO_2-Mengen bis zur Klimaneutralität im Zieljahr 2050 festzulegen und **alle** CO_2-Verursacher zu verpflichten, für ihre

CO_2-Emissionen CO_2-Emissionsrechte zu erwerben. Der sich dabei ergebene CO_2-Preis ist von allen Marktteilnehmern zu akzeptieren. Wer immer die Umwelt durch CO_2 verschmutzt, muss dafür zahlen. Um den Anpassungsprozess zu erleichtern, sind verlässliche Mengenreduzierungen der Verschmutzungsrechte erfolgskritisch, weil damit Eigentumsrechte von Unternehmen angemessen geschützt werden. Der eintretende Strukturwandel ist vor dem Hintergrund des übergeordneten Klimaschutzes sinnvoll und deshalb hinzunehmen. Zudem werden klimafreundliche Innovationen deutlich beschleunigt. Importe sind entsprechend ihrer CO_2-Bilanz entweder zusätzlich zu belasten oder auch zu entlasten. Besser und einfacher wäre es natürlich, zu einer einheitlichen Verständigung hierüber zwischen den Hauptemissionsländern zu kommen, um eine noch kraftvollere Dynamik zu erzeugen, Wettbewerbsverzerrungen von vornherein zu vermeiden und diese nicht erst durch Importausgleichsabgaben kompensieren zu müssen. Für die Akzeptanz ist es wichtig, dem Bürger sämtliche Einnahmen aus den Umweltabgaben transparent zurückzugegeben. Damit ist auch kein Geld verfügbar, politisch teure und ineffiziente Subventionen zu verteilen. Dem Politiker werden diese Möglichkeiten der Selbstdarstellung fehlen, was volkswirtschaftlich aber kein Problem darstellt.

In dem beschlossenen EU-Emissionshandel ist es vollkommen sinnbefreit und nur mit folgenschwerer Ideologie zu erklären, wenn Deutschland bereit 2045, einzelne Bundesländer 2040 und manche Städte noch früher klimaneutral werden wollen. Das ist aufgrund zusätzlicher staatlicher Vorgaben für Bürger, Unternehmen und Staat teuer und dabei **ohne jeglichen Umwelteffekt,** weil im CO_2-Zertifikatehandel der Emissionspfad für die gesamte EU festgelegt wird. Dieses Wetteifern um eine oft genannte Vorbildfunktion hat in einer solidarischen Wirtschaftsgemeinschaft keinen Platz, schädigt die deutsche oder sogar regionale Wettbewerbsfähigkeit und damit die Tragfähigkeit des deutschen Sozialstaates.

Als Zielgröße für den CO_2-Abbau ergibt sich in der **Zielkarte** ab 2025 ein **jährlicher Abbau über 26 Jahre von jährlich 26 Mio. t Kohlendioxidäquivalente (CO_2e) bis 2050,** damit die EU in diesem Jahr klimaneutral wird. Im Jahr 2024 betrug der CO_2e-Ausstoß ungefähr 656 Mio. t. Der lineare Abbau liegt deshalb nahe, weil zwar die anfänglichen Reduzierungen aus heutiger Sicht einfacher und kostengünstiger zu erreichen sind. Aber bei dieser langfristigen Perspektive sind zeitliche Vorläufe einerseits psychologisch wichtig und andererseits technische bedeutende Fortschritte sehr wahrscheinlich. Je verlässlicher Politik in ihren Rahmensetzungen ist, umso sicherer erfolgen unternehmerische Forschung und Investitionen in diesen Innovationsfortschritt.

3.2 Erhalt der Biodiversität

Das Ziel des **Erhalts der biologischen Vielfalt** ist komplex – nicht minder wichtig als der Klimaschutz, aber in der öffentlichen Wahrnehmung oft weniger präsent. Die Handlungsnotwendigkeiten führen wiederum zu unterschiedlichen Betroffenheiten und wirtschaftlichen Folgen, besonders in der Landwirtschaft. Ausgangspunkt für die weiteren

Überlegungen ist die Aussage zur Biodiversität in der Bundestagsdrucksache 18/3764 aus dem Jahr 2015:

> „Eine große Vielzahl wissenschaftlicher Untersuchungen hat aufgezeigt, dass die Funktionsfähigkeit und Stabilität von Ökosystemen wesentlich von einer hohen Biodiversität abhängen bzw. durch das Verschwinden von Arten gefährdet werden können. Mit dem Verlust von biologischer Vielfalt riskieren wir somit, etliche Leistungen der Natur zu verlieren, welche für die menschliche Existenz wertvoll und unverzichtbar sind.“[1]

Biodiversität und Klimaschutz können vereinfacht als zwei Seiten einer Medaille angesehen werden. Zum Erhalt oder zur Wiederherstellung der Biodiversität sind Renaturierung, Aufforstung von Wäldern und sauberes Wasser erforderlich. Renaturierung und Aufforstung sind aber gleichzeitig Maßnahmen zum aktiven Klimaschutz[2] und wirken somit doppelt: für Artenvielfalt und CO_2-Speicherung.

Der Verfasser vertritt die These, dazu einerseits geeignete **Landflächen als hoheitliche Maßnahme der Daseinsführsorge durch den Staat zu erwerben** und als öffentlichen Güter streng ökologisch zu bewirtschaften oder bewirtschaften zu lassen. Die Verknappung der Anbauflächen bewirkt tendenziell preiserhöhende Effekte und reduziert die nationale Versorgung mit Lebensmitteln. Damit profitiert die Landwirtschaft von diesem marktwirtschaftlichen Vorgehen: durch Einnahmen auf Landverkäufen einerseits und Preissteigerungen andererseits. Zur Finanzierung sind allerdings landwirtschaftliche Subventionen abzubauen. Zudem muss dieses Vorgehen nach einem langfristigen Plan erfolgen und Wettbewerb bei den Landverkäufern erzeugen.

Da Renaturierung und Aufforstung ein Beitrag zur Speicherung von CO_2 sind, wurden diese im Kyoto-Protokolls auch als eine Möglichkeit des Emissionshandels mit Ertragsgutschriften behandelt. Das Konzept ist vernünftig, die Umsetzung allerdings problembehaftet (Missbrauch, Referenzpunkte, Kontrolle etc.).[3]

Auf der 15. UN-Biodiversitätskonferenz wurden globale Handlungsziele über Maßnahmen bis zum Jahr 2030 beschlossen:

- Mindestens 30 % der weltweiten Land- und Meeresflächen sollen unter Schutz gestellt werden.
- Es sollen 30 % der geschädigten Ökosysteme wiederhergestellt werden.
- Pestizide und Düngemittel sollen um 50 % reduziert werden.[4]

[1] Bundestagsdrucksache 18/3764, S. 5.

[2] Bundestagsdrucksache 18/3764, S. 128 und S. 134 f.

[3] Verordnung (EU) 2024/1991 des Europäischen Parlaments und des Rates vom 24. Juni 2024 über die Wiederherstellung der Natur und zur Änderung der Verordnung (EU) 2022/869 und P9_TA (2024)0089 Wiederherstellung der Natur, EU-beschluss.

[4] vgl. CBD/COP/15/L.25, 18 Dezember 2022, S. 9 ff., siehe. auch Berichte zur 16. Biodiversitätskonferenz vom 4.11.2024.

Wichtigster und konkreter Schritt zur Erreichung der Biodiversitätsziele in Europa ist die bereits genannte Verordnung VO-(EU) 2024/1991 des Europäischen Parlaments und des Rates vom 24. Juni 2024 über die Wiederherstellung der Natur. Die Verordnung ist am 29. Juli 2024 im Amtsblatt erschienen und ist damit ein Gesetzesakt, der in allen EU-Mitgliedsstaaten unmittelbar am 18. August 2024 in Kraft getreten ist. Die auch als EU-‚Renaturierungsgesetz' bezeichnete Verordnung sorgt für die Wiederherstellung geschädigter Ökosysteme in allen Mitgliedstaaten. Damit trägt sie zur Verwirklichung der Klima- und Artenschutzziele der EU bei.

Der Verfasser nimmt die Umsetzung in seine **Zielkarte** auf: EU-Staaten müssen **bis 2030 mindestens 30, bis 2040 60 und bis 2050 90 % der Lebensräume in schlechtem Zustand wiederherstellen** (Art 4 VO (EU) 2024/1991). Schwerpunkte sollen bis 2030 die identifizierten Gebiete ‚Natura 2000' sein. Das sind über 27.000 Naturgebiete, die durch die EU-Gesetzgebung geschützt sind.[5] Bis zum 1. September 2026 muss jeder Mitgliedsstaat der EU-Kommission einen Entwurf des nationalen Umsetzungsplans vorlegen, der dann innerhalb von 6 Monaten von der Kommission geprüft wird (VO (EU)2024/1991, Art. 16 f.).

3.3 Plastikmüll reduzieren

Die Belastung der Umwelt durch Kunststoffe, im Sprachgebrauch Plastik genannt, hat in den letzten 75 Jahren dramatisch zugenommen und bedroht in besonderem Maße die Meere. Wurden 1950 noch rund 1,5 Mio. t produziert, waren es im Jahr 2023 rund 414 Mio. t. Auf Europa (EU-27, UK, Norwegen, Schweiz) entfallen davon 54 Mio. t. Der in der Europäischen Union erzeugte Kunststoffabfall betrug im Jahr 2023 laut Eurostat 15,8 Mio. t, von denen 6,7 Mio. t und somit 42,1 % recycelt wurden (Tab. 3.1).[6]

Ein erheblicher Anteil des weltweiten Kunststoffabfalls gelangt in die Meere. Nach Angaben des Umweltprogramms der Vereinten Nationen (UNEP) treiben inzwischen auf jedem Quadratkilometer Meeresoberfläche bis zu 18.000 Plastikteile unterschiedlichster Größe. Der überwiegende Anteil sinkt jedoch auf den Meeresboden und ist nahezu unvergänglich. Das Plastik zersetzt sich durch Salzwasser und Sonne in kleine Bruchstücke und hat gravierende negative Folgen. Zunächst nehmen es die Meerestiere und dann wir Menschen über die Nahrung auf. Auch in der EU sind die Kunststoffabfälle kontinuierlich gestiegen, von 2013 bis 2023 um 24,5 % (Tab. 3.1). Im Jahr 2023 reduzierte sich die Menge der Kunststoffabfälle in der EU erstmals und in Deutschland deutlich um 5,6 % auf das Niveau des Jahres 2016. In der EU werden 77,4 % dieses Abfalls verwertet, während dies in Deutschland zu fast 100 % der Fall ist. **Wiederverwertet** werden von den verwerteten Mengen in der EU 42,1 % der Kunststoffabfälle, in Deutschland sind es 52,2 %. Allerdings

[5] vgl. Europäische Kommission, Natura 2000, diverse Veröffentlichungen, https://environment.ec.europa.eu/topics/nature-and-biodiversity/natura-2000_en.

[6] Eurostat env_waspac, 2023, Stand 21.10.2025.

Tab. 3.1 Entwicklung Kunststoffabfall und Verwertung 2013 bis 2023

Jahr			2013			2016			2019[a]			2022			2023	
Abfallkategorie: Kunststoffverpackungen in		Kg/ Kopf	Tonne	Prozent	Kg/ Kopf	Tonne	Prozent	Kg/ Kopf	Tonne	Prozent	Kg/ Kopf	Tonne	Prozent	Kg/ Kopf	Tonne	Prozent
Europäische Union	Erzeugter Abfall	28,8	12744979	100,0	31,6	14037118	100,0	34,2	15262788	100,0	36,2	16195222	100,0	35,3	15809945	100,0
Europäische Union	Verwertung, davon	20,8	9170519	72,0	24,3	10788911	76,9	26,7	11925168	78,1	27,5	12284507	75,9	27,3	12244303	77,4
Europäische Union	• energetische Verwertung	:	:	:	10,9	4831342	34,4	12,6	5635139	36,9	12,7	5671622	35,0	12,4	5580727	35,3
Europäische Union	• sonstige	0,0	6770	0,1	0,0	9834	0,1	0,0	18429	0,1	0,0	16862	0,1	0,0	12185	0,1
Europäische Union	• Recycling	11,0	4868953	38,2	13,4	5947735	42,4	14,0	6271600	41,1	14,8	6596023	40,7	14,8	6651391	42,1
Deutschland	Erzeugter Abfall	35,6	2873300	100,0	37,6	3097700	100,	39,1	3249700	100,0	39,8	3309130	100,0	37,5	3124100	100,0
Deutschland	Verwertung, davon	35,6	2869748	99,9	37,5	3091387	99,8	38,9	3232300	99,5	39,8	3307774	100,0	37,5	3119094	99,8
Deutschland	• energetische Verwertung	18,0	1451748	50,5	18,8	1551067	50,1	21,8	1807800	55,6	19,2	1599914	48,3	17,7	1474834	47,2
Deutschland	• sonstige	nicht vorhanden			nicht vorhanden			0,2	16800	0,5	0,2	16600	0,5	0,1	12000	0,4
Deutschland	• Recycling	17,6	1418000	49,4	18,7	1540320	49,7	16,9	1407700	43,3	20,3	1691260	51,1	19,6	1632260	52,2

a Zeitenbruch: EU nach Brexit – 27 Länder

Quelle: Eurostat: [env_waspac custom_19522934], Stand 21.10.2025

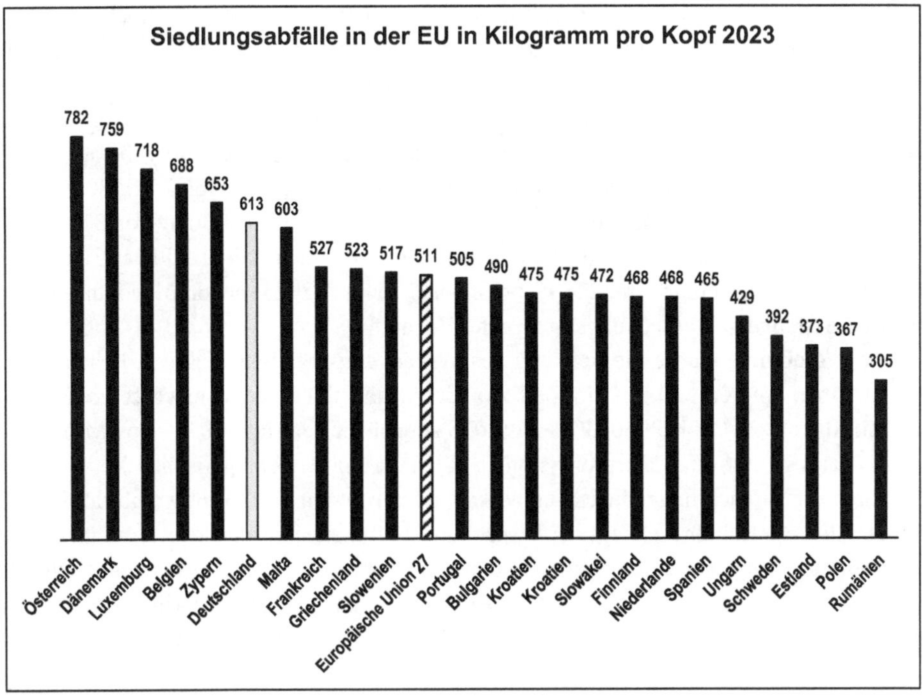

Abb. 3.1 Siedlungsabfälle in der EU in Kilogramm pro kopf 2023

ist der Anteil der energetischen Verwertung durch Verbrennung mit 35,0 % in Europa und sogar 47,2 % in Deutschland weiterhin sehr hoch. Der Weg zu einer weitgehenden stofflichen Verwendung ist somit noch weit. Unstrittig ist auch diese Aufgabe am besten international und gemeinsam zu lösen, aber jedes Land sollte seinen Beitrag leisten. Abfallexporte sind hier grundsätzlich kritisch zu betrachten, weil damit häufig eine Umgehung strengerer europäischer Umweltauflagen erreicht wird. Es ist allerdings gelungen, die europäischen Exportmengen zu reduzieren. Beim Kunststoffabfall pro Kopf liegt Deutschland mit 37,5 kg immer noch über dem EU-Durchschnitt von 35,3 kg, hat aber in den Jahr 2022 und 2023 eine Verringerung um 3,3 kg pro Kopf erreicht.

Im November 2022 schlug die Europäische Kommission neue Vorschriften für Verpackungen vor. Das Parlament und der Rat erzielten eine Einigung und die Abgeordneten billigten sie im April 2024. Durch die Vorschriften werden die EU-Mitgliedstaaten dazu verpflichtet, den gesamten Verpackungsabfall pro Kopf bis 2030 um fünf Prozent gegenüber 2018 zu reduzieren, bis 2035 um zehn Prozent und bis 2040 um 15 %. Die **Siedlungsabfallmengen pro Kopf** für das Jahr 2023 zeigt Abb. 3.1.[7] Seit dem Jahr 2014

[7] Eurostat, Siedlungsabfälle nach Abfallbewirtschaftungsmaßnahmen [env_wasmun__custom_602405] und Statistisches Bundesamt, Destatis, Europa, Recycling und Reduzierung von Siedlungsabfällen, Verpackungsmüll und Elektroschrott, 2023, Stand Januar 2026

sind sie aufgrund der deutlichen Zunahme in vielen europäischen Ländern noch gestiegen und in 2022 in der EU in Summe erstmals wieder rückläufig. Diese Entwicklung scheint sich auf Basis vorläufiger Zahlen in 2023 fortzusetzen.

Die EU gibt den Mitgliedstaaten auch vor, dass bis Ende 2025 mindestens 65 % **aller Verpackungsabfälle** recycelt werden müssen, Ende 2030 steigt diese Vorgabe auf 70 %. Im Jahr 2022 wurden 66,4 % aller Verpackungsabfälle in der EU recycelt. Mit 80,0 % hat Belgien die höchste Recyclingquote. Schlusslicht ist Malta mit einer Quote von 31,8 % recyceltem Verpackungsmüll. Deutschland lag 2022 mit 68,5 % im Mittelfeld der EU. Allerdings fielen in Deutschland mit 228 kg pro Kopf (215 kg in 2023) neben Irland und Italien die größte Menge an Verpackungsmüll in der EU an.

In die **Zielkarte** wurde die Senkung des Verpackungsabfalls gemäß den Beschlüssen der EU übernommen und um ein **Ziel zur Erhöhung der wiederverwerteten Kunststoffabfälle** um 20 % bis 2030, 30 % bis 2035 gegenüber dem Jahr 2022 (1,69 Mio. t) ergänzt. Daraus folgt eine überproportionale Reduzierung der energetischen Verwertung. Die Ziele zur Verpackungsreduzierung wirken auf den ersten Blick wenig ambitioniert. In Anbetracht des rasanten Anstiegs der Verpackungsmüllmengen über die letzten Jahrzehnte schienen die Mengenreduzierungen dennoch zunächst nicht leicht zu erreichen. Deutschland hat aber bereit 2023 den Zielwert der EU für das Jahr 2030 unterschritten. Wichtig ist deshalb auch die Struktur der Reduzierung. Erfolge wurden in Deutschland erfreulicherweise bei der Reduzierung von Glasabfällen erreicht. Papierabfälle nahmen zu, lassen sich aber gut wiederverwerten, während die Wiederverwertung von Kunststoffabfällen eine große umweltpolitische Herausforderung darstellen (Tab. 3.1).

Deshalb erfolgt die Aufnahme eines ergänzenden Ziels zur **Reduzierung der Kunststoffabfälle mit energetischer Verbrennung** bis 2030 gegenüber dem Jahr 2022 um 20 % in die Zielkarte. Bei der Umsetzung ist es wichtig, ein marktwirtschaftliches System analog zur CO_2-Steuer zu entwickeln, bei dem die werkstoffliche Wiederverwertung wirtschaftlich vorteilhaft wird und damit der menschliche Lebensstil durch die unsichtbare Hand des Marktes zu einem umweltschonenderen Konsumverhalten führt, das mit den ökologischen regenerativen Belastungsgrenzen in Einklang steht. Zudem sind im Zuge des Subventionsabbaus, der im Kapital Verteilung behandelt wird, vorrangig die umweltschädlichen Förderungen zu streichen. Hierzu gehören wie von der Bertelsmann-Stiftung aufgeführt Steuervergünstigungen für fossile Energieträger in der Stromerzeugung, im Bereich der Landwirtschaft die Steuerbefreiung für Agrardiesel und die Befreiung landwirtschaftlicher Fahrzeuge von der Kraftfahrzeugsteuer, im Verkehrswesen die Energiesteuervergünstigung für Dieselkraftstoffe, die Energiesteuerbefreiung für Kerosin und für die Binnenschifffahrt.[8] Subventionen für klimafreundliche Anwendungen sind wegen ihrer Ineffizienz nicht zu empfehlen.

Dem Verfasser ist persönlich oft die Bemerkung entgegengebracht worden: „Im Sinne der reinen Lehre haben Sie vollkommen recht, aber in der Praxis ist das nicht machbar.“

---

[8] BertelsmannStiftung, Circular Economy – Ein Schlüssel für eine Nachhaltige Soziale Marktwirtschaft? Fokuspapier Nr. 12, Gütersloh 6/2023, S. 54 ff.

Dazu kann ich nur sagen: Was schon in der Theorie falsch ist, wird auch in der Praxis scheitern. Was aber in der Theorie, im Sinne der reinen Lehre richtig ist, zeigt auch einen richtigen Weg auf. Aber dabei ist es wichtig, einen zeitlichen Anpassungspfad mit angemessenem und verlässlichem Vorlauf zu finden, der bei Bevölkerung und Unternehmen schrittweise Veränderungen ermöglicht und deshalb nicht als unangemessen empfunden wird.

3.4 Weltbeste Kernfusionsforschung

Die Bundesrepublik Deutschland ist wie in Abschn. 2.5.1. beschrieben in den letzten Jahren auch aufgrund der deutlich verschlechterten Preiswettbewerbsfähigkeit bei Energie gegenüber den bedeutenden Konkurrenten an den Weltmärkten weiter zurückgefallen. Der wirtschaftliche Aufstieg Deutschlands war in den letzten 100 Jahren hingegen geprägt und befördert durch einen günstigen Energiebezug. Zunächst war es die Förderung heimischer Kohle und später eine Spitzenstellung bei der Kernenergie sowie dem günstigen Erdöl- und Erdgasbezug aus Russland. Dieser Vorteil hat sich durch politische Entscheidungen und zuletzt durch den Boykott russischer Energielieferungen zu einem Nachteil umgekehrt. Die Energieabhängigkeit wird einmal mehr sichtbar, wenn sich die deutsche Regierung in Form des ehemaligen Wirtschaftsministers in der jüngsten Vergangenheit fast bettelnd um Flüssiggaslieferungen in autokratischen Staaten bemühte. Gleichzeitig gehört Deutschland nach dem Ausstieg aus der Kernenergie und der damit einhergehenden Kohlen- und Gasnutzung trotz der Energiewende zu mehr erneuerbaren Energien zu den Ländern mit dem höchsten CO_2 -Ausstoß. Während Frankreich 2024 die Umwelt nur mit 33 gCO_2e pro kWh belastet, sind es in Deutschland 334 gCO_2e pro kWh. 2023 lag die Verschmutzung in Frankreich bei 53 gCO_2e pro kWh im Vergleich zu 370 in Deutschland.[9] Folglich ist die deutsche Energieversorgung teuer und schmutzig. Deshalb bietet die Kernfusion für Deutschland die seltene Chance, die bis heute nicht mögliche Verbindung von Unabhängigkeit bei der Energieversorgung, wettbewerbsfähigen Energiekosten und CO_2 -freier Energie ohne notwendiges Eingreifen bei ungewollten Kettenreaktionen und hochradioaktive Abfälle zu erreichen. „Ein Fusionskraftwerk geht also im Schadensfall gewissermaßen automatisch in einen Sicherheitszustand über.“[10] Vorbild für die Kernfusion in der Natur ist die Sonne, in deren Inneren bei 15 Mio. Grad Celsius und einem Druck von 200 Mrd. bar Wasserstoffatome zu Heliumatomen verschmelzen und dabei Energie freisetzt. Die Anfänge der Kernfusionsforschung gehen auf Arthur Eddington im Jahr 1920 zurück. Zwar ist einzuräumen, dass das Ziel der Kernfusion somit schon lange angestrebt und bislang nicht erreicht wurde. Die derzeitigen praktischen Forschungsergebnisse zeigen allerdings, dass es vollkommen verfehlt wäre, die Entwicklung dieser Technologie in Deutschland zu vernachlässigen. Heute wird mit einer nennenswerten Ver-

[9] Angaben entnommen der electricity map am 11.5.2025.

[10] Sven Wurbs u. a., Ist Kernfusion eine Energiequelle der Zukunft? September 2024.

fügbarkeit von Fusionsstrom um das Jahr 2050 gerechnet. Es gibt deutliche Fortschritte in der Forschung mit Pilotenanlagen, aber keinen verlässlichen Zeitpunkt für eine umfassende technische und preiswettbewerbsfähige Nutzbarkeit. Fakt ist aber auch, dass Deutschland mit Ausnahme des Landes Bayern aus ideologischen Gründen politisch keine besonders ausgeprägten Anstrengungen übernimmt, wie früher bei der Kernenergie eine Vorreiterrolle einzunehmen. Für ein rohstoffarmes Land wie Deutschland ist das sträflich falsch, denn bei Sonne und Wind bietet Deutschland von den Standortkriterien international nicht die besten Voraussetzungen. Deutlich wird dies, wenn politische Vertreter im Bereich der Photovoltaik Kooperationen mit afrikanischen Staaten für die Wasserstoffproduktion anstreben. Eine eigene Wasserstoffproduktion für z. B. grünen Stahl wird mit einer wettbewerbsfähigen Kernfusion in Deutschland ebenfalls konkurrenzfähig. Sonnen- und Windenergie in Kombination mit Strom aus der Kernfusion sind das Ziel, mit dem Deutschland im Wettbewerb einen großen Schritt zurück in die Spitze der führenden Industrienationen findet.

In die **Zielkarte** wird die nächsten Jahre die Zunahme der **Lehrstühle zur Kernfusion/ Plasmaphysik** um jährlich vier aufgenommen.

4 Bildung und Innovation

4.1 Anteil der Universitätsabschlüsse in MINT-Fächern erhöhen

Technologischer Fortschritt ist ein entscheidender Treiber für Wohlstand. Länder mit herausragenden Kompetenzen in den **MINT-Fächern** (Mathematik, Informatik, Naturwissenschaften, Technik) werden überproportional vom Fortschritt profitieren. Die Produkte, die mit diesem Wissen entstehen, sind knapp und daher besonders wertvoll – das Beispiel Nvidia in der Chip-Entwicklung belegt dies eindrucksvoll.

Deutschland war im 20. Jahrhundert ein international führender Standort der Naturwissenschaften, dokumentiert auch durch zahlreiche Nobelpreise. Heute ist das nicht mehr der Fall. Die Grundlage für Exzellenz in den MINT-Fächern wird in der Schule gelegt und genau hier zeigt sich in den **PISA-Studien** ein alarmierendes Bild. MINT-Fächer gelten zudem als herausfordernd, was sich negativ auf die Studienwahl auswirkt. Dabei gilt unabhängig vom Talentprofil: **individuelle Fähigkeiten werden durch Bildung und Anstrengung veredelt.**

Ein Blick auf die Entwicklung der Professorenzahlen seit 1998 (Tab. 4.1) zeigt eine **Verlagerung von MINT zu anderen Fachbereichen**. Die Zahl der Professuren in Mathematik, Natur- und Ingenieurwissenschaften stieg seit 1998 um 22,2 %, im gleichen Zeitraum wuchs die Gesamtzahl der Professuren um 38,4 %. Besonders stark zugenommen hat der Bereich der Rechts-, Wirtschafts- und Sozialwissenschaften (+115,1 %). Bei den für die Grundlagenforschung besonders wichtigen Fächern Mathematik und Naturwissenschaften waren es seit 2016 nur 4,2 %, in allen MINT-Fächern 7,0 %, während insgesamt die Anzahl der Professoren um 11,2 % stieg.

Die **Anteile von Bachelor- und Masterabschlüssen** in MINT-Fächern betrugen 2024 (2022) in Mathematik/Naturwissenschaften 7,4 % (7,1) bzw. 10,7 % (10,6), in den Ingenieurwissenschaften 28,1 % (29,0) bzw. 34,2 % (34,2). Daraus ergibt sich ein erfreu-

M. Lüdiger, *Deutschland – Impulse für ein neues Wirtschaftswunder*,
https://doi.org/10.1007/978-3-658-50754-1_4

Tab. 4.1 Professoren (Anzahl) nach Fächergruppen und Geschlecht 1998 bis 2024

Fächergruppen Geschlecht		1998	2004	2010	2016	2022	2024	Veränderung gg. 1998 in %
Mathematik und	männlich	6873	7251	7354	5248	5070	5036	–26,73
Naturwissenschaften	weiblich	371	682	1107	1147	1459	1630	339,35
	Insgesamt	7244	7933	8461	6395	6529	6666	–7,98
Ingenieurwissenschaften	männlich	8754	7870	7695	10806	11099	11120	27,03
	weiblich	372	517	763	1491	2046	2210	494,09
	Insgesamt	9126	8387	8458	12297	13145	13.330	46,07
Zwischensumme	**Insgesamt**	16370	16320	16919	18692	19674	19.996	**22,15**
Insgesamt	männlich	34034	33219	33517	35880	36835	36.612	7,57
	weiblich	3592	5224	7945	10955	14326	15.466	330,57
	Insgesamt	37626	38443	41462	46835	51161	52.078	**38,41**

Statistisches Bundesamt (Destatis), 2025 Stand: 02.10.2025, Code: 21341–0003, eigene Berechnung, 2015 wurde der Fachbereich Informatik von den Naturwissenschaften zu den Ingenieurwissenschaften verschoben lich hoher Anteil der Studienabschlüsse (Tab. 4.2). Erkennbar wird zudem, dass in den MINT-Fächern ein überproportionaler Studentenanteil nach einem bestandenen Bachelorabschluss auch den Master anstrebt – ein Indiz für hohe Motivation und Wissensorientierung. Der hohe Anteil der 2024 (2022) erfolgreich in MINT-fächern Studierenden ist mit 36,1 % (36,4) vor dem Hintergrund der schwachen schulischen Leistungen (siehe Kap. 4.2.) ausgesprochen überraschend und erfreulich. Der Anteil liegt auch im europäischen Vergleich auf einem hohen Niveau.[1]

In die **Zielkarte** wurde aufgrund der Bedeutung der MINT-fächer für die Entwicklung von Zukunftstechnologien eine **Steigerung der Gesamtanzahl der Bachelor- und Masterabschlüsse von 36 % auf 40 %** aufgenommen. Selbstverständlich ist die Anzahl der Studienabschlüsse nur ein quantitativer Indikator. Deshalb ist darauf zu achten, dass die Qualität der Abschlüsse im internationalen Vergleich hoch bleibt. Auch in den Universitäten erschweren bürokratische Vorschriften die Forschung und motivieren hervorragende Wissenschaftler ins Ausland, insbesondere in die USA, abzuwandern. Die politischen Eingriffe des amerikanischen Präsidenten Trump in die freie Lehre der Universitäten beschädigen jüngst die Attraktivität der amerikanischen Universitäten. Deutsche Universitäten gehören allerdings nicht zu den Führenden Top 25 (siehe Teil 2).

4.2 Weltweit bei Pisa-Tests unter den Top 10 Ländern

Der Ausbau der MINT-Abschlüsse ist nur erreichbar, wenn die schulischen Voraussetzungen stimmen. Die PISA-Studien der OECD messen seit dem Jahr 2000 in Prüfungen die Leistungen 15-jähriger Schüler in Mathematik, Lesen und Naturwissenschaften – international vergleichend und mit Blick auf Trends. Durch diesen Vergleich (Benchmarking) wird es möglich, Stärken und Schwächen festzustellen sowie ein Ranking zwischen den Nationen zu erstellen, um voneinander zu lernen. **Das Ergebnis 2022 für Deutschland ist besorgniserregend.**

Die OECD kommt für Deutschland zu folgendem Fazit[2]:

- „Die durchschnittlichen Ergebnisse des Jahres 2022 waren in Mathematik, Lesen und Naturwissenschaften im Vergleich zu 2018 schlechter.
- Insgesamt sind die Ergebnisse von 2022 in allen drei Fächern die niedrigsten, die PISA jemals gemessen hat. Die Differenz zwischen den Durchschnittswerten von 2018 und 2022 in Mathematik und Lesen entspricht in etwa dem typischen Leistungszuwachs, den Schülerinnen und Schüler im Alter von etwa 15 Jahren im Laufe eines ganzen Schuljahres erzielen. Der starke Rückgang der Durchschnittswerte zwischen 2018 und 2022 bestätigte und verstärkte jedoch eine Trendwende, die bereits 2012 oder 2015 (je nach Fach) eingesetzt hatte.

[1] Statistisches Bundesamt (Destatis), Master-Abschlüsse in MINT-Fächern 2022, 9/2024

[2] OECD, PISA 2022, Ergebnisse (Band I und II) – Ländernotizen Deutschland, S. 2–4

Tab. 4.2 Bestandene Prüfungen 2024 nach Studienbereichen

Fächergruppe, Studienbereich	Insgesamt											
			Davon									
			Universitärer Abschluss (ohne Lehramts-prüfungen)[1]		Lehramtsprüfungen							
						Darunter:						
	insgesamt	Anteil		Promotionen	zusammen[2]	Bachelor-abschluss	Master-abschluss	Fachhoch-schul-abschluss[3]	Bachelor-abschluss	Anteil	Master-abschluss	Anteil
Geisteswissenschaften	48.187		1142	1653	22.801	9034	8902	9	13.739		8843	
Sport	5649		15	115	2038	811	792	–	2443		1038	
Rechts-, Wirtschafts- und Sozialwissenschaften	208.601		9930	4020	10.633	3479	4664	7047	116.967		60.004	
Sozialwesen	21.712		21	24	369	209	160	5	18.391		2902	
Rechtswissenschaften	16.767		9007	1101	–	–	–	92	3872		2695	
Verwaltungs-wissenschaften	20.328		7	18	–	–	–	6711	12.024		1568	
Wirtschafts-wissenschaften	84.569		278	1302	1028	476	464	40	50.756		31.165	
Psychologie	20.346		285	541	52	–	2	8	11.488		7972	
Erziehungs-wissenschaften	18 465		104	363	7997	2331	3628	–	6750		3251	
Mathematik, Naturwissenschaften	54.970	10.7	1895	8053	10.849	4320	4478	6	18.139	7.4	16.028	10.7
Mathematik, Naturwissenschaften allgemein	3371		82	283	1090	645	445	–	574		1342	
Mathematik	9770		86	548	4585	1919	1930	–	2637		1914	
Physik, Astronomie	7718		7	1690	418	145	218	–	2765		2838	
Chemie	9829		162	2248	884	303	383	–	3330		3205	
Biologie	15.349		22	2400	2740	933	1167	–	5919		4268	

Humanmedizin/ Gesundheits-wissenschaften	35.469		12.268	8492	486	279	207	–	10.031		4192	
Agrar-, Forst- und Ernährungs-wissenschaften, Veterinärmedizin	11.696		906	768	413	220	193	–	6026		3583	
Ingenieur-wissenschaften	129.500	25.3	3255	4871	671	278	322	636	69.053	28.1	51.014	34.2
Maschinenbau/ Verfahrenstechnik	27.749		553	1718	183	75	108	149	14.339		10.807	
Elektrotechnik und Informationstechnik	12.757		132	804	58	10	48	137	5984		5642	
Informatik	39.012		1975	1166	185	76	55	56	22.061		13.569	
Kunst, Kunstwissenschaft	17.425		1590	188	1792	657	658	122	9171		4562	
Außerhalb der Studienbe-reichsgliederung/ Sonstige Fächer	109		34	11	1	1	–	–	35		28	
Insgesamt	**511.606**	**100.0**	**31.035**	**28.171**	**49.684**	**19.079**	**20.216**	**7820**	**245.604**	**100.0**	**149.292**	**100.0**

1 Einschließlich der Prüfungsgruppen „Künstlerischer Abschluss" und „Sonstiger Abschluss". Ohne Bachelor- und Masterabschlüsse. 2 Einschließlich Staatsexamen. 3 Ohne Bachelor- und Masterabschlüsse.

Statistisches Bundesamt, Destatis, Prüfungen nach Fachbereichen, Code 21321–02

- Im jüngsten Zeitraum (2018 bis 2022) hat sich die Kluft zwischen den leistungsstärksten Schülern (10 % mit den höchsten Punktzahlen) und den leistungsschwächsten Schülern (10 % mit den niedrigsten Punktzahlen) in Mathematik, Lesen und Naturwissenschaften nicht signifikant verändert. In Mathematik sanken die Leistungen sowohl bei den Leistungsstarken als auch bei den Leistungsschwächeren in ähnlichem Maße.
- Im Vergleich zu 2012 stieg der Anteil der Schüler, deren Leistungen unter dem Basisniveau (Stufe 2) lagen, in Mathematik um 12 Prozentpunkte, im Lesen um 11 Prozentpunkte und in Naturwissenschaften um 11 Prozentpunkte."

Deutschland liegt mit seinen Ergebnissen nur im Durchschnitt der OECD-Länder und deutlich hinter vielen asiatischen Staaten:

- „In Mathematik und Lesen erreichten die Schüler in Deutschland annähernd den OECD-Durchschnitt und in Naturwissenschaften sogar bessere Ergebnisse als der OECD-Durchschnitt.
- In Deutschland gehörte eine ähnliche Anzahl von Schülern wie im Durchschnitt der OECD-Länder zu den Spitzenreitern (Niveau 5 oder 6) in mindestens einem Fach. Gleichzeitig erreichte ein größerer Anteil der Schüler als im Durchschnitt der OECD-Länder in allen drei Fächern ein Mindestniveau (Niveau 2 oder höher).
- In Deutschland erreichten 70 % der Schülerinnen und Schüler mindestens die Kompetenzstufe 2 in Mathematik (OECD-Durchschnitt: 69 %). Diese Schülerinnen und Schüler können zumindest ohne direkte Anweisungen interpretieren und erkennen, wie sich eine einfache Situation mathematisch darstellen lässt (z. B. den Vergleich der Gesamtstrecke zweier alternativer Routen oder die Umrechnung von Preisen in eine andere Währung). Über 85 % der Schülerinnen und Schüler in Singapur, Macau (China), Japan, Hongkong (China), Chinesisch-Taipeh und Estland (in absteigender Reihenfolge) erreichten dieses Niveau oder ein höheres Niveau.
- Rund 9 % der Schülerinnen und Schüler in Deutschland waren Spitzenreiter in Mathematik und erreichten im PISA-Mathematiktest die Leistungsstufe 5 oder 6 (OECD-Durchschnitt: 9 %). Die höchsten Anteile dieser Leistungsstufe verzeichneten sechs asiatische Länder und Volkswirtschaften: Singapur (41 %), Chinesisch-Taipeh (32 %), Macau (China) (29 %), Hongkong (China) (27 %), Japan (23 %) und Korea (23 %). Auf diesen Leistungsstufen können Schülerinnen und Schüler komplexe Situationen mathematisch modellieren und geeignete Problemlösungsstrategien für deren Bewältigung auswählen, vergleichen und bewerten."

Die Fakten aus der Pisa Studie 2022 zeigen für Deutschland einen dringenden Handlungsbedarf, um den Anschluss an die zukünftige Weltspitze nicht dauerhaft zu verlieren. Der negative Leistungstrend bestätigt sich in den Untersuchungen des Instituts für Qualitätssicherung im Bildungswesen.[3]

Leistungsbereitschaft und Leistungsorientierung einerseits und Verantwortungsbewusstsein andererseits müssen wieder zu den wesentlichen Säulen der Schulausbildung werden. Schulabschlüsse dürfen nicht Selbstzweck einer effekthaschenden Bildungspolitik sein, sondern Schulabschlüsse und deren Noten müssen wieder Ausdruck von

[3] Institut für Qualitätssicherung im Bildungswesen, IQB-Bildungstrend 2021 und 2022

beherrschten Fähigkeiten werden. Nur dann sind auch die Anzahl der Schulabschlüsse und die erreichten Noten Indikator von Qualität. Deutschland flüchtet sich seit Jahren in den Schulen in eine zunehmende Wohlstandsdekadenz. Leistungsorientierung wird oft im Keim erstickt wie symptomatisch die Abschaffung der Punkte bei den Bundesjugendspielen zeigt. In der Breite dieser Erscheinung wird der Wohlstand in Deutschland vernichtet. Die Schulbildung ist hier ein zentraler Schlüssel zur Umkehr.

In der **Zielkarte** wird deshalb im Schnitt aller Lernbereiche eine **jährliche Verbesserung um 5 Punkte** angestrebt. Die besten in der Welt sind Deutschland bis zu 100 Punkten voraus (Singapur in Mathematik 575 Punkte, Deutschland 475 Punkte), so dass es bei der gewählten Zielsetzung mehr als einer Schulgeneration bedarf, um den Rückstand zu beseitigen. Da aber Bildung eines Landes auch Ausdruck des gesellschaftlichen Selbstverständnisses ist, wurde vom Verfasser nur eine langfristige Verbesserung für realistisch und machbar erachtet. Es ist deshalb umso wichtiger, damit anzufangen. Drei Kultusministerinnen haben gemeinsame Ziele für eine bessere Bildung 2035 erstellt, die die Beseitigung der von der PISA-Studie aufgezeigten Schwachstellen des deutschen Bildungssystems aufgreift. Darin werden Ziele und folgende Indikatoren vorgeschlagen:

- Bildungsminimum absichern: 50 % weniger Schülerinnen und Schüler, die die Mindeststandards in Deutsch und Mathematik nicht erreichen.
- Bildungsniveau steigern: 20 % mehr Schülerinnen und Schüler, die die Regelstandards in Deutsch und Mathematik erreichen oder übertreffen.
- Leistungsspitze fördern: 30 % mehr Schülerinnen und Schüler, die die Optimal Standards in Deutsch und Mathematik erreichen.
- Stärkung der Bildungsgerechtigkeit: Der Zusammenhang zwischen sozialer Herkunft und Kompetenzen, identifiziert über den sozialen Gradienten im IQB-Bildungstrend, sinkt um 20 %.
- Abschlüsse absichern: 50 % weniger Schulabgänge ohne ersten Schulabschluss.

Es schließen sich folgerichtig Maßnahmen für eine erfolgreiche Zielerreichung an:

- „Deswegen konzentrieren wir uns auf nachfolgende Maßnahmen, für deren Ausgestaltung die Länder zuständig sind:
- Wir erhöhen die Qualität des Lernens und Lehrens in unseren Schulen, indem wir einen kognitiv anregenden, konstruktiv unterstützenden und auf die individuellen Bedarfe ausgerichteten Unterricht ermöglichen, der auf innovativen Konzepten der Fachdidaktiken fußt und in einer Schule stattfindet, die eine Kultur des Wohlbefindens und der Zugehörigkeit vermittelt.
- Wir etablieren eine Kultur der Evaluation und der Verantwortung und wechseln zu einer datengestützten Entwicklungs- und Lernverlaufs-Diagnostik, die den gesamten Bildungsverlauf im Rahmen einer kohärenten Datenstrategie berücksichtigt, und stellen sicher, dass in den Bundesländern die rechtlichen und technischen Voraussetzungen dafür geschaffen werden.

Tab. 4.3 Durchschnittsnote Allgemeine Hochschulreife und Anzahl seit 1950

Jahr	Durchschnittsnote Abitur AHR (allgemeine Hochschulreife)	Absolventen/-innen Abitur allgemeine Hochschulreife
1950	3,00	25.000
1960	2,92	63.356
1970	2,83	101.712
1980	2,75	140.068
1990	2,66	178.424
2005	2,54	235.958
2010	2,50	306.936
2015	2,44	335.563
2018	2,42	332.394
2019	2,41	324.377
2020	2,38	292.628
2021	2,29	306.292
2022	2,28	300.991
2023	2,32	301.559
2024	2,34	297.555

Ab dem Jahr 2006 liegen offizielle Werte für die Note vor, davor Schätzwerte.
Quellen: Kultusministerkonferenz Schulstatistik, Abiturnoten im Ländervergleich, StBA Code 21111–0002: Absolventenzahlen AHR ab 1995, eigene Berechnungen

- Wir arbeiten mit den Kommunen und Trägern aktiv an einem besseren, rechtskreisübergreifenden Zusammenwirken aller Bildungs- und Unterstützungssysteme und schaffen die notwendigen rechtlichen und organisatorischen Voraussetzungen.
- Wir benötigen an den Schulen einen mehrdimensionalen Blick auf die Kinder und Jugendlichen. Dazu unterstützen wir die bessere Zusammenarbeit der unterschiedlichen Professionen in den Schulen und setzen uns für eine kooperative Schulkultur ein.
- Wir stärken die Demokratiebildung. Das kulturelle Erbe, die Geschichte des Landes und die Freiheiten, die das Grundgesetz ermöglicht, wollen wir stärker mit den Lernenden thematisieren und so ihre Kritikfähigkeit, ihr Urteilsvermögen, aber auch ihre Bereitschaft erhöhen, sich aktiv in dieser Gesellschaft einzubringen."[4]

Für den Verfasser klingen diese Punkte sehr allgemein und lassen Verantwortungszuweisungen bei Ministerien und Schulleitungen mit verbindlichen praktischen Handlungen zur Leistungssteigerung vermissen. Darauf wird im Teil 2 näher eingegangen. Vor dem Hintergrund des Zeugnisses „mangelhaft" für die deutsche Bildungspolitik ist es umso problematischer, dass bei steigenden Abiturientenzahlen die Abiturabschlussnoten diese Entwicklung nicht widerspiegeln (Tab. 4.3). **Quantität vor Qualität und gute Noten haben offensichtlich politische Priorität.** Der Anteil der Schulabgänger mit allgemeiner Hochschulreife stieg weiter an. Im Schuljahr 1999/2000 lag er noch bei 24,60 %, im Schuljahr 2023/2024 bei 32,15 % (Tab. 4.4).

[4] S. Hubig, K. Prien,T. Schopper, Vorschläge für die Bildung bis 2035, in: Bessere Bildung 2023, S.137 ff.

Tab. 4.4 Statistik der allgemeinbildenden Schulen: Schulabschlüsse seit 1999

Absolventen und Abgänger (Anzahl): Deutschland, Schuljahr, Schulabschlüsse		1999/2000		2009/2010		2019/2020		2023/2024	
		Insgesamt	Anteil in %	Insgesamt	Anteil in %	Insgesamt	Anteil in %	Insgesamt	Anteil in %
Insgesamt	1 Ohne Hauptschulabschluss	86.601	9,28	53058	6,13	45.072	6,01	62.036	7,77
	2 Hauptschulabschluss	234.340	25,10	179.753	20,77	123.687	16,49	133.114	16,67
	3 Mittlerer Schulabschluss	372.810	39,93	350.856	40,55	333.039	44,41	344.222	43,11
	4 Fachhochschulreife	10.160	1,09	13.455	1,55	912	0,12	821	0,10
	5 Allgemeine Hochschulreife	229.705	24,60	268.194	30,99	247.236	32,97	258.324	32,35
	Insgesamt	933.616	100,00	865.316	100,00	749.946	100,00	798.514	100,00

Statistisches Bundesamt (Destatis), 2025 Stand: 06.10.2025, Code 21111–0004

4.3 Anteil/Anzahl der deutschen Patente erhöhen

In einer arbeitsteiligen Weltwirtschaft exportieren Länder die Güter, bei denen sie einen **komparativen** Wettbewerbsvorteil gegenüber anderen Nationen haben. Der Wechselkurs stellt sicher, dass jedes Land Leistungen mit einem solchen Wettbewerbsvorteil erbringen kann. Sind dies knappe Produkte, erzielen die Unternehmen hohe Umsatz- und Eigenkapitalrenditen. Um gute Vergütungen an die Mitarbeiter zahlen zu können und damit ein hohes Pro-Kopf-Einkommen zu schaffen, ist Bildung die Grundlage von Kreativität. Aus diesen beiden „Zutaten" kombiniert mit Fleiß entsteht Innovation. Staaten, die hier ihre Stärke haben, erreichen den höchsten Lebensstandard mit dem höchsten Pro-Kopf-Einkommen gemessen in jeder beliebigen Währung. Solche Länder sind gekennzeichnet durch Aufwertungen ihrer Währung, die auf langfristigen, fundamentalen Stärken der Volkswirtschaft basieren. Betriebswirtschaftlich sind diese Währungsaufwertungen für jedes Unternehmen zwar eine Herausforderung im Export (vorteilhaft beim Import von Vorprodukten), volkswirtschaftlich sind diese Währungsaufwertungen bei freien Wechselkursen aber Ausdruck der Wettbewerbsstärke einer Volkswirtschaft.[5] In welcher Wettbewerbslage sich eine Volkswirtschaft befindet und in welche Richtung sie sich entwickelt, zeigen Anzahl und Wachstum der Patente eines Landes absolut und relativ zu anderen Ländern.

Aus Tab. 4.5 sind folgende Entwicklungen erkennbar: Chinas staatliche Schwerpunktsetzung auf naturwissenschaftliche Exzellenz sowie Technik- und Fortschrittsbegeisterung zeigt eindrucksvolle Früchte. Mittlerweile finden fast die Hälfte aller Patentanmeldungen in China statt. Entsprechend gegenläufig ist die Entwicklung in der westlichen Welt. Die USA und Japan stabilisieren dabei ihre Patentanmeldungen auf hohem Niveau, während Deutschland im Trend rückläufige Patentanmeldungen aufweist. Zwar sagt dies noch nichts über die Qualität der Patente aus, denn die Qualität der Anmeldungen unterscheidet sich deutlich. Die Genehmigungsquote ist in China niedriger als in den westlichen Ländern. Aber das relativiert die vorgehenden Aussagen nur graduell wie die Zahlen über die Patente in Kraft unterstreichen. China hat seinen Anteil seit 2014 von 11,7 % auf 28,9 % in 2024 ausgeweitet. Bei Patentlaufzeiten von rund 12 Jahren verschieben sich die Anteile mit Verzögerung. Die USA hat trotz steigender Patenanmeldungen deutliche Anteilrückgänge. Aus deutscher Sicht erfreulich ist der starke.

Zuwachs der Patente in Kraft und ein moderat sinkender relativer Anteil. Zu berücksichtigen ist allerdings, dass in den vorgenannten Zahlen zu den Patenten auch diejenigen von Ausländern enthalten sind. Hier empfiehlt sich ein Blick auf die Daten des Deutschen Patentamts in Tab. 4.6.[6]

---

[5] Natürlich kann es über die Finanzmärkte zu kurzfristigen Schwankungen der Wechselkurse kommen, die ihre Ursache nicht in der Wettbewerbsstärke haben, sondern insbesondere aus Realzinsdifferenzen (inflationsbereinigte Nominalzinsdifferenzen) mit Kapitaltransfers resultieren.

[6] Deutschen Patent- und Markenamt, Jahresbericht 2023, S. 81, 2024, S. 79

Tab. 4.5 Patentanmeldungen und Patente in Kraft – weltweit 2014 bis 2024 bei den größten 20 Patentämtern

	Jahr	2014		2018		2022		2024	
Patentanmeldungen		2680900	Anteil in %	3326300	Anteil in %	3457400	Anteil in %	3725000	Anteil in %
davon	USA	578802	21,6	597141	18,0	594340	17,2	603194	16,2
	China	928177	34,6	1542002	46,4	1619268	46,8	1828054	49,1
	Japan	325989	12,2	313569	9,4	289530	8,4	306855	8,2
	Deutschland	65965	2,5	67898	2,0	57213	1,7	59262	1,6
	Indien	42854	1,6	50055	1,5	77068	2,2	105157	2,8
Patente in Kraft		1020000	Anteil in %	14000000	Anteil in %	17300000	Anteil in %	19700000	Anteil in %
davon	USA	2527750	24,8	3063494	21,9	3343159	19,3	3519879	17,9
	China	1196497	11,7	2366314	16,9	4212188	24,3	5688867	28,9
	Japan	1920490	18,8	2054276	14,7	2029223	11,7	2085215	10,6
	Deutschland	576273	5,6	703606	5,0	917232	5,3	963914	4,9
	Indien	k. A.	k. A.	k. A.	k. A.	128662	0,7	228402	1,2

Quellen: World Intellectual Property Organiszation, World Intellectual Property Indicators 2015, 2019, 2023, 2024, 2025

Tab. 4.6 Anmeldungen beim Deutschen Patent und Markenamt 2019 bis 2024

Jahr	Anmeldungen beim DPMA für deutsches Patent			PCT-Anmeldungen in nationaler Phase			Patentanmeldungen in Summe			Auslands-anteil
	Inland	Ausland	Gesamt	Inland	Ausland	Gesamt	Inland	Ausland	Gesamt	in Prozent
2019	45.530	14.292	59.922	1101	6406	7507	46.631	20.798	67.429	30,8
2020	41.098	13.487	54.585	1171	6354	7525	42.269	19.841	62.110	31,9
2021	38.986	12.689	51.676	843	6057	6900	39.829	18.746	58.575	32,0
2022	36.517	13.690	50.207	687	6318	7005	37.204	20.008	57.212	35,0
2023	37.732	13.481	51.213	737	6706	7443	38.469	20.187	58.656	34,4
2024	39.284	12.974	52.258	780	6222	7002	40.064	19.196	59.260	32,4

Während die Patentanmeldungen aus dem Ausland seit 2019 stabil geblieben sind, nehmen die Patenanmeldungen aus dem Inland von 46.631 im Jahr 2019 auf 40.064 im Jahr 2024 um 14,1 % mit dem Tiefpunkt in der Coronapandemie 2022 deutlich ab. Parallel ist der Auslandsanteil gestiegen. Deutschland ist aufgrund seiner zentralen Lage in Europa und seines Wohlstandes ein (noch) interessanter Markt. Es bestätigt sich auch durch diese Daten die Entwicklung, dass Deutschland an Innovationskraft und damit an Wettbewerbsfähigkeit verliert. Der vorhandene Wohlstand ist gefährdet. Ein langfristiges Wachstum der deutschen Patenanmeldungen ist ein wichtiger Indikator, ob Deutschland wieder ein Land der naturwissenschaftlichen Forschung und der Begeisterung für Technik und Fortschritt wird. Inwieweit die erfreuliche Zunahme der Patentanmeldungen von 4,1 % im Jahr 2024 eine Trendumkehr einleitet, bleibt abzuwarten. Der Verfasser ist davon aber in Anbetracht der vielen negativen anderen Wirtschaftsindikatoren nicht überzeugt.

In die **Zielkarte** wird aufgenommen, den **deutschen Anteil von 1,6 %** an den weltweiten Patentanmeldungen bei den 20 größten weltweiten Patentämtern zu halten. Deutschlands Anteil ist seit 2014 bis 2024 von 2,5 % auf 1,6 % bei einem jährlichen Rückgang von durchschnittlich 0,6 % gesunken.

4.4 Anzahl selbständige Unternehmen absolut und weltweit in den Top 100 erhöhen

Ein weiterer Indikator für die internationale Bedeutung deutscher Unternehmen ist die Anzahl unter den Top 100 nach Marktkapitalisierung. Diese Zielgröße in die Zielkarte aufzunehmen ist kein Widerspruch zu der stark mittelständisch geprägten deutschen Wirtschaft. Viele Unternehmen der Top100 sind in den letzten 10 Jahren durch starkes Wachstum in diese Weltmarktstellungen hineingewachsen. Darin zeigt sich, wem es gelungen ist, die Welt verändernde Innovationen massentauglich zu entwickeln. Wenn dies in einem Land kein Einzelfall bleibt, zeigt sich darin auch das Technik- und Innovationsklima eines Landes.

Bei der Marktkapitalisierung der größten 100 Unternehmen der Welt haben die USA in den letzten 10 Jahren mit wachsender Tendenz ihren Anteil gesteigert, wie in Abb. 4.1[7] die Wachstumsraten über 10, 5 und 1 Jahr (13,2 %, 16,7 %, 35,8 %) der USA im Vergleich zu Europa zum Ausdruck bringen (2,3 %, 8,9 %, 14,1 %). Betrug der Marktkapitalisierungsanteil der USA (Europas) im Jahr 2014 noch 55,3 % (25,2 %), waren es im Jahr 2024 72,2 % (12,0 %). Auch die Marktkapitalisierung der Unternehmen im Rest der Welt ist schneller als die in Europa gewachsen, allerdings sank die Marktkapitalisierung von chinesischen

Unternehmen in den Top 100 in den letzten 5 Jahren. Aus Deutschland sind nach der Fusion von Linde (jetzt Großbritannien) nur noch SAP und Siemens unter den Top 100. Je nach Stichtag findet sich auch noch die Deutsche Telekom in dieser Gruppe.

[7] PwC, Global Top 100 companies by market capitalisation, 4–2024, S. 6

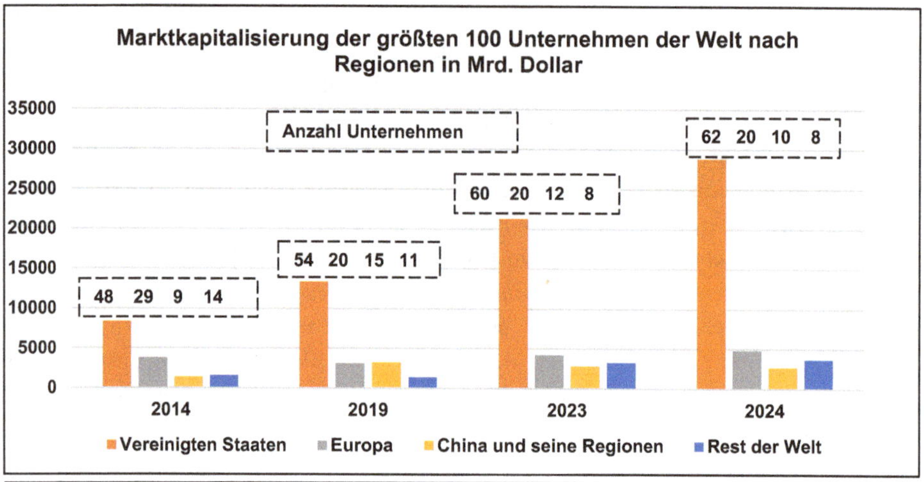

Region/Jahr	2014	2019	2023	2024	Wachstumsrate in letzten 10 Jahren	5 Jahren	Veränderung 2024 zu 2023
Vereinigten Staaten	8346	13311	21199	28795	13,2%	16,7%	35,8%
Europa	3803	3118	4182	4770	2,3%	8,9%	14,1%
China und seine Regionen	1353	3195	2788	2657	7,0%	-3,6%	-4,7%
Rest der Welt	1580	1393	3264	3659	8,8%	21,3%	12,1%
Insgesamt	15082	21017	31433	39881	10,2%	13,7%	26,8%

Abb. 4.1 Marktkapitalisierung der Top100 Unternehmen nach Kontinenten seit 2014

Letztlich erfordert eine Entwicklung wie in den USA eine Bevölkerungsmentalität, die in Deutschland früher als „Tüftler und Bastler" bezeichnet wurde. Die Wohlstands- und Wohlfahrtsgesellschaft führte in Deutschland dazu, dass ‚Work-Life-Balance' ein zentrales Ziel von Berufsanfängern geworden ist. Gleiches gilt für das Sicherheitsstreben, das sich in empirischen Studien in dem prägenden Wunsch nach einer Beschäftigung im öffentlichen Dienst zeigt. Beide Kriterien, die sich in leichten Nuancen in den verschiedenen wissenschaftlichen Befragungen/Analysen finden, sind aber sicher nicht Treiber eines dynamischen Unternehmertums. Was dazu erforderlich ist, wird im Teil Maßnahmen behandelt.

Der Verfasser hat in die **Zielkarte** aufgenommen, die Anzahl der deutschen Unternehmen in den Top 100 um jährlich ein Unternehmen bis auf insgesamt 10 Unternehmen zu erhöhen. Derzeit sind die Bedingungen dafür schlecht. Wie sich beim Sport aus der Breite (Anzahl) der Sporttreibenden bei guten Rahmenbedingungen Spitzensportler herausbilden, schafft eine breite Gründerlandschaft auch Marktführer. Deshalb bedarf es für eine erfolgreiche Wirtschaftsentwicklung einer gesellschaftlichen Gründermentalität, soll der Wohlstand in Deutschland gesichert werden.

Als Zielgröße findet sich in der Zielkarte deshalb die Zunahme an Unternehmen auf Basis rechtlicher Einheiten um 1,0 % pro Jahr. In den Jahren 2010 bis 2019 gab es einen leichten Anstieg der umsatzsteuerpflichtigen Unternehmen um insgesamt 3,9 %. Im Zuge der Coronapandemie reduzierte sich die umsatzsteuerpflichtigen

Tab. 4.7 Unternehmensanzahl nach Beschäftigungsgrößenklasse 2019 bis 2023

Anzahl Unternehmen in Beschäftigtengrößenklassen mit abhängig Beschäftigten von						
Jahr	0 bis unter 10	10 bis unter 50	50 bis unter 250	250 und mehr	Insgesamt	Veränderung zum Vorjahr in Prozent
2019	3.110.639	357.937	73.823	16.798	3.559.197	
2020	2.931.871	352.995	73.042	16.675	3.374.583	–5,19
2021	2.946.649	354.317	73.034	16.704	3.390.704	0,48
2022	2.982.397	361.638	74.398	17.045	3.435.478	1,32
2023	3.014.655	362.827	75.109	17.327	3.469.918	1,00
2024	3.011.214	429.318	84.701	18.632	3.543.865	2,13

Statistisches Bundesamt, Unternehmmensregister, 1.12.2025, Code 52111–0002

Unternehmen im Jahr 2020 um 5,9 % deutlich und stiegen in den folgenden drei Jahren wieder leicht um 3,3 % an.[8] Das Unternehmensregister zeigt auf Basis rechtlicher Einheiten davon nur leicht abweichende Veränderungen, lässt aber eine gute Betrachtung der Folgen der Pandemie nach Beschäftigungsgrößenklassen zu (Tab. 4.7). Für diese Betrachtung sind auch Daten aus 2024 verfügbar. Am stärksten betroffen von der Pandemie waren die Betriebe mit bis zu 10 abhängigen Beschäftigten und einem Rückgang von 5,75 % im Jahr 2020. Deshalb ist auch über alle Beschäftigungsgrößenklassen die Unternehmensanzahl aus dem Jahr 2019 im Jahr 2024 noch nicht wieder erreicht worden, wohl aber bei allen Unternehmen ab 10 Beschäftigten. Trotz zweistellig steigender Unternehmensinsolvenzen hat die Unternehmensanzahl 2024 um 2,1 % zugenommen – eine ermutigende Entwicklung vor dem Hintergrund der belastenden Strukturen in Deutschland. Ein Wachstumsziel von nachhaltig jährlich einem Prozent ist in Anbetracht der alternden Bevölkerung in Deutschland, Unternehmensfusionen und der Insolvenzwelle ambitioniert, aber erreichbar.

4.5 Anzahl selbständiger Meister erhöhen

In Anbetracht des besonders ausgeprägten Fachkräftemangels im Handwerk ist die Meisterausbildung für die deutsche Volkswirtschaft mit zulassungspflichtigen Handwerksbetrieben eine besonders wichtige Säule. Gleichfalls ist die zeitnahe und qualitativ hochwertige Verfügbarkeit von Handwerksleistungen für die Zufriedenheit der Bevölkerung bedeutend. Deshalb wurde in die **Zielkarte** das Wachstum der Anzahl der zulassungspflichtigen Handwerksbetriebe (i. d. R. mit Meisterbrief) mit einem Wachstumsziel von **0,5 %** pro Jahr aufgenommen (Tab. 4.8). Das Wachstumsziel ist die Hälfte des angestrebten Wachstums bei der Gesamtunternehmensanzahl. In der jüngsten Vergangenheit ist das zulassungspflichtige Handwerk zu Gunsten des zulassungsfreien Handwerks gesunken.

[8] Statistisches Bundesamt, Umsatzsteuerstatistik, Code 73311-0001.

Positiv fällt die hohe Stabilität der zulassungspflichtigen Handwerksbetriebe während der Coronapandemie auf.

Nach einem Rückgang der Betriebsanzahl in den 2010er-Jahren, erfreut sich das Handwerk wieder steigender Beliebtheit. Das dürfte auch auf deren insgesamt gute wirtschaftliche Situation zurückzuführen sein. Der Verfasser verwendet die Zahlen des Statistischen Bundesamtes. Diese umfassen nur Unternehmen mit steuerbaren Umsätzen aus Lieferungen und Leistungen und/oder sozialversicherungspflichtigen Beschäftigen im Berichtsjahr. Deshalb unterscheiden sich diese deutlich von den Angaben des Zentralverbandes des Handwerks. Leider stehen die Zahlen des Statistischen Bundesamtes immer erst mit deutlicher Verzögerung zur Verfügung. Diese sind allerdings aufgrund der qualitativen Einschränkung der erfassten Unternehmen aussagekräftiger, weil damit eine wirtschaftliche Aktivität sichergestellt ist. Hierauf kommt es dem Verfasser an.

Tab. 4.8 Handwerksunternehmen Deutschland 2019 bis 2024

Jahr/Zulassungsart		Handwerksunternehmen	Tätige Personen	Sozialversicherungspflichtig Beschäftigte	Umsatz	Umsatz je tätige Person
		Anzahl			Mio. EUR	EUR
2019	Zulassungspflichtiges Handwerk	439.061	4.300.229	3.413.297	57.7633	134.326
	Zulassungsfreies Handwerk	121.235	1.090.487	693.988	56.418	51.737
	Handwerk insgesamt	560.296	5.390.716	4.107.285	634.051	117.619
2020	Zulassungspflichtiges Handwerk	500.518	4.527.545	3.572.707	614.285	135.677
	Zulassungsfreies Handwerk	59.914	871.620	566.414	36.442	41.810
	Handwerk insgesamt	**560.432**	**5.399.165**	**4.139.121**	**650.727**	**120.524**
2021	Zulassungspflichtiges Handwerk	493.493	4.490.935	3.561.933	618.838	137.797
	Zulassungsfreies Handwerk	74.821	887.626	577.250	40.001	45.065
	Handwerk insgesamt	**568.314**	**5.378.561**	**4.139.183**	**658.839**	**122.493**
2022	Zulassungspflichtiges Handwerk	489.403	4.459.356	3.542.021	674.127	151.171
	Zulassungsfreies Handwerk	80.495	904.514	596.888	45.990	50.845
	Handwerk insgesamt	**569.898**	**5.363.870**	**4.138.909**	**720.118**	**134.253**
2023	Zulassungspflichtiges Handwerk	483.210	4.442.660	3.521.286	716.636	161.308
	Zulassungsfreies Handwerk	84.613	91.5393	603.270	49.261	53.814
	Handwerk insgesamt	**567.828**	**5.358.053**	**4.124.556**	**765.897**	**142.943**

Statistisches Bundesamt (Destatis), 2025 Stand: 25.09.2025, Code 53111–0002, eigene Berechnungen
Nur Unternehmen (einschließlich der inzwischen inaktiven Unternehmen) mit steuerbarem Umsatz aus Lieferungen und Leistungen im Berichtsjahr.
Umsatz: mit geschätzten Umsätzen bei Organschaftsmitgliedern; ohne Umsatzsteuer.

5 Sicherheit

Der Wohlstand in Deutschland fußt auf den Werten Freiheit und Verantwortung. Wohlstand hat nicht nur materielle, sondern auch eine ideelle Seite. Meinungs- und Pressefreiheit sowie Privateigentum und Wettbewerb sind zentrale Elemente. Diese Prinzipien entfalten sich aber nur in einem Umfeld von **Sicherheit** – sowohl innerer als auch äußerer. **Innere Sicherheit** setzt eine gesteuerte Migration voraus, die sich an den nationalen Interessen orientiert. Sozialer Frieden entsteht dort, wo sich Bürger sicher fühlen. Das Sicherheitsempfinden der Bevölkerung basiert einerseits auf harten Fakten wie sie die Kriminalitätsstatistik widerspiegelt und andererseits auf einem subjektiven Empfinden einer kulturellen Homogenität. Fremdes kann bereichern, aber auch überfordern. Es kommt darauf an, hier das richtige Maß zu finden. Wichtig ist dabei der Grundsatz, dass Einwanderer unser Grundgesetz und unsere Kultur nicht nur in Worten und Anträgen akzeptieren, sondern im Alltag annehmen. Wer zuwandert, muss sich im Einwanderungsland anpassen und nicht umgekehrt. Die individuellen Freiheitsrechte jedes Einzelnen bleiben dabei selbstverständlich unberührt und werden vom Staat geschützt. **Äußere Sicherheit,** die wir nach dem Zerfall des Ostblocks und der zunehmenden Hinwendung Russlands zum Westen bereits fast als Selbstverständlichkeit unterstellten, bestimmt heute wieder die politischen Debatten.

5.1 Deutschland und Europa verteidigungsfähig machen

Europa hat seit dem Ende des kalten Kriegs mit der Öffnung und dem Umbau der Sowjetunion sowie dem Bekenntnis zur Meinungsfreiheit unter Gorbatschow seine Verteidigungsanstrengungen reduziert. Die Bundeswehr wurde ab den 90er-Jahren verkleinert und zulasten der Landesverteidigung auf internationale Missionen unter UN-mandaten

M. Lüdiger, *Deutschland – Impulse für ein neues Wirtschaftswunder*,
https://doi.org/10.1007/978-3-658-50754-1_5

umstrukturiert. Die sogenannte ‚Friedensdividende' nutzten die deutschen Regierungen zur Ausweitung sozialstaatlicher Leistungen. Mit dem Einmarsch Russlands in die Ukraine im Jahr 2022 änderten sich die geopolitischen Rahmenbedingungen grundlegend. Spätestens seither ist klar: Europa muss verteidigungsfähig werden – auch unabhängig von den USA. Bereits 2014 (Einmarsch Russlands in die Krim und Annexion) wurde von den Staaten der NATO das Ziel beschlossen, zwei Prozent des BIP für Verteidigung auszugeben. Ernsthaft verfolgt wird dieses Ziel in Deutschland jedoch erst seit 2022. Zudem wurde immer deutlicher, dass die USA nicht mehr bereit sind, für die Verteidigung Europas hohe Budgets bei eigener hoher Verschuldung aufzubringen. Seitdem sind Politik und Öffentlichkeit in Europa zunehmend bereit, höhere Verteidigungsausgaben als Notwendigkeit für Sicherheit und Freiheit zu akzeptieren.

In Deutschland war die nachhaltige Erreichung des Zwei-Prozent-Ziels lange nicht sichergestellt. Zwar bestand darüber ein grundsätzlicher Konsens, dennoch existierte in der deutschen Regierung von SPD, Grünen und FDP keine Bereitschaft, dafür Ausgaben in den sozialen Bereichen oder Subventionen zu begrenzen. Demzufolge wurde rechnerisch das Zwei-Prozentziel nur unter Hinzurechnung der Ausgaben des Sondervermögens[1] für die Bundeswehr von 100 Mrd. Euro erreicht. Die Sonderschulden hatten auch die Unterstützung der Unionsparteien von CDU und CSU, sodass die erforderliche qualifizierte Mehrheit im Bundestag möglich wurde. Allerdings gingen CDU und CSU damals davon aus, dass gleichzeitig strukturell im ordentlichen Haushalt das Zwei-Prozent-Ziel umgesetzt und die Sonderschulden zur Beseitigung der Ausrüstungsdefizite eingesetzt werden. Das Institut der deutschen Wirtschaft schrieb im Kurzbericht 19/2024[2]:

> „Der reguläre deutsche Verteidigungsetat steigt 2024 nur geringfügig auf knapp 52 Mrd. Euro.[3] Nach Auslaufen des Bundeswehr-Sondervermögens über 100 Mrd. Euro droht aufgrund des in der Finanzplanung eingefrorenen regulären Verteidigungsetats im Einzelplan 14 des Bundeshaushalts bereits ab 2027 weiterhin eine gewaltige Finanzierungslücke von über 30 Mrd. Euro, wie eine Fortschreibung der Werte von Bardt und Röhl (2022) zeigt. Aber auch für 2024 dürfte dieser Betrag durch das inflationsbedingte deutliche nominale Wachstum des Bruttoinlandsprodukts (BIP) auf etwa 4,26 Billionen Euro nur noch 1,2 % der Wirtschaftsleistung entsprechen."

Das BIP ist im abgelaufenen Jahr 2024 nach Angaben des Statistischen Bundesamtes real um 0,2 % gesunken und nominal auf 4,3 Billionen Euro gestiegen. Mit der Nichtanrechnung der Verteidigungsausgaben von über einem Prozent auf die Schuldenbremse ist das Finanzierungsproblem, nicht aber das **Strukturproblem im Haushalt** gelöst. Es

---

[1] Hierbei handelt sich um eine Schuldenaufnahme. Leider versucht Politik immer wieder, mit falschen Begrifflichkeiten Sachverhalte zu verdrehen und zu beschönigen. Deshalb wird der Verfasser im Weiteren von Sonderschulden sprechen.

[2] Heiner Röhl, Verteidigungsausgaben, Gerade so genug für die NATO, IW-Kurzbericht, 04/2024.

[3] Bundesregierung, 2024, Bundeshaushaltsplan 2024 und Einzelplan 14 Verteidigung, März 2024.

ist zu befürchten, dass bei den jetzt geschaffenen gewaltigen Finanzierungsspielräumen die strukturellen Anpassungsnotwendigkeiten im Haushalt erneut unterbleiben oder eher homöopathischer Natur sein werden.

Der Verfasser nimmt deshalb in die **Zielkarte** auf, strukturell und damit nachhaltig **zwei Prozent des BIP im regulären Bundeshaushalt für Verteidigungsausgaben unter Einhaltung der alten Schuldenbremse zu erreichen.** Damit einhergehend muss allerdings ein Bündel von effizienzsteigernden Maßnahmen ergriffen werden, um die gewünschte Verteidigungsfähigkeit zu erreichen und verantwortlich mit den rund 84 Mrd. p. a. umzugehen. **Die zu schließende Lücke im laufenden Haushalt beträgt damit 32 Mrd. Euro.**

Schätzungen des russischen Verteidigungsetats liegen bei umgerechnet 110 Mrd. im Jahr 2023 und sind nach Schätzungen 2024 auf etwa 130 bis 135 Mrd. Euro aufgestockt worden. Das sind rund 40 % des gesamten Staatshaushalts, die nachhaltig für Russland nicht tragbar sind. Forderungen von US-Präsident Trump und dem Nato-Generalsekretär, die Verteidigungsausgaben auf 5 % aufzustocken und entsprechenden Beschlüssen in der Nato, sind vor dem Hintergrund der absoluten Beträge **nur im Umfang der Unterstützung für die Ukraine nachvollziehbar** und hier auch gut für die Verteidigung unserer Freiheit eingesetzt. Wenn jedes Land der EU das Zwei-Prozent-Ziel im Verteidigungshaushalt erreicht, stehen rund 350 Mrd. Euro für die Verteidigung der EU zur Verfügung. Für das Vereinigte Königreich werden die Verteidigungsausgaben im Jahr 2025 auf etwa 72 Mrd. Euro beziffert, die ebenfalls hinzuzurechnen sind. Auch bei Berücksichtigung der unterschiedlichen Kaufkraftparitäten übersteigen die europäischen Verteidigungsausgaben die der Russischen Föderation im Kriegszustand. In Anbetracht der Schwierigkeiten Russlands, den Krieg gegen die Ukraine zu gewinnen, ist ein erfolgreicher Krieg gegen Europa kaum vorstellbar. Auch würden dann die USA nicht tatenlos zusehen. Erfreulicherweise hat sich die USA im März 2025 wieder ausdrücklich zur Nato bekannt. Es bleibt zu hoffen, dass dies so bleibt.

5.2 Kriminalität senken

Die wachsende Kriminalität in Deutschland wird nicht nur subjektiv in der Bevölkerung empfunden, sondern ist ein Fakt, den die Kriminalstatistiken über die Tatverdächtigen 2021 bis 2024 ausweisen. Dieser wird vor allem durch nichtdeutsche Tatverdächtige und innerhalb dieser Gruppe durch Zuwanderer und Zuwanderinnen verursacht (Tab. 5.1). Der **Anteil der nichtdeutschen Tatverdächtigen** liegt bei der **Gewaltkriminalität** (schweren Straftaten aufgeschlüsselt in Tab. 5.1) mittlerweile bei **43,1 %.** Stieg die Anzahl deutscher Tatverdächtiger bei der Gewaltkriminalität in den letzten drei Jahren im Mittel um 5,6 %, lag der Anstieg der nichtdeutschen Tatverdächtigen trotz des bereits hohes Ausgangsniveaus seit 2021 bei durchschnittlich 13,7 %. Die Anzahl der tatverdächtigen Zuwanderer/-innen stieg von 2021 bis 2024 um durchschnittlich 12,4 %. Wenn man die Zuwanderer/-innen von den nichtdeutschen Tatverdächtigen subtrahiert, zeigt

Tab. 5.1 Schwerstkriminalität: ausgewählte Straftaten/-gruppen 2021 bis 2024

	Anzahl				Veränderung absolut			Veränderung in %				Anteilsquote			
Schlüssel 892000	2021	2022	2023	2024	2022	2023	2024	2022	2023	2024	Mittel	2021	2022	2023	2024
Gewaltkriminalität	164646	197202	214099	217277	32556	16897	3178	19,8	8,6	1,5					
Aufgeklärte Fälle	131817	152159	163845	167639	20342	11686	3794	15,4	7,7	2,3					
Aufklärungsquote	80,1	77,2	76,5	76,5	−2,9	−0,7	2,3								
Tatverdächtige (TV)	153770	178224	190605	197347	24454	12381	6742	15,9	6,9	3,5		100,0	100,0	100,0	100,0
deutsche TV	95817	109138	111517	112335	13321	2379	818	13,9	2,2	0,7	5,6	62,3	61,2	58,5	56,9
nichtdeutsche TV	57953	69086	79088	85012	11133	10002	5924	19,2	14,5	7,5	13,7	37,7	38,8	41,5	43,1
darunter Zuwanderer/-innen	19158	21388	25732	27095	2230	4344	1363	11,6	20,3	5,3	12,4	12,5	12,0	13,5	13,7
nichtdeutsche TV ohne Zuwand.	38795	47698	53356	57917	8903	5658	4561	22,9	11,9	8,5	14,5	25,2	26,8	28,0	29,3

Der PKS-Summenschlüssel „892000 Gewaltkriminalität“ umfasst die folgenden Straftatenschlüssel: 010000 Mord 020000 Totschlag und Tötung auf Verlangen 111000 Vergewaltigung, sexuelle Nötigung und sexueller Übergriff im besonders schweren Fall einschl. mit Todesfolge, 210000 Raub, räuberische Erpressung und räuberischer Angriff auf Kraftfahrer, 221000 Körperverletzung mit Todesfolge, 222000 Gefährliche und schwere Körperverletzung, Verstümmelung weiblicher Genitalien, 233000 Erpresserischer Menschenraub, 234000 Geiselnahme, 235000 Angriff auf den Luft- und Seeverkehr

Quelle: pks-Kriminalstatistik 2022 ff., Tab. 4.3

sich (überraschenderweise) ein noch deutlicherer Anstieg von durchschnittlich 14,5 %. Die Zuwachsraten bei den registrierten Straftaten nehmen zwar ab, dennoch bleibt die Gesamtsituation weiterhin herausfordernd. Ein Erklärungsansatz verweist auf die demografische Zusammensetzung eines Teils der Zuwanderergruppen, die häufiger aus jüngeren und männlichen Alterskohorten stammen. Dieser Faktor kann jedoch lediglich als ergänzender Hinweis betrachtet werden und erklärt nicht den gesamten Umfang der Kriminalität. Betrachtet man alle Straftaten unter Ausschluss ausländerrechtlicher Verstöße, zeigt sich ein ähnlich komplexes Bild (siehe Tab. 5.2). Es ist daher nicht davon auszugehen, dass sich die Problematik allein durch eine schnelle Anpassung oder Integration kurzfristig löst. Insgesamt handelt es sich um eine Situation, die weiterhin sorgfältige Beobachtung und gezielte Maßnahmen erfordert.

Der Politik muss bescheinigt werden, dass es keine oder eine missglückte Einwanderungspolitik gibt bzw. dass sie mit der Anzahl der Einwanderer überfordert ist.

Besonders auffällig ist die deutliche Zunahme der Gewaltkriminalität im Vergleich zu anderen Deliktgruppen – sowohl bei deutschen als auch bei nichtdeutschen Tatverdächtigen. Diese Entwicklung stellt eine besondere Herausforderung dar und erfordert eine differenzierte Analyse sowie geeignete Maßnahmen. Aufgrund der Situation wird in die **Zielkarte** aufgenommen: Kein Zuwachs oder **Absenkung der deutschen tatverdächtigen Gewaltkriminellen** und **Reduzierung der nichtdeutschen gewaltkriminellen Tatverdächtigen** von hohen 43,1 % auf den Anteil an der Bevölkerung (2022: 13,8 %, 2023: 15,2 %, 2024: 16,6 % vorläufig). Einerseits kann ein Deutscher Staatsbürger erwarten, dass Einwanderung nicht zu einer höheren Kriminalität führt und andererseits, dass sich Nichtdeutsche in Deutschland bemühen, die Regeln des Gastlandes einzuhalten. Bei einer gelungenen Einwanderungspolitik, ist die angestrebte Zielsetzung deshalb auch erreichbar.

5.3 Fluchtmigration verringern und Integration steigern

Um die Kriminalitätsquote von Nichtdeutschen auf das Niveau der Deutschen zu senken, ist die Integration in Deutschland zu verbessern und ‚Ghettobildung' zu vermeiden. Zugleich muss sich der Deutsche kulturell in seiner Heimat noch wohl fühlen. Um dies zu erreichen, ist die Zunahme der Fluchtmigranten von außerhalb der EU wieder auf unter **netto 50.000 Menschen** im Jahr zu reduzieren. Noch 2009 lag der Wanderungssaldo bei 22969 Menschen (Tab. 5.3).

Auf dem Höhepunkt der Fluchtmigrationsbewegung im Jahr 2015 waren es insgesamt 706.384 Menschen, 2022 nach einem deutlichen Rückgang bereits wieder 391.767 Menschen. Hinzu kam ein Wanderungssaldo aus der Ukraine von 917.107 Menschen. Die unbürokratische Aufnahme der Kriegsflüchtlinge aus der Ukraine war zum Beginn des russischen Angriffskrieges richtig und notwendig, da die westliche Welt glaubte, Russland könne sehr schnell die gesamte Ukraine einnehmen. Heute hilft es der Ukraine und Deutschland aber am meisten, wenn die Menschen zurück in ihr Heimatland gehen. Für die Ukraine wird damit die Anzahl verfügbarer Arbeitskräfte und Wehrpflichtige erhöht.

Tab. 5.2 Straftaten insgesamt (ohne ausländerrechtliche Verstöße) 2021 bis 2024

	Anzahl				Veränderung absolut			Veränderung in %				Anteilsquote			
Schlüssel 890000	2021	2022	2023	2024	2022	2023	2024	2022	2023	2024	Mittel	2021	2022	2023	2024
erfasste Fälle	4901007	5402755	5641758	5550106	501748	239003	−91652	10,2	4,4	−1,6					
Aufgeklärte Fälle	2819409	3003914	3175282	3103762	184505	171368	−71520	6,5	5,7	−2,3					
Aufklärungsquote	57,5	55,6	56,3	55,9	−1,9	0,7	−0,4								
Tatverdächtige (TV)	1785398	1921553	2017552	1967731	136155	95999	−49821	7,6	5,0	−2,5		100,0	100,0	100,0	100,0
deutsche TV	1251915	1309115	1322571	1270858	57200	13456	−51713	4,6	1,0	−3,9	0,6	70,1	68,1	65,6	64,6
nichtdeutsche TV	533483	612438	694981	696873	78955	82543	1892	14,8	13,5	0,3	9,5	29,9	31,9	34,4	35,4
darunter Zuwanderer/-innen	127489	142721	178581	172203	15232	35860	−6378	11,9	25,1	−3,6	11,2	7,1	7,4	8,9	8,8
nichtdeutsche TV ohne Zuwand.	405994	469717	516400	524670	63723	46683	8270	15,7	9,9	1,6	9,1	22,7	24,4	25,6	26,7

Quelle: pks-Kriminalstatistik 2022 ff., Tab. 4.2

Tab. 5.3 Wanderung zwischen Deutschland und dem Ausland 2009 bis 2024

Jahr	Zuzüge aus dem Ausland	davon Deutsche	davon aus der Ukraine	davon nicht aus Europa	Fortzüge in das Ausland	davon Deutsche	davon aus der Ukraine	davon nicht aus Europa	Wanderungs-saldo	davon Deutsche	davon aus der Ukraine	davon nicht aus Europa
Anzahl												
2009	721014	114700	6947	167063	733796	154988	5679	144094	−12782	−40288	1268	**22969**
2010	798282	141000	6870	174606	670605	114752	4847	129851	127677	26248	2023	44755
2011	958299	116604	7585	194486	678969	140132	4094	119624	279330	−23528	3491	74862
2012	1080936	115028	8198	209766	711991	133232	4074	122121	368945	−18204	4124	87645
2013	1226493	118425	8342	253874	797886	140282	4336	124575	428607	−21857	4006	129299
2014	1464724	122195	13477	351479	914241	148636	4594	145767	550483	−26441	8883	205712
2015	**2136954**	120713	15778	892737	997552	138273	5376	186353	1139402	−17560	10402	**706384**
2016	1865122	146047	13303	753970	1365178	281411	6834	316219	499944	**−135364**	6469	437751
2017	1550721	166703	13107	426968	1134641	249181	7466	227311	416080	−82478	5641	199657
2018	1585112	201531	14230	396944	1185432	261851	7705	224696	399680	−60320	6525	172248
2019	1558612	212669	15839	387266	1231552	270294	9016	216926	327060	−57625	6823	170340
2020	1186702	191883	11822	244331	966451	220239	7330	169045	220251	−28356	4492	75286
2021	1323466	183650	12379	367424	994303	**247829**	6478	160182	329163	−64179	5901	207242
2022	**2665772**	184753	1073173	547027	1203683	**268167**	156066	177221	1462089	−83414	**917107**	369806
2023	1932509	191356	283631	594664	1269545	**265035**	170694	202897	662964	−73679	112937	**391767**
2024	1694192	189107	233029	542497	1264009	**269986**	117097	218071	430183	−80879	115932	324426

Statistisches Bundesamt (Destatis), Code 12711-0005, Stand 25.09.2025

Die aktuelle Kriegssituation ist kein Grund mehr, Sonderregelungen für Ukrainer in Deutschland beizubehalten. Die Gefahr einer Besetzung großer weiterer Teile des Landes durch Russland ist auf absehbare Zeit gebannt. Es dürfte deshalb mit der ukrainischen Regierung eine Verständigung ohne nennenswerte Konfliktpunkte gefunden werden können.

Darauf hingewiesen sei, dass der Wanderungssaldo von außerhalb Europas und der Ukraine die Integrationslast unterzeichnet, weil hierfür die Zuzüge aus dem Ausland insgesamt von Bedeutung sind. 2015 gab es 2.136.954 Zuzüge aus dem Ausland, 2022 waren es 2.665.772 Menschen. Solch hohe Zuwanderungszahlen bedeuten, dass in 10 Jahren über 30 % der Bevölkerung zuwandert. In den letzten 10 Jahren waren es unter Bereinigung des Rückzugs von Deutschen 18,7 %. Eine erfolgreiche Integration wird unmöglich. Vielmehr tritt das ein, was viele Bürger heute fühlen und erleben: einen Verlust ihrer geschätzten kulturellen Gewohnheiten und Werte. Dagegen ist der Gewinn an eingewanderten Talenten eine Bereicherung für unsere Gesellschaft. Tolle Beispiel hierfür sind die Musikhochschulen in Hamburg und Lübeck. Die Studierenden bilden eine internationale Gemeinschaft aus aller Welt. Die meisten kommen aus den Ländern Asiens. Sie begeistern mit ihrem Können und ihren individuellen Stärken jedes Jahr das Publikum in den ‚Blumendorfer Begegnungen' und sind ein Betrag zur internationalen Verständigung.

Dergleichen positiven Beispiele gibt es viele in Deutschland, und sie machen Deutschland lebenswerter. Fluchtmigration bedeutet hingegen eine gravierende finanzielle und gesellschaftliche Belastung der Sozialsysteme. Insgesamt sind seit 2022 bis 2024 jährlich rd. 28 Mrd. Euro im Bundeshaushalt für flüchtlingsbezogene Belastungen[4] und über 6 Mrd. in den Länderhaushalten angefallen. Am Bundeshaushalt entspricht das erheblichen 5,7 % der Einnahmen des Jahres 2023 einschließlich der Kreditaufnahme, die bei 27,2 Mrd. Euro lag. Sämtliche Ausgaben des Bundes für Investitionen lagen im Jahr 2023 bei (nur) 55 Mrd. Euro.[5] Damit wird die Dimension dieser flüchtlingsbezogenen Belastungen deutlich. Die Zunahme der Schutzsuchenden in Deutschland veranschaulicht Tab. 5.4.

In die **Zielkarte** wird eine Begrenzung der Nettozuwanderung aus Ländern außerhalb Europas **auf maximal 50.000** gesetzt. Dabei wird es wichtig werden, sich bei der Aufnahme auf Menschen zu konzentrieren, die das deutsche Grundgesetz als politisch Verfolgte in Art 16a GG bestimmt hat. In der Zielkarte wird auch das Ziel aufgenommen, die **Arbeitslosigkeit unter Ausländern um zwei Prozentpunkte pro Jahr zu senken.** Erfolgreiche Integration zeigt sich in einer Arbeitslosenquote, die der von Deutschen gleich ist. Dazu sind verpflichtende Anreize zu setzen, Arbeit anzunehmen. Die Arbeitslosenquote von 15,1 % bei Ausländern im Jahr 2024 zeigt den Handlungsbedarf. Ein Erfolg bei dieser Zielsetzung hilft der Arbeitskräfte suchenden deutschen Wirtschaft, entlastet die Sozialsysteme, fördert die Integration und den sozialen Frieden. Wer arbeitet, wird weniger häufig Straftaten begehen. Soweit über die ungesteuerte/ungewollte Einwanderung zukünftig noch Menschen nach Deutschland kommen, müssen diese in Beschäftigung gebracht werden. Beschäftigung ist die beste Voraussetzung für Integration und reduziert die

[4] Finanzplan des Bundes 2024 bis 2028, Bundestagsdrucksache 20/12401, S. 48.

[5] Finanzplan des Bundes 2024 bis 2028, Bundestagsdrucksache 20/12401, Tab. 3, S. 10.

Tab. 5.4 Statistik der Schutzsuchenden in Deutschland 2007 bis 2024

	Geschlecht			
Stichtag	männlich	weiblich	Insgesamt	Veränderung
31.12.2007	264605	192825	457430	
31.12.2008	263470	192580	456050	−1380
31.12.2009	274595	202995	477595	21545
31.12.2010	288160	215310	503470	25875
31.12.2011	291000	214925	505925	2455
31.12.2012	317025	232800	549825	43900
31.12.2013	359390	254535	613925	64100
31.12.2014	444865	301455	746320	132395
31.12.2015	647420	388815	1036235	289915
31.12.2016	1029280	568290	1597570	561335
31.12.2017	1069360	611340	1680700	83130
31.12.2018	1115680	666065	1781750	101050
31.12.2019	1135210	703905	1839115	57365
31.12.2020	1138450	718335	1856785	17670
31.12.2021	1176625	759725	1936350	79565
31.12.2022	1639865	1438785	3078650	1142300
31.12.2023	1742610	1430525	3173135	94485
31.12.2024	1809740	1494965	3304705	131570

Statistisches Bundesamt (Destatis), 2025 Stand: 30.06.2025, Code: 12531-0001

sozialen Kosten der Eingliederung. Wer arbeiten kann, muss arbeiten. Soziale Absicherung ist eine Errungenschaft unserer Marktwirtschaft, aber es darf auch keine unbeabsichtigten staatlichen Anreize geben, nicht arbeiten zu wollen. Es muss deshalb eine Verpflichtung zur Arbeit für jeden geben, der soziale Unterstützung erfährt und arbeitsfähig ist. Diese Aussage gilt ebenso für Deutsche.

5.4 Deutsche Auswanderung verringern und qualifizierte Zuwanderung aus dem Ausland erhöhen

Die Diskussion über den Bedarf von ausländischen Arbeitskräften für die deutsche Wirtschaft wird intensiv von den Unternehmensverbänden und den Industrie- und Handelskammern geführt. Qualifizierte Zuwanderung von Ausländern, die sich integrieren wollen, ist bei der derzeitigen Faktenlage objektiv sinnvoll. Allerdings bietet es sich an, zunächst einen Blick auf die Wanderungsbilanz der Deutschen in Tab. 5.3 zu werfen. Jährlich verlassen rund 250.000 Deutsche ihr Heimatland. Der Anteil der 25 bis 64-jährigen – als Indikation für eine berufliche Tätigkeit – betrug im Jahr 2023 annähernd unverändert zu den Vorjahren rund 67 %.[6] Das sind vor allem qualifizierte oder

[6] Bei den Zuzügen zeigt sich eine fast gleiche Quote.

Bevölkerung in anderen OECD-Ländern und im Inland nach Bildungsstand

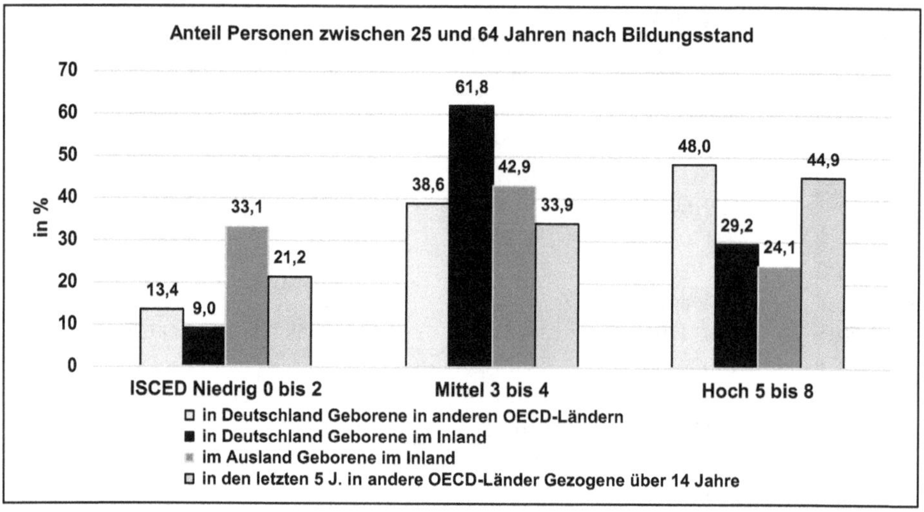

Abb. 5.1 Bevölkerung in anderen OECD-Ländern und im Inland nach Bildungsstand

hochqualifizierte Menschen. Viele der in Deutschland geborenen Personen, die in anderen OECD-Ländern leben, sind hochqualifiziert:

> „So fielen 48,0 % der 25- bis 64-Jährigen in die Kategorien 5 bis 8 (von 8 Kategorien, ab Kategorie 5 wird allgemein von Hochqualifizierten gesprochen, Anm. des Verfassers) der International Standard Classification of Education (ISCED), was etwa einem tertiären Bildungsabschluss (i. d. R. Studium) entspricht. Bei den in Deutschland geborenen und lebenden Personen traf dies nur auf 29,2 % zu. Noch geringer war der Anteil bei den nach Deutschland zugewanderten 25- bis 64-Jährigen mit 24,1 %“(Abb. 5.1).[7]

Netto wandern immer noch 60 bis 80 Tausend Deutsche ins Ausland aus. Priorität muss es deshalb für die Politik haben, qualifizierte Deutsche in Deutschland zu halten und ausgewanderte Qualifizierte aus dem Ausland zurückzugewinnen. **Als Ziel wird für die nächsten Jahre eine Halbierung der deutschen Auswanderung auf 125.000 in die Zielkarte aufgenommen.** Das ist das Niveau, auf dem sich die Auswanderungszahlen noch Anfang der 2010er-Jahre befanden. Angestrebt wird dazu ein jährlicher Rückgang von 10 % nach dem Ergreifen der in Teil 2 beschriebenen Maßnahmen. Erst im zweiten Schritt sind Anstrengungen zu unternehmen, Arbeitskräfte im Ausland anzuwerben. Manche jüngeren Bilder von Politikern auf Anwerbetour in den entferntesten Gegenden der Welt wirken da befremdlich und als Problemlösung in Anbetracht der geringen Anwerbepotentiale

[7] Wido Geis-Thöne, 2022, Abwanderung aus Deutschland bei einer insgesamt sehr positiven Wanderungsbilanz. Eine Analyse der verfügbaren Daten zu Fortzügen und Abwanderungsabsichten, IW-Report, Nr. 13, 2022, S. 19.

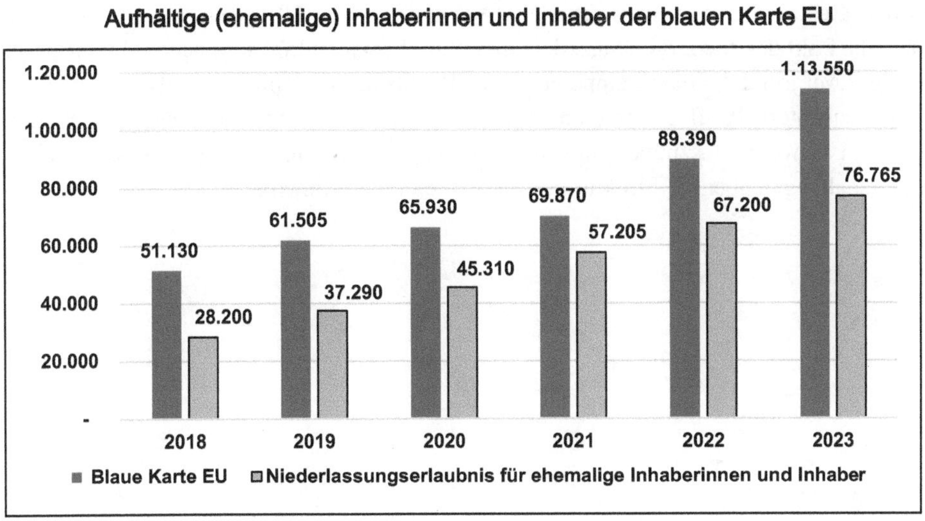

Abb. 5.2 Aufhältige (ehemalige) Inhaberinnen und Inhaber der blauen Karte EU

ungeeignet. Misst man den politischen Aufwand an dem möglichen Erfolg, werden aus Sicht des Verfassers die Aktivitäten nicht oder nicht hinreichend priorisiert. Erfolge werden aber eintreten, wenn die unter den anderen Zielgrößen behandelten Aspekte wie Bürokratie, Abgabenbelastung und staatlicher Dirigismus erfolgreich reduziert werden.

Im zweiten Schritt ist es sinnvoll, aktiv qualifizierte und insbesondere hochqualifizierte Ausländer für Deutschland zu gewinnen, die unser Wertesystem mit Demokratie, Gleichberechtigung und Toleranz in Freiheit schätzen und sich dazu bekennen. Es reicht nicht, aus kurzfristigem wirtschaftlichem Interesse einen Arbeitsplatz zu besetzen. Aus nationalem Interesse ist eine Aufenthaltsgenehmigung an die Beschäftigung zu knüpfen. Die Anwerbung von Ausländern ist auf solche mit der „blauen Karte der EU" zu konzentrieren. Bei der „Blauen Karte EU" handelt es sich um einen von einem Mitgliedsstaat der Europäischen Union erteilten Aufenthaltstitel zum Zwecke der Aufnahme einer Erwerbstätigkeit in dem jeweiligen Mitgliedsstaat für Angehörige von Drittstaaten (Nicht EU-Staaten). Grundlage für die Blaue Karte EU ist die EU-Richtlinie 2009/50/EG. Die Blaue Karte EU soll insbesondere hochqualifizierten Drittstaatsangehörigen den Aufenthalt in der EU ermöglichen, um dem künftig erwarteten oder bereits bestehenden Mangel an Fachkräften in vielen Beschäftigungssektoren zu begegnen. Die Zuwanderung mit der blauen Karte EU ist ein geeignetes Instrument, Arbeitskräftemangel in Deutschland zu verringern und infolge der Beschäftigungs- und Entlohnungsanforderungen den Sozialstaat eher zu entlasten als zu belasten. Es leben Stand 31.12.2023 insgesamt 113.550 Personen mit der blauen Karte EU in Deutschland, ein neuer Höchststand[8] (Abb. 5.2). Es wird

[8] Bundesamt für Migration und Flüchtlinge, Zahlen zur Blauen Karte EU, Juli 2024.

in der **Zielkarte** eine weitere **jährliche Ausweitung von 10 %** angestrebt. Parallel ist auch die Zahl der Niederlassungserlaubnisse für ehemalige Inhaberinnen und Inhaber gestiegen. Aufgrund des damit einhergehenden Rechts nach 5 Jahren bei gesichertem

Lebensunterhalt auf Daueraufenthalt, ist es danach nicht mehr notwendig, eine Arbeit oder ein Gewerbe auszuüben, um in Deutschland zu leben. Zu letzterem sind weitere Untersuchungen über die Struktur und mögliche Folgen sinnvoll.

Verteilung 6

6.1 Ungleichverteilung begrenzen – Leistung ermöglichen

Es wurde bereits gezeigt: Deutschland braucht eine marktwirtschaftliche Reformagenda, die Wachstum fördert, dazu Dirigismus und Bürokratie reduziert, konkurrenzfähige Energiekosten im Wettbewerb gewährleistet und Abgaben sowie Steuern für eine breite Mittelschicht auf ein Niveau reduziert, bei dem sich Leistung wieder stärker lohnt. Heute wählen sehr viele Menschen bei einer Entscheidung zwischen „mehr Geld oder mehr Freizeit" die Freizeitvariante. Natürlich liegt dies in einer freien Gesellschaft immer im Ermessen des Einzelnen, aber der Staat ist gut beraten, hierzu keine Anreize zu geben. Der Sozialstaat lebt von der Bereitschaft der Leistungsfähigen, diese Leistung auch zu erbringen und damit einen Beitrag zum Sozialstaat zu leisten.

Andererseits ist es volkswirtschaftlich als auch gesellschaftspolitisch wichtig, dass Verteilungskonflikte nicht wachsen. Wir sind in Deutschland zu Recht stolz darauf, dass es keine ‚Slums' gibt und Obdachlosigkeit und Bettler nicht das Leben in der Öffentlichkeit prägen. Das ist auch ein Beitrag zur Reduzierung von Kriminalität und das Ergebnis einer funktionierenden und von der Breite der Bevölkerung getragenen Umverteilung. Deshalb ist es überaus wichtig, dass die Ungleichverteilung in Deutschland trotz der notwendigen zusätzlichen Leistungsanreize nicht zunimmt. Dabei ist ein breiter Mittelstand von großer Bedeutung für die Stabilität eines Landes. Gemessen wird die Ungleichverteilung durch den Gini-Koeffizienten. **Der Gini-Koeffizient ist ein Maß der relativen Konzentration und kann zwischen Null und Eins liegen. Bei einem Wert von Null hat jeder ein gleich hohes Einkommen (Vermögen), bei einem Wert von eins besitzt eine Person das gesamte Einkommen (Vermögen).**

Aus Sicht des Verfassers ist das derzeitige Niveau der Ungleichverteilung in Deutschland bei den Einkommen nach Umverteilung von 0,3 durchaus zufriedenstellend. Es

M. Lüdiger, *Deutschland – Impulse für ein neues Wirtschaftswunder*,
https://doi.org/10.1007/978-3-658-50754-1_6

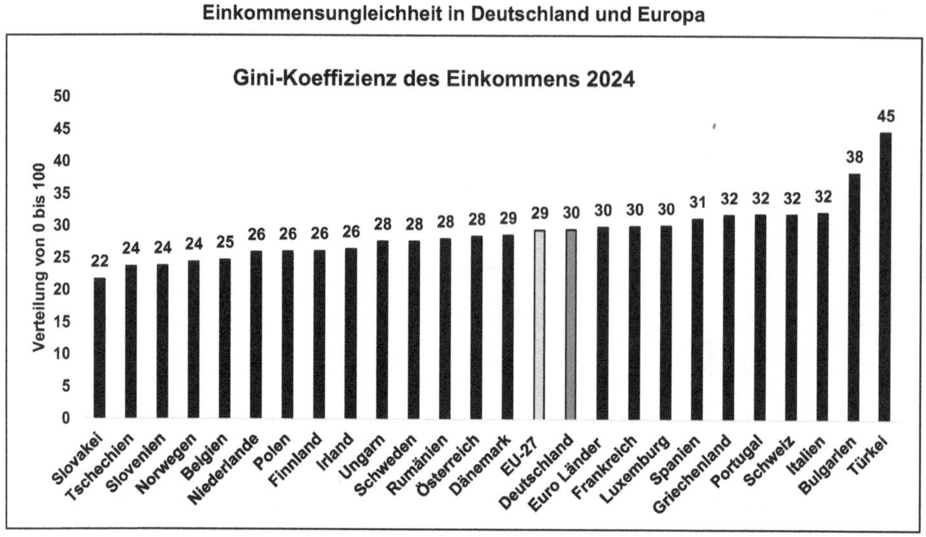

Abb. 6.1 Einkommensungleichheit in Deutschland und Europa 2024 (Eurostat, Gini-Koeffizienten Europa, Income distribution and income inequality, 2025)

handelt sich um eine im internationalen Vergleich moderate Ungleichverteilung, die Spielräume für Leistungsanreize lässt. Sie liegt im europäischen Durchschnitt und oszillierte in den letzten 10 Jahren auch eng um diesen Wert. Deshalb wählt der Verfasser in der **Zielkarte** den **Gini-Koeffizienten der Einkommensverteilung von 30 %** als Referenzmaß, das es zu halten gilt. Dieses Maß erlaubt individuelle Leistungsunterschiede, ohne soziale Spaltung zu fördern. Länder wie Schweden, Polen oder Österreich liegen leicht darunter, die Schweiz, Spanien und Italien darüber (Abb. 6.1).

Die **Vermögensverteilung** ist deutlich **ungleicher:** Der Gini-Koeffizient liegt bei 76,2 % – einem hohen Wert (Abb. 6.2 und 6.3).[1] Die vermögendsten zehn Prozent halten 54 % des Nettogesamtvermögens aller Haushalte – bereinigt sogar über 60 %,[2] woraus sich mit einer typischen Verteilungskonzentration bei den Vermögendsten Ein-Prozent je nach Methodik 20 bis 30 % Vermögensanteil ergeben. Aufgrund der hohen Vermögenskonzentration in Deutschland[3] sieht der Verfasser Handlungsbedarf und nimmt in die **Zielkarte** eine moderate und dennoch ambitionierte Senkung des Gini-Koeffizienten um 0,5 Prozentpunkte pro Jahr auf, um einen Gini-Koeffizienten von **71 % als Zielwert** zu

[1] Deutsche Bundesbank, Vermögen und Finanzen privater Haushalte in Deutschland: Ergebnisse der Vermögensbefragung 2023, Monatsbericht April 2025, S. 54

[2] Deutsche Bundesbank, Vermögen und Finanzen privater Haushalte in Deutschland: Ergebnisse der Vermögensbefragung 2023, Monatsbericht April 2025, S. 37

[3] Servet Yanatma, Wo in Europa ist die Vermögensungleichheit am größten? Euronews, 4/2024

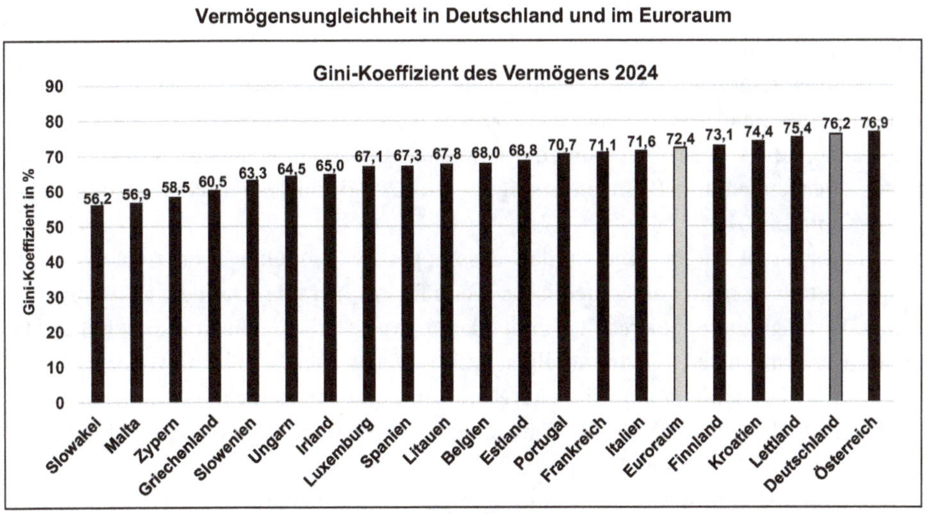

Abb. 6.2 Vermögensungleichheit in Deutschland und im Euroraum 2024. (Quelle EZB Datenportal: DWA.Q.*.S14._Z._Z.NWA._Z.GI.S.N, 7/2025)

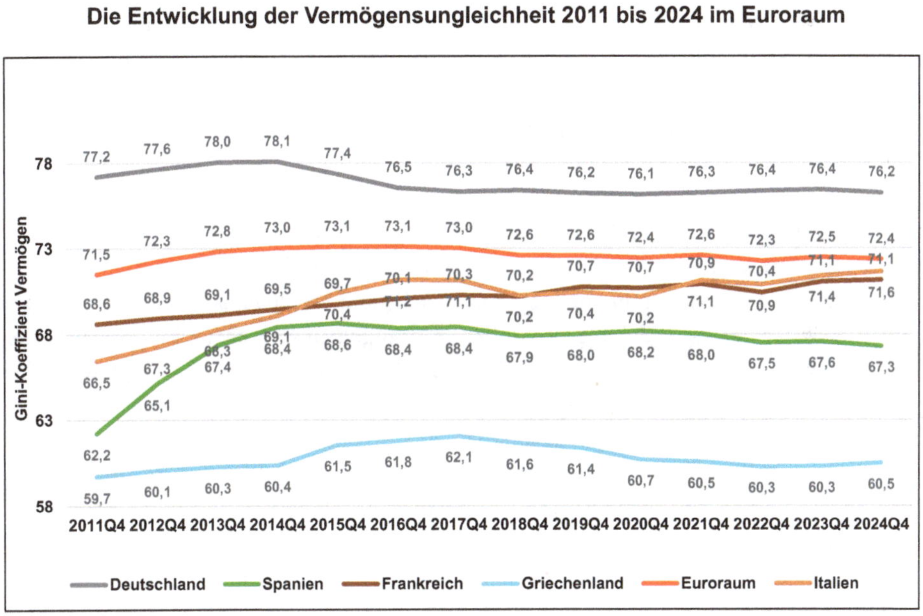

Abb. 6.3 Die Entwicklung der Vermögensungleichheit 2011 bis 2024 im Euroraum. (Quelle EZB Datenportal: DWA.Q.*.S14._Z._Z.NWA._Z.GI.S.N, 7/2025)

erreichen. Dies ist ein Niveau, auf dem das übrige Europa (ohne Deutschland) heute durchschnittlich liegt.

Allerdings zeigt Abb. 6.3, wie gering die Schwankungsbreite der Vermögensverteilung in den meisten Ländern auch über lange Zeiträume war. Deshalb bedarf es verschiedener Maßnahmen, die von der Förderung der Wohneigentumsbildung über die Umstellung des Systems der Renten- und Beamtenversorgung bis zur Reform der Erbschaftssteuer reichen (siehe Kapitel. 12.1).

Es muss darauf hingewiesen werden, dass es gerade beim Gini-Koeffizienten der Vermögensverteilung nicht immer identische Werte für ein Jahr gibt. Das liegt an der Schwierigkeit, Vermögen zu definieren (z. B. mit oder ohne gesetzliche Rentenansprüche) und bei dessen Wertermittlung (u. a. Immobilien, Kunst). Da es aber auch keine volkswirtschaftlich richtige Größenordnung gibt und Marktschwankungen erheblich sein können, ist wichtiger als der genaue Wert die Entwicklung bei Anwendung einer gleichbleibenden Systematik. Im Global Wealth Report 2024[4] der UBS-Bank findet sich ein Vergleich der Entwicklung der Gini-Koeffizienten des Vermögens für eine breite Gruppe von Staaten in den Jahren 2008 bis 2023 (Tab. 6.1), denen der Verfasser den in der Studie genannten Vermögenszuwachs im Zeitraum von 2010 bis zum Jahr 2023 hinzugefügt hat.

Ein eindeutiger Zusammenhang zwischen dem Vermögenswachstum und der Vermögensverteilung ist nicht erkennen. Aber es lässt sich schon sagen, dass eine hohe Ungleichverteilung kein Wohlstandstreiber (Südafrika, Brasilien) ist. Vielmehr ging in Ländern mit einer sehr hohen Ungleichverteilung im Jahr 2008 und einer deutlichen Verringerung der Ungleichverteilung (Vereinigten Emirate, Saudi-Arabien, Israel) ein gesunder Vermögenswachstum einher bzw. war eine breitere Verteilung des Wohlstandszuwachses förderlich für das Wachstum. Andererseits gibt es auch Länder wie die USA, Mexiko und Indien, die bei hoher Vermögensungleichheit gleichzeitig hohe jährliche Vermögenszuwächse erreichen konnten. Länder wie Belgien, Japan, Spanien und Italien, die eine im Vergleich zu anderen sehr niedrige Ungleichverteilung zeigen, haben allerdings mit sehr niedrigen Vermögenszuwächsen zu kämpfen, und dennoch wächst die Vermögensungleichheit. Dass es keinen stabilen Zusammenhang zwischen Vermögensungleichheit und Vermögenswachstum gibt, zeigen auch Länder wie Katar und Australien mit einer im Vergleich geringen Vermögensungleichheit und hohen Wachstumsraten.

Die Frage, wie mehr Wohlstand geschaffen und verteilt wird, war in der Geschichte der Menschheit der Auslöser von Veränderungen, sei es evolutionär oder revolutionär. In Deutschland und Europa entwickelten sich Freiheit und Demokratie parallel zum Wohlstand. Mit der sozialen Marktwirtschaft hat Ludwig Erhard in Deutschland einen Ausgleich widerstreitender Interessen erfolgreich geschaffen. Kaum jemand stellt dieses Grundprinzip in Deutschland infrage, weil es ein Erfolgsrezept war. Allerdings wird die Ausgewogenheit gerade heute auf die Probe gestellt. Die Staatsquote liegt mittlerweile bei fast 50 %, d. h. jeden zweiten erwirtschaften Euro des Bruttoinlandsproduktes nimmt der Staat vom Bürger und gibt ihn zur Erfüllung seiner Ziele aus. Da sind jene Vertreter, die

[4] UBS Global Wealth Report, 2024

Tab. 6.1 Vermögensungleichheit und Vermögenszuwachs in der Welt 2008 bis 2023

Land	Vermögensungleichheit nach Ginikoeffizient		Veränderung in Prozent	Vermögenszuwachs 2010–2023 in Prozent	
Jahr	2008	2023	2008 bis 2023	insgesamt	jährlich
Südafrika	70	82	17,7	30	2
Brasilien	70	81	16,8	55	3
V. Arabischen Emirate	88	77	−12,4	69	4
Saudi Arabien	89	77	−13,3	95	5
Sweden	74	77	1,3	66	4
USA	76	75	−2,4	121	6
Indien	62	73	16,2	133	7
Mexiko	68	72	6,5	91	5
Singapur	57	70	22,9	106	6
Indonesien	59	68	15,1	125	6
Deutschland	72	68	−5,4	51	3
Schweiz	70	67	−4,6	65	4
Österreich	69	65	−5,0	66	4
Israel	72	64	−12,2	140	7
Hong Kong SAR	66	63	−5,9	127	7
United Kingdom	57	61	7,5	57	4
Taiwan	55	61	10,5	108	6
China	55	60	7,4	185	8
Frankreich	56	59	4,7	22	2
Italien	50	57	14,9	−4	0
Spanien	47	57	19,8	−1	0
Japan	50	54	9,4	−23	−2
Australien	51	54	5,4	66	4
Katar	43	48	12,5	157	8
Belgien	51	46	−10,7	28	2

UBS Global Wealth Report 2024, S. 11, S. 21

der Marktwirtschaft immer skeptisch gegenüberstanden und durch weitere Verteilungsforderungen und Dirigismus die Marktwirtschaft faktisch zu einer zentralen Planwirtschaft verändern möchten, und da sind auf der anderen Seite die Vermögenden, wie es in der Geschichte der Menschheit auch nicht neu ist, die Ihren Reichtum erhalten und ausweiten möchten.

Politisch ist die Basis für eine stabile freiheitliche und demokratische Gesellschaft eine breite gesellschaftliche Mittelschicht, der es subjektiv und objektiv gut geht. Objektiv misst dies das reale (d. h. inflationsbereinigte) Pro-Kopf-Einkommen, subjektiv gehört auch eine als gerecht empfundene Verteilung dazu. Je besser es jedem einzelnen und seiner Familie geht, je intakter sein soziales Umfeld ist (u. a. Kriminalität, Schule, Infrastruktur), umso weniger interessiert ihn die Verteilung. Volkswirtschaftlich ist die Verteilungsfrage aber durchaus von Bedeutung. Leistung, die nur bei Leistungsbereitschaft entstehen kann, ist die Basis von Wohlstand. Leistungsbereitschaft wird gefördert, wenn Leistung sich lohnt. Hohe Abgabensätze auf zusätzliches Einkommen, wie es heute in Deutschland der Fall ist, reduzieren diese Bereitschaft. Freizeit ersetzt Arbeit. Auf der anderen Seite reduzieren hohe Erbschaften in der Erbengeneration die Notwendigkeit und tendenziell die Bereitschaft zur Leistung. Erbschaften sind der Ausdruck von Konsumverzicht der „Alten", meistens zugunsten der eigenen Familie. Da diese Erbschaften aber keine eigene Leistung der „Jungen" bedeuten, stellt sich hier die Verteilungsfrage besonders. Die „Alten" sollen weiter motiviert bleiben, Leistung zu erbringen, was auch durch die Möglichkeit zum Vererben sichergestellt wird. Anderseits darf Erbschaft beim Erben nicht zum Müßiggang führen und bei einer wachsenden Schere zu einem erlebten Ungerechtigkeitsgefühl führen. Erleben bedeutet für jeden Bürger, dass Ungleichheiten im täglichen Leben nicht mehr als angemessen empfunden werden. Das ist dann der Fall, wenn wohlhabende Personen den Wohlstand ohne erkennbare eigene Leistung in der Gesellschaft ausgeprägt leben. Das gilt umso mehr für all die Menschen, die trotz harter Arbeit aus ihrem Einkommen nur mit vielen Überlegungen und Anstrengungen den Lebensunterhalt für sich und ihre Kinder aufbringen können.

Ein konträres Phänomen mit ebenfalls negativen volkswirtschaftlichen Folgen zeigt sich derzeit besonders ausgeprägt beim Bürgergeld. Hier erlebt die Bevölkerung vielerorts Sozialleistungsmissbrauch und Leistungsunwilligkeit: Arbeit lohnt sich nicht mehr. Damit werden die tatsächlich Hilfsbedürftigen in Misskredit gebracht und die soziale Marktwirtschaft durch systembedingte Fehleranreize finanziell und politisch gefährdet. Eine ähnliche Entwicklung zeigt sich auch bei anderen Solidarsystemen wie der Krankenversicherung und bezahlten Krankentagen. Verantwortung gegenüber der Gemeinschaft nimmt ab zugunsten des egoistischen Verhaltens, möglichst viel der subjektiv kostenlosen Leistungen zum eigenen Vorteil zu nutzen. Wenn maximaler Eigennutz zur Norm wird, gerät das Solidarprinzip unter Druck. Darauf wird später in diesem Kapitel eingegangen.

Der Gini-Koeffizient ist ein zentrales, international vergleichbares Maß für die objektive Analyse der Vermögensungleichheit, das im Vergleich zu anderen Volkswirtschaften und in seiner Entwicklung zu betrachten ist.[5]

6.2 Generationengerechtigkeit sicherstellen

Die alternde Gesellschaft in Deutschland macht strukturelle Reformen bei der Alterssicherung notwendig. Unbequeme Anpassungsschritte, die heute zu Belastungen und in der entfernten Zukunft zu Entlastungen der Bevölkerung führen, werden von der Politik seit vielen Jahren hinausgezögert. Die jeweils Regierenden scheuen sich vor einer Abstrafung durch den Wähler, denken in Wahlperioden und nicht vorausschauend, was bei

[5] Die in Fußnote 64 genannte Untersuchung der Bundesbank zeigt, dass andere Maße der Ungleichheit die Erkenntnisse aus der Messung des Gini-Koeffizienten bestätigen.

der Renten- und Kranken-/Pflegeversicherung leicht möglich wäre. Die demographische Entwicklung ist voraussehbar und die Zunahme der Lebenserwartung ebenfalls.

Die Alterspyramide des Jahres 2022 zeigen Abb. 6.4 und Tab. 6.2. Teilt man die Bevölkerung in die Altersklassen bis 25 Jahre, 25 bis 67 Jahre und älter als 67 Jahre und wählt die Gruppe der 25 bis 67 Jahre vereinfacht als das Beschäftigungspotenzial, beträgt dieses

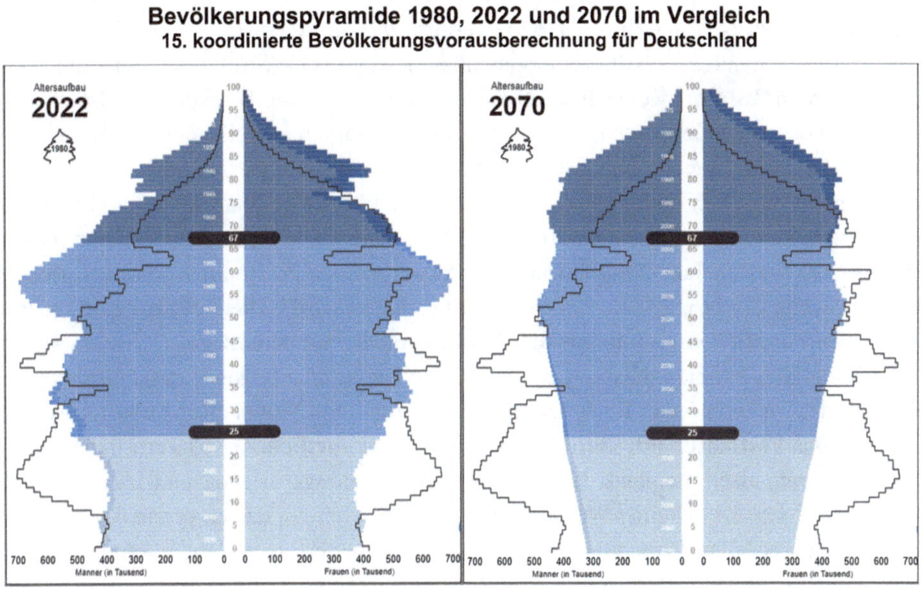

Abb. 6.4 Bevölkerungspyramide 1980, 2022 und 2070 im Vergleich 15. koordinierte Bevölkerungsvorausberechnung für Deutschland. Tool des Statistischen Bundesamts, Variante 1 G2L2W1, eigene Konfiguration

Tab. 6.2 Alters struktur Deutschland Variante 1 G2L2W1 1980 bis 2070 (Statistisches Bundesamt, 15. Koordinierte Bevölkerungsvorausberechnung für Deutschland, Destatis, 2024)

		Alter	
Jahr	< 25	25 bis 67	>67
		Anteil in %	
1980	35	52	14
2022	24	56	20
2032	24	52	23
2042	24	51	25
2052	23	51	26
2062	23	50	27
2070	23	49	27

Annahmen G2L2W1: G2 = Geburtenrate 2070: Rückgang in 2022, danach Anstieg auf 1,55 Kinder je Frau, L" = Lebenserwartung für Geburt 2070: 84,6 für Jungen, 88,2 für Mädchen, Durchschnittlicher Wanderungssaldo: 180.000 Personen

56 % der Gesamtbevölkerung im Jahr 2022. Von den Beschäftigten sind im gewählten Szenario 24 % Junge bis zu einem Alter von 25 Jahren und 20 % Alte über 67 Jahre zu versorgen. Im Vergleichsjahr 1980 hatte die als Beschäftigungspotenzial festgelegte Gruppe von 52 % noch 35 % Junge und 14 % Alte versorgt. In den Alterspyramiden der Abb. 6.4 für die Jahre 2022 und 2070 zeigt die schwarze Kontur die Alterspyramide des Jahres 1980. Das Jahr 1980 wird als Referenzjahr für die Zeit gewählt, zu der sich die starken Geburtenjahrgänge im Übergang zum Berufsleben befanden. Tab. 6.2 zeigt auch, dass die ‚Alterslastquote' nur bei 14 % lag. Im Jahr 2070 werden 49 % im Alter von 25 bis 67 Jahre 23.

Prozent Junge und 27 % Alte versorgen müssen, wenn keine Strukturveränderungen ergriffen werden. Es gibt zwei sich verstärkende Faktoren für die Belastung der Sozialsystem: die älter werde Gesellschaft, in der die geburtenstarken Jahrgänge in den Ruhestand treten und die zunehmende Lebenserwartung. Insofern handelt es sich im Jahr 2022 auch optisch nicht mehr um eine Pyramide, sondern um eine Ampelmännchen. Die Dramatik aus der Veränderung, dass im Jahr 2022 noch 56 arbeitende Menschen 20 Rentner versorgen mussten und im Jahr 2070 nur noch 49 Erwerbstätige 27 Rentner, wird erst richtig deutlich, wenn die prozentuale Veränderung berechnet wird[6]: **Die Belastung steigt um 54,3 % und damit ceteris paribus die Rentenversicherungsbeiträge.**

Politiker aller Parteien müssen endlich von nicht zukunftsfähigen Wunschbildern (stabile Beiträge, unveränderter Renteneintrittsalter, garantierte Rentenersatzquote) Abschied nehmen. **Das Festhalten am Status Quo ist unverantwortlich.** Die Erwerbstätigen werden dann dramatisch steigende Sozialversicherungsbeiträge erleben und im Alter eine kleine Rente. Das ist in keiner Weise generationengerecht. Um das zu vermeiden, müssen Anpassungen an allen Bestandteilen des Rentensystems erfolgen: Versicherungsbeitrag, Renteneintritt, aktueller Rentenwert[7] und Rentenersatzquote. Für den Sozialstaat wird allerdings wichtig sein, dass ein lebenslang Vollzeit-Erwerbstätiger von seiner Rente in Würde leben kann und das sich Renten und Pensionen im Gleichschritt mit dem Nettoeinkommen nach Sozialabgaben entwickeln. Eine Verlängerung der Lebensarbeitszeit ist hierfür ein wichtiger Anker, sollen die Renten- und Krankenversicherungsbeiträge nicht dramatisch steigen. Beitragserhöhungen reduzieren Arbeitsanreize bei der Arbeitnehmerschaft und Wettbewerbsfähigkeit der Unternehmen zunehmend. Betrachtet man die Veränderung der Alterspyramide von 2022 bis 2070 in der Modellierung des Statistischen Bundesamtes aus Abb. 2.3 mit

- moderater Geburtenrate von 1,55 Kindern pro Frau,
- moderater Lebenserwartung bei Geburt im Jahr 2070 für Jungen mit 84,7 Jahre, für Mädchen mit 88,2 Jahre und
- einem ‚niedrigen' Migrationssaldo von 180.000 Menschen,

[6] ((27/49)/(20/56)−1)*100

[7] Der Rentenwert gibt an, wieviel ein in der Rentenversicherung erreichter Entgeltwert in Euro wert ist. Seit 1990 ist die preisbereinigte Kaufkraft eines Entgeltpunktes mit moderaten Schwankungen nahezu stabil geblieben und liegt im Jahr 2024 bei 39,32 €.

müssten die Menschen bis zum Alter von 72 Jahren arbeiten, um die Relation von 56% Erwerbstätige bei 20% Rentnern des Jahres 2022 zu erhalten und damit c. p. Beitragsstabilität und stabile Rentenniveaus zu erreichen.

In die **Zielkarte** wird das abgemilderte Ziel aufgenommen, dass das Renteneintrittsalter zunächst einmalig je nach Alter abgestuft um bis zu 2 Jahren für die gestiegene Lebenserwartung der jüngeren Vergangenheit und für die Zukunft mit der Lebenserwartung bis **zum Renteneintrittsalter p. a.** steigt, um Rentner und Pensionäre nicht durch eine kürzere Rentenbezugsdauer zu benachteiligen. Weitere Details zur Rentenanpassung finden sich im zweiten Teil des Buches in Kapitel 12.2.

6.3 Sozialleistungen einfrieren und Subventionen senken

6.3.1 Sozialleistungen einfrieren

Wer – wie der Verfasser – eine Entlastung der Bürger von der heutigen hohen Steuerprogression der Durchschnittseinkommen erreichen möchte und in Zeiten des Arbeitskräftemangels und leerer Sozialkassen Anreize zu Mehrarbeit und Leistungsbereitschaft setzen will, steht vor der Herausforderung, diese Ziele nicht durch die Gegenfinanzierung zu konterkarieren. Daher sind die heutigen Budgets für Sozialleistungen einzufrieren. Sozialpolitisch wünschenswerte oder verfassungsrechtlich gebotene Erhöhungen – etwa aufgrund der Inflation – sind durch Kürzungen an anderer Stelle zu kompensieren. Eigenverantwortung soll wieder eingefordert und Sozialleistungen künftig stärker auf Bedürftige konzentriert werden.

Im Jahr 2024 belief sich der Bundesetat auf 476,8 Mrd. Euro, wovon 218,3 Mrd. Euro bzw. 45,8 % für Sozialausgaben aufgewendet wurden (Abb. 6.5). Die Bundeszuschüsse zur gesetzlichen Rentenversicherung beliefen sich auf insgesamt 121,8 Mrd. Euro (92,8 + 18,1 + 10,9 Mrd. Euro, siehe Abb. 6.6),[8] während die Versicherten nach 289,6 Mrd. Euro Beiträgen in 2023 im Jahr 2024 geschätzte 304,8 Mrd. Euro zahlten. Diese Relationen unterstreichen erneut die Reformbedürftigkeit der Rentenversicherung. Hinzu kommen die bereits in Abschn. 5.2 dargestellten zukünftigen demografischen Belastungen durch die alternde Gesellschaft.

Wesentliche Einsparungen in Milliardenhöhe sind auch beim Bürgergeld möglich (46,9 Mrd. Euro Gesamtkosten 2024). Die Ausweitung der Mütterrente und die Festschreibung des Rentenniveaus ohne eine Erhöhung der Lebensarbeitszeit sind Beispiele für ein politisches Primat wünschenswerter Wohltaten über eine vernunftgeleitete und zukunftsorientierte Reformpolitik. Unbestritten bedeuten tiefgreifende Reformen einschneidende Korrekturen staatlicher Leistungen. Doch das stolze deutsche Staatsschiff hat durch Überladung deutliche Schlagseite bekommen und kann im Wettbewerb mit innova-

[8] Im Jahr 2023 waren es laut Jahresbericht 2023 der Deutschen Rentenversicherung noch 112,4 Mrd. Euro.

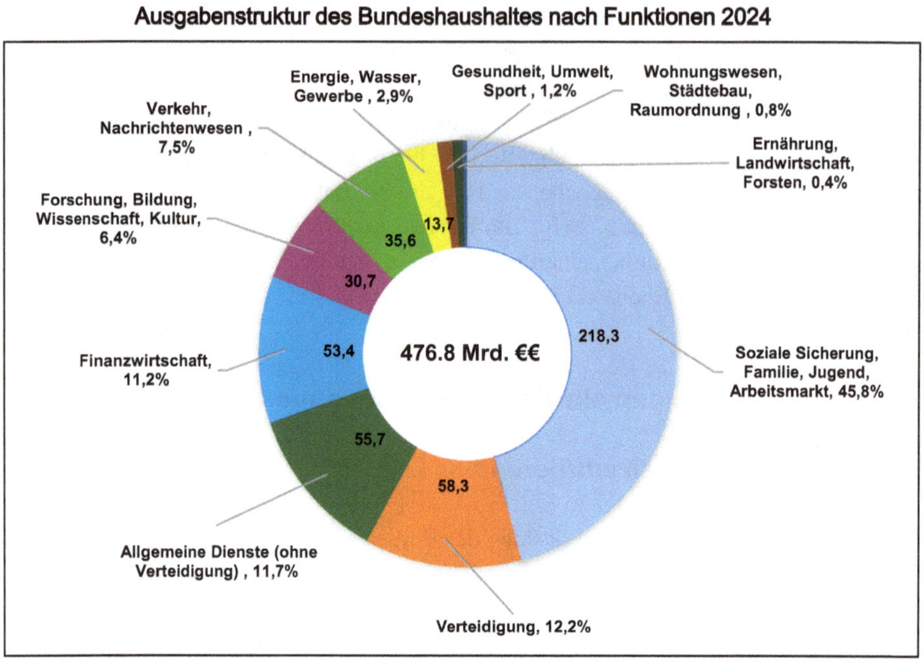

Abb. 6.5 Ausgabenstruktur des Bundeshaushalts nach Funktionen 2024. Budget Allocation (Total: 476,8 Mrd. €). (Quelle: Institut Arbeit und Qualifikation der Universität Duisburg-Essen, abbII13)

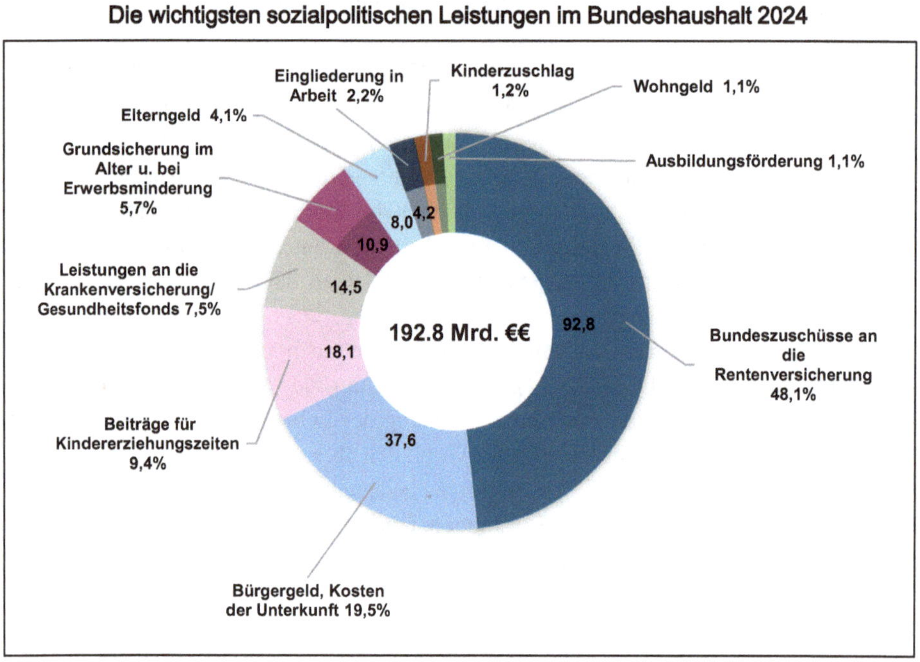

Abb. 6.6 Die wichtigsten sozialpolitischen Leistungen im Bundeshaushalt 2024. (Quelle: Institut Arbeit und Qualifikation der Universität Duisburg-Essen, abbII13b)

Tab. 6.3 Versorgungsausgaben des öffentlichen Dienstes

Jahr	2011	2016	2021	2023	Zunahme in %	Zunahme in % preisbereinigt
Gesamt in Mrd. Euro	40,4	49,8	60,7	63,4	56,9	21,0
Davon Bund	14,0	15,9	17,1	17,1	22,1	–5,8
Davon Land	22,6	29,3	37,7	39,9	76,5	36,2
Davon Kommune	3,2	3,9	5,0	5,4	68,8	30,1
Davon Sozialversicherung	0,6	0,7	0,9	1,0	66,7	28,5

Statistisches Bundesamt, Destatis, Stand 23.11.2025, Code 74211–0007

tiveren und digital besser aufgestellten Ländern nicht mehr mithalten. Es muss Ballast abwerfen, moderner werden – und die Mannschaft engagierter arbeiten.

Die gleiche Problematik zeigt sich bei den Versorgungsausgaben des öffentlichen Dienstes für Pensionen und Hinterbliebene von Beamten (Tab. 6.3).

Seit 2011 sind diese Ausgaben insbesondere bei Ländern (+76,5 %) und Kommunen (+68,8 %) überproportional gestiegen – auch preisbereinigt. Länder und Kommunen verweisen auf neue Aufgaben durch Bundes- und EU-Gesetze. Tab. 2.5 hat den erheblichen Personalzuwachs im öffentlichen Dienst bereits aufgezeigt. Auf diese Entwicklung wurde in Kapitel. 2.4 ausführlich eingegangen. In den kommenden Jahren wird der Übergang vieler Beamter in den Ruhestand die Versorgungsausgaben weiter deutlich erhöhen.

6.3.2 Subventionen senken

> „Das Subventionsvolumen der Finanzhilfen und Steuervergünstigungen des Bundes steigt im Berichtszeitraum von verausgabten 37,9 Mrd. Euro im Jahr 2021 auf veranschlagte 67,1 Mrd. Euro im Jahr 2024. Die Subventionspolitik der Bundesregierung wird durch die Klima- und Umweltpolitik geprägt, insbesondere im Bereich der direkten Förderung durch Finanzhilfen des Bundes."

[9] Im 30. Subventionsbericht der Bundesregierung wird ein weiterer Anstieg auf 77,8 Mrd. Euro erwartet.

Die Bundesregierung der Ampelkoalition setzte auf umfangreiche Subventionen, um den Umbau zu einer klimafreundlichen Wirtschaft zu beschleunigen. Der Verfasser hingegen sieht darin Verschwendung und Wettbewerbsverzerrung. Wer Klimaneutralität

[9] Subventionsbericht der Bundesregierung, S. 31, in: Monatsbericht des BMF, November 2023 (erscheint nach § 12 Stabilitäts- und Wachstumsgesetz (StabG) alle 2 Jahre) und Bericht des Bundesrechnungshofes nach § 88 Absatz 2 Bundeshaushaltsordnung (BHO) an den Rechnungsprüfungsausschuss des Haushaltsausschusses des Deutschen Bundestages, 29. Subventionsbericht der Bundesregierung. Eine Fortschreibung Aktualisierung und Fortschreibung gibt der 30. Subventionsbericht der Bundesregierung vom 10. September 2025, S. 27.

erreichen will, muss die marktwirtschaftlichen Signale der CO_2-Bepreisung wirken lassen. **Strukturwandel ist die Folge – und das Ziel.**

Wenn dieselbe Bundesregierung dann jedoch durch Subventionen den Strukturwandel in nicht mehr wettbewerbsfähigen Branchen verzögert, statt Rahmenbedingungen zu schaffen, die die deutsche Wirtschaft insgesamt stärken (siehe Kapitel 2.5), folgt dies einem gefährlichen und widersprüchlichen planwirtschaftlichen Denken. Zumal diese Subventionen teils aus Einnahmen der CO_2-Bepreisung stammen, die laut Kapitel 3.1 als Klimageld an die Bürger zurückfließen sollten, um die Belastung durch die Transformation abzumildern. Bleibt dieser Ausgleich aus, entsteht Frustration – mit Risiken für Vertrauen, Demokratie und gesellschaftlichen Zusammenhalt. Die neue Bundesregierung hat sich im Koalitionsvertrag vorgenommen, die Subventionspolitik zu überprüfen.

Ein Abbau der Subventionen von aktualisierten 65,8 Mrd. Euro im Jahr 2024 eröffnet erhebliche Finanzierungsspielräume. In die Zielkarte aufgenommen wird eine Reduktion um jährlich 20 % über fünf Jahre bis auf ein Restvolumen von 5 Mrd. Euro – ausgenommen sind rechtlich verbindliche Zusagen. Auch die Länder und Gemeinden verwendeten im Jahr 2024 beachtliche 39,7 Mrd. Euro ihrer Einnahmen für Subventionen. Sie dürften ebenfalls deutlich sinken, wenn der Bund im Zuge der Subventionsrückschnitte keine Kofinanzierung der Subventionen mehr einfordert. Dies Einsparvolumenpotenzial bleibt in den weiteren Betrachtungen unberücksichtigt, um den Ländern Spielraum für angemessene Bauinvestitionen zu geben.

Der Bundesrechnungshof und die OECD kritisieren, dass der Subventionsbegriff der Bundesregierung zu eng gefasst sei. Laut Bundesrechnungshof bestehen zusätzliche Einsparpotenziale von 14,7 Mrd. Euro bei Unternehmenshilfen und 17,3 Mrd. Euro bei Steuervergünstigungen (u. a. Dieselprivileg, Dienstwagenprivileg, Pendlerpauschale).[10] Daraus ergeben sich Einsparpotenziale von 32 Mrd. Euro, von denen 16 Mrd. Euro im Rahmen einer allgemeinen Steuerreform als realisierbar angesehen werden und vereinnahmt werden sollen.

Die Vorstellung, mit hohen Finanzhilfen die Zukunftsfähigkeit der deutschen Wirtschaft sichern zu können, erwies sich bereits in der Entscheidungsphase als trügerisch. Subventionen in Millionenhöhe je Arbeitsplatz sind kein nachhaltiger Investitionsanreiz – wie die Entwicklungen in Magdeburg (Intel), Heide (Northvolt) und Ensdorf (Wolfspeed) zeigen. Alle drei Projekte gelten inzwischen als gescheitert. Weltmarktnachfrage und Standortnachteile führten zur Neubewertung durch die Unternehmen. Subventionen verzögern notwendige Anpassungsprozesse, schwächen die Volkswirtschaft und sind auf Dauer und in der Breite nicht tragfähig – zumal in Zeiten von Arbeitskräftemangel, in denen Beschäftigte zügig neue Stellen finden.

Zudem verlieren Deutschland und Europa ihre Glaubwürdigkeit, wenn sie Subventionen in Drittstaaten wie China kritisieren, im eigenen Interesse aber ähnlich agieren.

---

[10] Bericht des Bundesrechnungshofes nach § 88 Absatz 2 Bundeshaushaltsordnung (BHO) an den Rechnungsprüfungsausschuss des Haushaltsausschusses des Deutschen Bundestages, in: 29. Subventionsbericht der Bundesregierung, S. 10

Protektionismus kostet Wachstum, da er eine Kettenreaktion von Zöllen und Handelshemmnissen auslöst. Der Internationale Währungsfonds (IWF) warnte im Oktober 2024 im ‚World Economic Outlook'[11] erneut vor den Folgen solcher Maßnahmen, die bereits einen beträchtlichen Teil des Welthandels betreffen. Den langfristigen Wohlstandsverlust beziffert der IWF auf bis zu 0,9 % weltweit, 1,3 % in den USA und 1,1 % in China.

Politiker rechtfertigen Zölle oft mit dem Schutz von Arbeitsplätzen und Branchen vor unfairer Konkurrenz. Die Realität ist ein Verlust an Wohlstand durch ansteigende Konsumentenpreise. Die Wirtschaftsgeschichte zeigt: Branchen, die dauerhaft vor Wettbewerb geschützt werden, verlieren auf lange Sicht Marktanteile. Anerkannte ökonomische Erkenntnisse zum Freihandel werden zunehmend ignoriert – aus kurzfristigen populistischen oder machtpolitischen Motiven. So ändern sich die Zeiten nicht immer zum Guten. Die Republikanische Partei in den USA war lange ein starker Befürworter des Freihandels. Heute setzt der Präsident Zölle als politisches Druckmittel ein – ohne ökonomische Rücksichtnahme. Handelskriege beginnen, doch niemand weiß, wie sie enden. Sicher ist nur: Sie senken den Wohlstand – weltweit und in den USA. Die spannende Frage ist, wie lange die amerikanische Wählerschaft diesen Kurs unterstützt. Der Kampf „Donald gegen den Rest der Welt" wird Amerika wirtschaftlich und politisch schaden – ein schlechtes Omen für die demokratischen Staaten der Welt.

[11] Internationale Währungsfonds, World Economic Outlook 4/2025, Kap. 1

7 Zwischenfazit

Das Zielbild für ein neues wirtschaftliches Erstarken Deutschlands liegt nun vor – mit klar definierten Unterzielen, Messgrößen und Zielgrößen (Tab. 7.1; aus Gründen der Lesbarkeit ohne die Spalte „Messgrößen" aus Tab. 7.1). Es zeigt den Weg auf, wie unser Land durch entschlossenes politisches Handeln und strukturelle Erneuerung wieder zu den führenden Volkswirtschaften der Welt aufschließen kann.

Doch Zielbilder bleiben wirkungslos, wenn sie nicht durch konkrete Maßnahmen mit Leben gefüllt werden. Der kommende Teil skizziert die notwendigen Schritte, die nun mutig und konsequent gegangen werden müssen. Die Umsetzung sollte dabei in einem lernenden, rollierenden Prozess erfolgen – mit der Bereitschaft zur Kurskorrektur, wenn sich neue Herausforderungen oder Erkenntnisse ergeben. Wo bestehende Maßnahmen nicht ausreichen, müssen sie angepasst oder durch zusätzliche ergänzt werden. Nur durch eine Politik, die konsequent am Ziel ausgerichtet ist und offen für Weiterentwicklung bleibt, lässt sich der wirtschaftliche Neustart erfolgreich gestalten.

Tab. 7.1 Zielkarte Deutschland: Ziele, Unterziele, Zielgrößen

Ziel	Unterziele	Zielgröße
Wohlstand	Steigerung reales (preisbereinigt) BIP pro Einwohner	Reale Wachstumsrate des BIP von 2 % p. a. pro Einwohner
	Solide Staatsfinanzen	Schuldenbremse laut GG 2024 einhalten
		(Explizite+Implizite Schulden)/BIP auf Zielwert 1 reduzieren
	Preisniveaustabilität	0 bis 2 % (Statistisches Bundesamt)
	Bürokratie- und Regulierungsabbau	Laufenden Erfüllungsaufwand laut NKR in 5 Jahren auf 5 Mrd. Euro (Niveau 2020) senken

(Fortsetzung)

M. Lüdiger, *Deutschland – Impulse für ein neues Wirtschaftswunder*,
https://doi.org/10.1007/978-3-658-50754-1_7

Tab. 7.1 (Fortsetzung)

Ziel	Unterziele	Zielgröße
		Bürokratiekostenindex (Statistisches und Bundesamt) reduzieren
		maximal 4505 Tausend Mitarbeiter, Einsparung Personalkosten preisbereinigt 59,1 Mrd. Euro p. a.
	Wettbewerbsfähigkeit Deutschlands erhöhen	Index Strompreis USA/BRD und EU/BRD für Industrie und Haushalte auf 100 % verbessern
		Index Gaspreis USA/BRD und EU/BRD für Industrie und Haushalte auf 100 % verbessern
		SBK in fünf Jahren auf 2,2 verdoppeln und Steuertarif linearisieren
		Summe des beitragspflichtigen Bruttoarbeitsentgelds für Kranken-, Renten- Pflege- und
		Arbeitslosenversicherung unter 40 % stabilisieren
		Bruttoanlageinvestitionen von 125,9 Mrd. (Index 94,8, Basis 2020 preisbereinigt) in 10 Jahren auf
		auf 185,9 Mrd Euro p. a. (Index 140,0, preisbereinigt) steigern (4,0 Prozentpunkte p. a.)
Umwelt	CO_2-Neutralität erreichen	jährliche Reduktion um 26 Mio CO_2e Tonnen ab 2025 und Rückgabe aller Einnahmen
		aus der CO_2 Abgabe an die Bevölkerung pro Kopf
	Erhalt der Biodiversität	Umsetzung EU-gesetz zur Renaturierung bis 2030, 2040, 2050, Beschluss 27.2.2024
	Verpackungsabfall reduzieren und stofflich verwerten	Reduzierung Verpackungsabfall pro Kopf von 227,5 kg in 2018 um 5 % auf 216,1 kg bis 2030
		Reduzierung Kunststoffabfälle und energetische Verwertung um 20 % gg. 2022 bis 2030
	weltbeste Kernfusionsforschung	Zunahme Lehrstühle zur Kernfusion/Plasmaphysik um 4 p. a. b. a. w.
Bildung/ Innovation	Weltweite Spitzenposition in den MINT-Fächern	Gesamtzahl Hochschulabschlüsse 511.606 (2024), Anteil MINT 184.470, Steigerung auf 40 %
	Weltweit bei Pisa unter Top 10-Ländern	Punktzahl Mathe, Lesen, Naturwissenschaften um je 5 Punkte p. a. erhöhen
	Anteil der deutschen Patente weltweit halten	1,6 % Anteil deutscher Patente weltweit, Ausgangsjahr 2024
	Anzahl selbständiger Unternehmen absolut und weltweit in TOP 100 erhöhen	Erhöhung um 1,0 % p. a., Ausgangswert 2024 sind 3.543.865 Unternehmen
		Zielwert plus 1 p. a., Ausgangswert sind 3 Unternehmen in 2022,
	Anzahl selbständiger Meister erhöhen	Ausgangswert 489.403 (2022), Zielwert plus 0,5 % p. a.

(Fortsetzung)

Tab. 7.1 (Fortsetzung)

Ziel	Unterziele	Zielgröße
Sicherheit	Deutschland und Europa verteidigungsfähig machen	Verteidigungsausgaben im laufenden Haushalt auf 2 % des BIP erhöhen
	Kriminalität senken	Rückgang der deutschen und nichtdeutschen gewaltkrimineller Tatverdächtigen, bei Nichtdeutschen auf den Anteil an der Bevölkerung (2022: 13,8 %, 2023: 15,2 %, 2024: 16,6 %)
	Fluchtmigration verringern/ Integration steigern	Nettozuwanderung Nicht-Europa auf 50.000 p. a. und Ausländerarbeitslosigkeit verringern
	Deutsche Auswanderung verringern und qualifizierte	Auswanderung von 265.035 Deutschen (2023) halbieren; 5 Prozentpunkte p. a.
	Zuwanderung aus dem Ausland erhöhen	Zuwanderer mit Bluecard um jährlich 10 % erhöhen (Basis 2023: 113.550)
Verteilung	Ungleichverteilung optimieren	Ginikoeffizient des Einkommens von 30 % halten
		Ginikoeffizient des Vermögen von 76,2 % auf 71,0 % reduzieren, jährlich um 0,5 Prozentpunkte
	Generationengerechtigkeit sicherstellen	Renten/Pensionseintrittalter um 2 Jahre und Zunahme Lebenserwartung ab 2025 erhöhen
		Renten/Pensionen p. a. im Umfang der verfügbaren Lohns der Erwerbstätigen erhöhen (Kapitel 6.2) mit Link (Abschn. Kapitel 6.2)
		Steigerung des Wahlrechts um 2,0 Prozentpunkte p. a. über 50 Jahre auf 100 %
	Sozialleistungen einfrieren/ Subventionen senken	Sozialleistungen des Staates um jährlich 16,8 Mrd. Euro in Preisen von 2024 reduzieren
		5 Mrd. Euro p. a., nicht zugesagte Subventionen jährlich um mind. 1/5 senken in Mrd. Euro

Teil II

Maßnahmen für ein neues Wirtschaftswunder – Eine sanfte Revolution

Maßnahmen für mehr Wohlstand

8

8.1 Steigerung des realen Bruttoinlandsproduktes (BIP) pro Einwohner

Das Ziel der Steigerung des realen BIP pro Einwohner ergibt sich als Resultat der Umsetzung der im weiteren Verlauf dargestellten Maßnahmen. An dieser Stelle sollen zunächst übergeordnete Rahmenbedingungen skizziert werden, die zur Erreichung dieses Ziels entscheidend beitragen.

Freihandel und Wettbewerb sind zentrale Treiber globalen Wohlstands. Sie führen zwangsläufig zu Strukturwandel und damit auch zu regionalen oder sektoralen Anpassungslasten. Häufig liegt der Fokus in der politischen Debatte auf den vermeintlichen Verlierern solcher Entwicklungen, während die ebenfalls im Inland liegenden Gewinner zu wenig Beachtung finden. Wenn der amerikanische Präsident bekundet, er liebe das Wort „Zölle", ist dies ein alarmierendes Signal. Die Geister, die dadurch international gerufen werden, lassen sich womöglich nicht leicht wieder vertreiben – selbst wenn derartige Aussagen teilweise taktisch motiviert sind. Auch Europa hat in der Vergangenheit Fehler gemacht, indem es Freihandelsabkommen an politische Nebenbedingungen oder nationale Agrarinteressen geknüpft und damit blockiert hat.

Umso hoffnungsvoller stimmt die Einigung beim EU-Mercosur-Abkommen, das sich seit dem 6. Dezember 2024 in der Ratifizierungsphase befindet. Über Jahre hinweg wurde verhandelt und Kompromisse erzielt – etwa durch Importquoten und Umweltauflagen für Agrarprodukte. Dennoch bleibt der Widerstand einzelner Mitgliedstaaten wie Frankreich, Italien oder Polen erheblich. Ob das Abkommen nach der rechtlichen Vertragsüberarbeitung bis Ende 2025 tatsächlich durch EU-Parlament und Ministerrat bestätigt wird, bleibt abzu-

M. Lüdiger, *Deutschland – Impulse für ein neues Wirtschaftswunder*,
https://doi.org/10.1007/978-3-658-50754-1_8

warten.[1] Die geplante Unterzeichnung im Dezember 2025 musste zur Verärgerung der Mercosur-Staaten ins Jahr 2026 beschoben werden – erneut ein international herber Vertrauensverlust in die Handlungsfähigkeit der EU. Zudem hat das Europäische Parlament mit knapper Mehrheit beschlossen, das Abkommen durch den EuGH auf Vereinbarkeit mit dem EU-Recht überprüfen zu lassen. Erst dann kann das EU-Parlament über die Zustimmung zu dem Abkommen entscheiden. Damit erreichen die Gegner des Abkommens eine weitere zeitliche Verzögerung der Ratifizierung. Die EU-Kommission erwägt, eine vorläufige Anwendung des Abkommens vorzuschlagen, die dann mit qualifizierter Mehrheit von den Mitgliedsstaaten beschlossen werden muss. Nach fast 20 Jahren Verhandlungen hat sich die Europäische Union im Januar 2026 auch mit Indien geeinigt und einen Vertragstext ausgehandelt, der die Handelsbeziehungen weitgehend liberalisiert. Die Umsetzung führt zu einer weitreichenden Reduzierung von Zöllen im bilateralen Handel. Damit das Abkommen rechtlich in Kraft treten kann, wird nun wie beim Mercosur-Abkommen ein juristisch geprüfter Vertragstext erstellt. Danach muss das Abkommen in Europa vom EU-Parlament und den EU-Mitgliedsstaaten genehmigt werden. In Indien können internationale Verträge durch die Regierung beschlossen und zur Unterzeichnung autorisiert werden. Die parlamentarische Zustimmung ist allerdings bei Gesetzesanpassungen erforderlich. Die Umsetzung dieses Abkommens wird einen Wachstumsimpuls auslösen und ist die richtige, zukunftsweisende Antwort auf die machtpolitische Zollpolitik der USA.

Deutschland sollte sich wieder als verlässlicher Fürsprecher des Freihandels in Europa positionieren. Subventionen in Drittstaaten sind politisch anzusprechen. Doch wer im Glashaus sitzt, sollte nicht mit Steinen werfen. Subventionen sind teuer, ineffizient und kommen letztlich oft den Verbrauchern des Importlandes zugute. Sie sind– ebenso wie Zölle – Ausdruck wirtschaftlicher Schwäche und auf Dauer nicht tragfähig. Deutschland sollte Subventionen ausländischer Staaten hinnehmen, sie aber nicht imitieren oder mit Zöllen kontern. Politisch ist das in Zeiten lautstarker Interessengruppen schwer zu vermitteln, ökonomisch jedoch geboten. Die Welthandelsorganisation (WTO), der fast alle Länder der Welt angehören, bietet grundsätzlich Instrumente zur Konfliktbeilegung, auch wenn deren Verfahren zeitintensiv sind. Doch Langwierigkeit ist kein Argument gegen rechtsstaatliche Prinzipien. Aber die USA – sowohl unter Trump und Biden – haben seit 2019 die Ernennung von Richtern für das WTO Berufungsgericht konsequent blockiert. Das Gericht ist nicht mehr funktionsfähig. Berufungen können nicht entschieden werden. Die WTO spricht selbst von einer institutionellen Krise, die nur durch Reformen aufgelöst werden kann. Die USA zerstören nicht nur bei der WTO die Regeln einer gemeinsamen Ordnung in der Welt, sondern betreiben einseitig nationale Machtpolitik.

Ein weiteres Element wirtschaftlicher Stärke ist ein positiver Blick auf das Unternehmertum. Unternehmerinnen und Unternehmer schaffen Produkte und Dienstleistungen, die unseren Wohlstand sichern. Statt sie als „Kapitalisten“ zu diskreditieren, sollten sie als Vorbilder wahrgenommen werden: Menschen, deren Erfolg motiviert, selbst Verantwor-

---

[1] Konrad-Adenauer-Stiftung e. V., Politischer Durchbruch beim EU-Mercosur-Handelsabkommen, Länderbericht, Dezember 2024

tung zu übernehmen und die unternehmerische Selbständigkeit anzustreben. Natürlich trägt auch ihr eigenes Verhalten zum öffentlichen Bild bei. Es braucht Unternehmer, die sich durch Anstand, Redlichkeit und Verantwortungsbewusstsein auszeichnen – Tugenden, wie sie einst dem „ehrbaren Kaufmann" zugeschrieben wurden.

Wenn aber weiterhin ein Drittel der Studierenden eine Beamtenlaufbahn anstrebt und junge Menschen mehrheitlich geregelte Arbeitszeiten mit klar definiertem Anfang und Ende bevorzugen, wird es schwer, den Wohlstand in Deutschland auf Spitzenniveau zu halten. Eine staatliche Grundsicherung sollte jenen vorbehalten bleiben, die physisch oder psychisch nicht in der Lage sind, ihren Lebensunterhalt selbst zu bestreiten. Gerade ihnen zu helfen, ist Ausdruck von Humanität und zugleich im gesamtgesellschaftlichen Interesse. Niemand wünscht sich Zustände wie in Ländern, in denen Armut und Obdachlosigkeit das Straßenbild prägen. Es braucht weder soziale Kälte noch eine Mentalität der Anspruchshaltung.

Verteilungsziele und Verteilungspolitik werden im weiteren Verlauf ausführlich behandelt. Grundsätzlich gilt: Breiter Wohlstand führt zu innerer Stabilität, und Sicherheit im Inneren wie nach außen zählen zu den zentralen Aufgaben des Staates. In den vergangenen Jahrzehnten hat auch der Schutz unserer natürlichen Lebensgrundlagen an Bedeutung gewonnen: einerseits, weil unser Wohlstand es erlaubt, dieses Ziel zu priorisieren, andererseits aufgrund der sichtbaren negativen Folgen von Klimawandel, Plastikmüll und Luftverschmutzung. Diese Ziele lassen sich jedoch nur aus einer Position wirtschaftlicher Stärke erreichen. Es kann nur verteilt werden, was zuvor erwirtschaftet wurde.

In einer globalisierten Welt, in der Bildung weltweit verfügbar wird und sich junge Menschen in Schwellenländern mit Ehrgeiz und Freude durch Bildung aus der bestehenden Armut befreien wollen und an ihrer Zukunft arbeiten, wirken die Wohlstandsansprüche vieler junger Menschen in westlichen Gesellschaften mit Fokus auf Arbeitszeitverkürzung und Freizeit wie ein Anachronismus. Auch viele Ältere genießen ihren Lebensstandard und treten kürzer. Das ist legitim, aber der Staat sollte diese Entwicklung nicht zusätzlich fördern. Leistung und Eigenverantwortung müssen gesellschaftlich wieder mehr Anerkennung finden und dürfen vom Staat nicht durch hohe Abgaben konterkariert werden. Andernfalls droht auch Deutschland eine kulturelle Erosion durch Selbstzufriedenheit, Selbstüberschätzung sowie strukturelle Erstarrung. In der Welt gibt es dafür viele historische Beispiele wie das Römische Reich, die Ming-Dynastie in China oder nach dem 2. Weltkrieg das Vereinigte Königreich. Noch ist es für Deutschland nicht zu spät: Wenn wir die ordnungspolitischen Rahmenbedingungen klug setzen, kann Deutschland erneut bei Innovation und Produktivität führend sein – mit positiven Folgen für Wachstum und damit einhergehend mit größeren Verteilungsspielräumen.

8.2 Solide Staatsfinanzen

Die politische Diskussion neigt dazu, entweder für solide Staatsfinanzen zu plädieren und dabei bestehende Investitionsstaus zu ignorieren oder schuldenfinanzierte Investitionsprogramme zu fordern, die die langfristigen Risiken der Verschuldung ausblenden. Häufig ist dabei von einer ‚sich selbst tragenden Verschuldung' die Rede, die durch wirtschaftliche Impulse ausreichend höhere Steuereinnahmen generiere. Dem Verfasser ist kein Land bekannt, in dem das gelungen ist.

Stattdessen sollte der Staat auf Investitionen setzen, bei denen private Kapitalgeber ohne Subventionen oder staatliche Garantien einsteigen – etwa im Rahmen von Public-Private-Partnerships. So kann geprüft werden, ob ein Projekt auf Basis realistischer Wirtschaftlichkeitsrechnungen tragfähig ist. Unternehmer, die Eigenkapital einbringen und somit ein persönliches Risiko eingehen, handeln in der Regel bedachter als politische Entscheidungsträger, die häufig einem Wunschbild folgen und mit Steuermitteln haushalten, für die letztlich die Bürger aufkommen müssen.

Dieses Buch zielt darauf ab, ein umsetzbares Konzept vorzulegen, das sowohl solide Staatsfinanzen als auch finanzielle Spielräume für zentrale Reformen – wie die Entlastung der Bürger, die Erneuerung der Sozialversicherungssysteme und den Abbau des Investitionsstaus – eröffnet. Der Verfasser hat einen Weg identifiziert, der dies ermöglicht: Er ist langfristig angelegt, verlangt der Bevölkerung eine faire Balance aus Geben und Nehmen ab und bietet zugleich die Chance, die Demokratie aus der gesellschaftlichen Mitte heraus zu stärken.

Ausgangspunkt für diesen Weg ist das Jahr 2004. Die wirtschaftliche Situation war schwierig, die Staatsquote auf fast 50 % angestiegen, die Arbeitsmarktreformen der Agenda 2020 wurden gerade umgesetzt und die Bevölkerung wusste noch nicht, dass dies der Neustart für Jahre des Wohlstandszuwachses war. **Preisbereinigt lagen die Steuereinnahmen pro Kopf im Jahr 2004 bei 6692 € (Tab. 2.2)**. Die Bevölkerung entsprach mit 82,5 Mio. Menschen dem heutigen Niveau. **2024 betrugen die preisbereinigten Steuereinnahmen hingegen 794,4 Mrd. Euro – gegenüber 552,1 Mrd. Euro im Jahr 2004.** Ziel ist es, die realen Steuereinnahmen pro Kopf wieder auf das Niveau von 2004 zurückzuführen. **Das bedeutet einen jährlichen staatlichen Verzicht auf Steuereinnahmen von 285,2 Mrd. Euro in Preisen von 2024.**

Diese Summe ist gewaltig, doch sie ist das Ergebnis eines 20-jährigen Anstiegs. Eine Volkswirtschaft gleicht einem Containerschiff: Kurskorrekturen brauchen Zeit. Daher sieht der Vorschlag einen Zeitraum von ebenfalls 20 Jahren vor – exakt so lange, wie der Anstieg gedauert hat. **Die gute Nachricht: Pro Jahr sind nur 1,77 % oder 16,8 Mrd. Euro (in Preisen von 2024) einzusparen** – ein ambitioniertes, aber erreichbares Ziel. Ein Blick auf Tab. 14.1 **(Teil 3)** zeigt: Weitere Sparanstrengungen sind nicht erforderlich, selbst wenn das Defizit der öffentlichen Haushalte 2004 bei 81,6 Mrd. Euro lag. Da die Berechnungen inflationsbereinigt sind, liegt die jährliche **Einsparquote unter** der von der Europäischen Zentralbank **angestrebten Inflationsrate von 2 %,** sodass nominal sogar leichte Budgetausweitungen möglich wären. Ein Einfrieren der Budgets reicht daher aus – allerdings nicht nach dem Gießkannenprinzip, sondern auf Basis klarer Prioritäten.

Wesentlich ist, dass die so geschaffenen finanziellen Spielräume den Bürgerinnen und Bürgern spürbar zurückgegeben werden. Nur wenn der Einzelne die staatliche Ausgabendisziplin auch positiv im eigenen Portemonnaie bemerkt, kann neues Vertrauen in Politik und Institutionen entstehen. Derzeit dominiert der Eindruck: Egal, wer regiert – die Abgaben steigen, das persönliche Leben verändert sich nicht zum Besseren. Mit steigenden Abgaben wachsen die Erwartungen an den Staat, doch dieser wird diesen Erwartungen zunehmend nicht gerecht. Der Bürger erkennt, dass die Schulden von heute die Abgaben von morgen sind.

Durch dieses systematische Schrumpfen der Staatsausgaben entstehen zunächst über 20 Jahren wachsende reale Spielräume von bis zu 285,2 Mrd. Euro jährlich,[2] die für die Reform des Staatswesens genutzt oder an die Bevölkerung zurückgegeben werden können. Einsparungen in einzelnen Budgetpositionen sind dabei anzurechnen. Die vollständige Übersicht aller in diesem Buch vorgeschlagenen Strukturreformen führt die Tab. 14.1 **‚Zusammenfassung der Haushaltseffekte aller Reformen'** mit ihren Einnahmen- und Ausgabenveränderungen für die öffentlichen Haushalte in Teil 3 zusammen. Wo die Mittel für den Abbau von Investitionsstaus – etwa in Infrastruktur oder Verteidigung – eingesetzt werden, sollte dies transparent gemacht und zweckgebunden verankert werden. Die Schuldenbremse (in ihrer Form vor der Reform im Jahr 2025) ist dabei kein Hindernis, sondern ein ordnungspolitisches Leitplankenmodell, das verhindert, erneut in eine Schuldenfalle zu geraten.

Auf europäischer Ebene sind Transferunion und Eurobonds mit gesamtschuldnerischer Haftung der falsche Weg. Haushaltsdisziplin würde sanktioniert, Haushaltsdisziplinlosigkeit belohnt. Die Einführung einer gemeinsamen Währung ohne einheitliche Fiskalpolitik war bereits ein Wagnis: daher die Maastricht-Kriterien zur Begrenzung der Divergenzen. Ihre Aufweichung war ein schwerer Fehler. Die EU-Kommission ist gefordert, die abgeschwächten Regeln konsequent durchzusetzen – selbst gegenüber Frankreich und Deutschland. Die Stabilität des Euro-Kapitalmarkts und die Glaubwürdigkeit der europäischen Institutionen stehen auf dem Spiel. Regeln, die je nach politischer Lage ausgelegt werden, gefährden den Rechtsstaat. Wenn Mario Draghi in seinem EU-Gutachten notwendige Strukturreformen erneut mit Schuldenfinanzierung verknüpft, erinnert das an einen Wanderer, der bereits bis zur Hüfte im Moor steckt und in der Hoffnung weitergeht, Boden unter den Füßen zu finden. Es ist ein Zeichen der Hilflosigkeit, notwendige Reformen mit neuen Verschuldungsvorschlägen zu verknüpfen. Besser wäre hingegen: Die Insolvenz einzelner Staaten muss möglich sein. Zudem sollten Staatsanleihen – wie andere Kreditrisiken – mit Eigenkapital unterlegt werden, abhängig vom Rating der jeweiligen Staaten. So lassen sich Klumpenrisiken im Bankensektor begrenzen. Derzeit sind nur Kredite an Staaten von dieser Pflicht ausgenommen. Eine solche Regelung würde zwar zu höheren Zinsen für schwache Staaten führen, aber auch das gilt für Unternehmen in der Privatwirtschaft und ist für diese ein bewährter, disziplinierender marktwirtschaftlicher Mechanismus.

[2] Bei 2 % Inflation p. a. sind es im Jahr 2044 dann nominell 423,8 Mrd. Euro.

8.3 Preisniveaustabilität

Die zunehmende Staatsverschuldung weltweit und in Europa, insbesondere von Frankreich und Italien, sind eine ernstzunehmende Gefahr für den Euro und gleichzeitig eine wachsende Gefahr für die Preisniveaustabilität.

Wie bereits bei der Definition der Wohlstandsziele (Kapitel 2.2 und 2.3) ausgeführt, blieb die über viele Jahre verfolgte extrem expansive Geldpolitik realwirtschaftlich weitgehend wirkungslos. Mangels Investitionsneigung wurde die zusätzliche Liquidität nicht produktiv verwendet, sondern in liquiden Anlagen geparkt – zugleich wuchs das Inflationspotenzial. Die Nullzinspolitik der EZB erleichterte die Finanzierung steigender Staatsschulden und machte diese für Regierungen, die sich im Wettbewerb um politische Wohltaten überbieten, politisch durchsetzbar.

Die anziehende Inflation hat der EZB im Rahmen ihrer Politik des „Quantitative Easing“[3] klare Grenzen aufgezeigt – zumindest, sofern sie ihrem primären Mandat zur Wahrung der Geldwertstabilität gerecht werden will. Dennoch ist unter Kapitalmarktteilnehmern seit den Worten des früheren EZB-Präsidenten Mario Draghi ‚whatever it takes‘ die Erwartung fest verankert, dass die EZB Länder wie Frankreich oder Italien im Krisenfall unabhängig vom Verschuldungsstand stützt. Tatsächlich kann die EZB den Reformdruck, der von den Kapitalmärkten ausgeht, jedoch allenfalls zeitlich verschieben. Bildlich gesprochen: Sie kann einen Deckel auf den brodelnden Kessel legen, doch wenn dieser durch den steigenden Druck abgesprengt wird und das Wasser überkocht, ist die Krise unausweichlich. Die Griechenlandkrise hat dies deutlich gezeigt: Die sich anbahnende Katastrophe wurde lange ignoriert und dann entwickelten sich die Zinsdifferenzen in kürzester Zeit dramatisch. Die EZB war machtlos. Der Spiegel schrieb am 25. August 2011:

> „Die Zinsen für zehnjährige griechische Staatsanleihen sind am Donnerstag auf ein Rekordhoch gestiegen. Für die langfristigen Papiere wurden am Donnerstag mehr als 18 % Zinsen berechnet. Der Abstand zu zehnjährigen Staatsanleihen aus Deutschland betrug damit mehr als 16 Prozentpunkte. Zweijährige griechische Papiere warfen mit bis zu 46,931 % so viel ab wie noch nie seit Einführung des Euro.“.[4]

Das Vertrauen in die gemeinsame Währung war schwer erschüttert. Eine ähnliche Finanzmarktkrise in Frankreich oder Italien hätte nochmals weitreichendere Folgen. Die richtige Schlussfolgerung kann aber nicht sein, die Risiken kleinzureden. Vielmehr müssen sie offen benannt und diskutiert werden. Die EZB muss Zinsdifferenzen zwischen den Mitgliedstaaten zulassen, denn im System fester Wechselkurse innerhalb der Eurozone stellen sie den einzigen verbleibenden Frühindikator wirtschaftlicher Schieflagen dar. Mit ihrer Politik zur Glättung dieser Differenzen schließt die EZB jedoch dieses sicherheitsrelevante Ventil. So nimmt sie – wie bereits ausgeführt – den politischen Entscheidungs-

[3] Dies ist eine außergewöhnliche Form der Ausweitung der Zentralbankgeldmenge durch umfangreiche Ankäufe von Wertpapieren.

[4] Zinsen für griechische Staatsanleihen auf Rekordhoch, in: Spiegel vom 25.08.2011

trägern den Anreiz, notwendige Reformen rechtzeitig einzuleiten und die EU-Verschuldungsregeln einzuhalten.[5] Zwar verweist die EZB regelmäßig auf den bestehenden Reformbedarf, insbesondere in Defizitländern, zugleich schwächt sie durch ihre Zinspolitik jedoch den Reformeifer der Regierungen, indem sie den Druck der Kapitalmärkte abfedert. Das ifo-Institut kommentierte dazu am 12. August 2022:

> „Die EZB begründet ihre Initiative mit zwei Argumenten. Erstens könne es am Kapitalmarkt gerade in Zeiten starker Zinssteigerungen dazu kommen, dass Risikoprämien über die durch Fundamentaldaten gerechtfertigten Niveaus steigen. Pessimismus unter Investoren oder Spekulation könnten die Zinsen so weit in die Höhe treiben, dass die Solvenz eines Landes gefährdet würde, obwohl das Land bei positiven Investorenerwartungen und entsprechend niedrigen Zinsen solvent wäre. In diesem Fall könnten Anleihekäufe dafür sorgen, dass die niedrigen Zinsen und positiven Erwartungen sich am Markt durchsetzen."

Das ifo-Institut merkt hierzu kritisch an:

> „Dieses Argument ist allerdings in zweierlei Hinsicht problematisch: Zum einen ist es in der Praxis kaum möglich, sachgerecht zu bestimmen, welche Zinsaufschläge aus fundamentaler Sicht gerechtfertigt sind. Zum anderen handelt es sich hier nicht primär um eine geldpolitische, sondern um eine fiskalpolitische Aufgabe, denn es geht darum, die Finanzierung der Staatshaushalte einzelner Länder zu angemessenen Konditionen zu sichern. Daher vertritt die EZB zweitens die Position, dass es bei stark ansteigenden Zinsdifferenzen zu einer Störung des Transmissionsprozesses komme, dass also die Geldpolitik in den betroffenen Ländern nicht die beabsichtigte Wirkung habe. Um dafür zu sorgen, dass die Transmission funktioniert, müsse der Renditenanstieg gestoppt werden."[6]

Begriffe wie „Marktversagen" und „Übertreibung" werden häufig bemüht, um ökonomisch fragwürdige Eingriffe zu rechtfertigen. In ruhigen Zeiten begrüßen die Kapitalmärkte solche Interventionen, da sie helfen, die eigenen Verluste zu begrenzen. Im Nachgang großer Krisen bleibt jedoch stets die offene Frage, ob ein frühzeitiges Zulassen von Marktsignalen ein schnelleres politisches Handeln erzwungen und somit die Krise möglicherweise verhindert hätte. Angesichts der Nähe der letzten beiden EZB-Präsidenten, Mario Draghi und Christine Lagarde zur Politik, ist zumindest zweifelhaft, ob sie bereit oder in der Lage waren, nationale Fehlentwicklungen offen sichtbar werden zu lassen, um auf diese Weise Reformdruck zu erzeugen – und sich auf das Ziel der Preisstabilität zu konzentrieren. Die faktische Unabhängigkeit der EZB wird dadurch untergraben. Vermutlich war diese Unabhängigkeit in vielen Mitgliedstaaten nie gewollt und lediglich das notwendige Zugeständnis an Deutschland zur Realisierung der Währungsunion. In Deutschland traten zwei angesehene Bundesbankpräsidenten aus Protest gegen den europäischen Kurs zurück.

---

[5] Kerstin Benoth, Burcu Erdogan, Zinsspreads auf europäische Anleihen: Finanzmärkte verstärken Druck zu mehr Haushaltsdisziplin, Wochenbericht des DIW Berlin Nr. 51–52/2010

[6] ifo-Standpunkt 240: Das neue Kaufprogramm der EZB ist toxisch für die Währungsunion, Lars Feld, Clemens Fuest, Volker Wieland, Handelsblatt 5. August 2022, S. 1

Der Ankauf von Staatsanleihen durch die EZB, selbst bei proportionaler Verteilung gemäß den Kapitalschlüsseln der Mitgliedstaaten, stellt eine Form indirekter Staatsfinanzierung dar und birgt erhebliche Inflationsrisiken. Wenn im Rahmen der Zinsdifferenzpolitik zudem von der proportionalen Verteilung abgewichen wird, verschärft sich die Problematik: Es erfolgt eine selektive Staatsfinanzierung, während die dadurch geschaffene Zentralbankgeldmenge EU-weit inflationär wirkt. Dass die Bundesregierung diese riskante Interventionspraxis bislang toleriert, war aus Sicht des Verfassers Ausdruck politischer Rücksichtnahme. Es sind insbesondere Frankreich, Italien und Spanien, die durch ihre dauerhafte Missachtung der EU-Verschuldungsregeln die Stabilität des Euro – und damit der Europäischen Union insgesamt – gefährden. Dies ist eine bedauerliche Entwicklung. Italien und Spanien gelingt es erfreulicherweise jüngst, zumindest die Neuverschuldung unter den Maximalwert der EU von 3 % des BIP zu reduzieren.

Darüber hinaus hält der Verfasser das Vorgehen der EZB für rechtswidrig. In seinem Urteil zum Ankaufsprogramm PSPP (Public Sector Purchase Programme) von Staatsanleihen vom 5. Mai 2020 stellt das Bundesverfassungsgericht in seinen Leitsätzen unter 7. und 8. fest:

> „7. Ob ein Programm wie das PSPP eine offenkundige Umgehung von Art.123 Abs. 1 AEUV darstellt, entscheidet sich jedoch nicht an der Einhaltung eines einzelnen Kriteriums, sondern nur auf der Grundlage einer wertenden Gesamtbetrachtung. Vor allem die Ankaufobergrenze von 33 % und die Verteilung der Ankäufe nach dem Kapitalschlüssel der Europäischen Zentralbank verhindern, dass unter dem PSPP selektive Maßnahmen zugunsten einzelner Mitgliedstaaten getroffen werden und dass das Eurosystem zum Mehrheitsgläubiger eines Mitgliedstaats wird. (217)
>
> 8. Eine (nachträgliche) Änderung der Risikoverteilung für die unter dem PSPP erworbenen Staatsanleihen würde die Grenzen der haushaltspolitischen Gesamtverantwortung des Deutschen Bundestages berühren und wäre mit Art. 79 Abs. 3 GG unvereinbar. **Sie stellte in der Sache eine vom Grundgesetz verbotene Haftungsübernahme für Willensentscheidungen Dritter mit schwer kalkulierbaren Folgen dar.** (227)“[7]

Demnach sind der Bundesregierung Pflichten auferlegt und der Bundesbank klare Grenzen für die Mitwirkung gesetzt. Seit Anfang 2023 reduziert die EZB ihre Bestände an Vermögenswerten aus den APP (Asset Purchase Programme)·[8] und auch das TPI (Transmission Protection Instrument) zur Abwehr steigender Zinsdifferenzen wurde zuletzt nicht aktiviert.[9] Die akuten Probleme zweifelhafter Anleihekäufe haben sich dadurch zwar entschärft – das Instrumentarium besteht jedoch fort. Je länger es fortdauert, desto mehr stellt sich die Frage, inwieweit Kriterien, wie die Begrenzung des Anleihekaufprogramms, in

[7] BVerfG, Urteil des Zweiten Senats vom 5. Mai 2020–2 BvR 859/15 -, - 2 BvR 1651/15 -, - 2 BvR 2006/15 -, - 2 BvR 980/16 -, Leitsätze 7 und 8

[8] Europäische Zentralbank, Programme zum Ankauf von Vermögenswerten, Juni 2025

[9] Europäische Zentralbank, Rückblick auf die PEPP-Umsetzung seit dem Ende der Reinvestitionen, 4/2025

der nach dem Bundesverfassungsgericht aufzustellenden Gesamtbetrachtung an Gewicht zunehmen und der unter Art. 123 Abs. 1 AEUV zulässige Rahmen noch eingehalten wird.

Preisniveaustabilität erfordert ein abgestimmtes Zusammenspiel von Geld- und Fiskalpolitik. Die EZB versteht darunter eine Inflationsrate von durchschnittlich zwei Prozent. Im Jahr 2021 wurde – wie in Teil 1 dargestellt – dieses Ziel von „unter, aber nahe zwei Prozent" offiziell auf durchschnittlich zwei Prozent angehoben. Diese Entscheidung fiel in eine Zeit, in der die EZB-Präsidentin Lagarde die Glaubwürdigkeit der Institution durch Fehleinschätzungen und eine Verharmlosung der Inflationsgefahr erheblich beschädigte.[10]

Im November 2024 stieg die Inflationsrate – nach vorherigem Rückgang – wieder auf 2,3 %. Haupttreiber war der Kostenanstieg infolge von Tarif- und Mindestlohnerhöhungen als Reaktion auf die vorausgegangene Inflation (Zweitrundeneffekte). Die EZB wertete diese Entwicklung als temporär und setzte ihre Zinssenkungspolitik fort – auch mit Verweis auf die anhaltende wirtschaftliche Stagnation. Diese Einschätzung war zutreffend. Seit der Rückkehr protektionistischer US-Handelspolitik unter Donald Trump, verbunden mit einer Abwertung des Dollar und pessimistischen Konjunkturaussichten, ist die Inflationsrate in Deutschland auf 2,0 % gesunken, liegt im Oktober 2025 aber erneut bei 2,3 %. Die wirtschaftliche Stagnation ist jedoch nicht konjunkturell, sondern strukturell bedingt. Daher sind umfassende Reformen zur Stärkung der Wettbewerbsfähigkeit erforderlich (Kapitel 2.5 und 8.5).

Vor dem Hintergrund der hohen Inflationsraten von 8,4 % in der EU (6,9 % in Deutschland) im Jahr 2022 und 5,4 % in der EU (5,9 % in Deutschland) im Jahr 2023 sind Preissteigerungen oberhalb von zwei Prozent aufgrund des Sockeleffektes nach wie vor zu hoch. Ein Rückgang auf 1 bis 1,5 % würde die Märkte und die Konsumenten beruhigen. Hierzu sollten sich die Geldmengenaggregate wieder am Potenzialwachstum des BIP zuzüglich einer unvermeidbaren Preissteigerung orientieren. Inflationsraten wie in den vergangenen Jahren wären dann ausgeschlossen. Die Bundesregierung kann – bei Wahrung der EZB-Unabhängigkeit – auf die Einhaltung des vorrangigen Mandats der Preisniveaustabilität und des Verbots monetärer Staatsfinanzierung dringen.

8.4 Bürokratie- und Regulierungsabbau

Deutschland braucht eine echte Zeitenwende in den Köpfen: mehr Freiheit, weniger Bevormundung und eine konsequente Fokussierung von Bürokratie und Regulierung auf den wesentlichen Ordnungsrahmen. Was als „wesentlich" gilt, entscheidet sich dabei durch klare Priorisierung und eine bewusste Begrenzung der Regelungsdichte – insbesondere bei Gesetzen und Verordnungen. Im Jahresbericht 2024 formuliert der Normenkontrollrat unter der Überschrift Kernbotschaften[11]:

[10] Gabor Steingart, Die 7 Todsünden der Christine Lagarde bei der Inflationsbekämpfung, Focus online vom 3.5.2023

[11] Nationaler Normenkontrollrat, Jahresbericht 2024, S. 6

„Bürokratieabbau zum Regelfall machen: Angekündigten Bürokratie-Entlastungspfad nachschärfen. Mit der Wachstumsinitiative verpflichtet sich die Bundesregierung, jedes Jahr ein Bürokratieentlastungsgesetz vorzulegen. Das ist die richtige Ansage zur richtigen Zeit! Denn auf diese Weise kann der Bürokratieabbau vom punktuellen Ausnahmefall zum systematischen Regelfall werden. Genau das fordert der NKR seit Jahren. Die Ankündigung, die Gesamtbelastung beim Erfüllungsaufwand Jahr für Jahr unter den Vorjahreswert zu drücken, muss mit der Festlegung eines konkret messbaren Abbauziels sowie der Verschärfung der „One in one out"-Regel[12] verbunden werden. Ziel sollte es sein, den Erfüllungsaufwand als auch die Bürokratiekosten innerhalb von vier Jahren um 25 % abzubauen. Der angekündigte Bürokratie-Entlastungspfad verlangt zudem, dass die bestehenden Ausnahmen der „One in one out"-Regel abgeschafft werden: Aufwand aus EU-Richtlinien muss einbezogen, Bürger- und Verwaltungsaufwand berücksichtigt und Einmalaufwand angerechnet werden."

Neben einem veränderten Politikverständnis braucht es eine gezielte Verkleinerung des Verwaltungsapparats, der regelmäßig neue Regulierungsvorhaben produziert. Nur so lässt sich eine effektive Priorisierung erzwingen. Die bisherige ,'0ne in, one out'-Regel bleibt unzureichend, da sie über das tatsächliche Ausmaß des Bürokratieabbaus keine Aussage trifft. Wer ernsthaft Bürokratie abbauen will, muss angesichts der jährlich wachsenden Belastung mindestens eine ,One in, two out'-Regel einfordern. Dies ist zumindest im Koalitionsvertrag der Regierung (Zeile 1954) für die 21. Legislaturperiode angedacht.

Dem Verfasser geht es nicht um ein generelles **Ob** von Regulierung, sondern um das angemessene **Maß.** Es gilt – wie bei einem Medikament – die richtige Dosierung zu finden. Regulierungen müssen zudem adressatengerecht, also für die Betroffenen verständlich und umsetzbar sein. Dies gilt insbesondere für mittelständische Unternehmen mit weniger als etwa 250 Beschäftigten. Komplexe Regelungen führen dort entweder zu finanzieller Überforderung oder zu Gesetzesverstößen aus praktischer Not, weil schlicht die personellen und fachlichen Ressourcen fehlen. Der Mittelstand wird dadurch in seiner Existenz gefährdet, Fusionen werden faktisch erzwungen. Die Forderung nach einer staatlichen Kostenerstattung[13] für durch Regulierung entstandene Belastungen bei Unternehmen erscheint dem Verfasser problematisch. Denn damit würde Bürokratie mit neuer Bürokratie bekämpft: ein klassisches Beispiel für eine staatliche Interventionsspirale.

Notwendig ist vielmehr ein kultureller Wandel: Wenn Bürgerinnen und Bürger für mehr Freiheit, weniger Regulierung, niedrigere Abgaben und eine kleinere, effizientere Verwaltung eintreten – etwa durch zivilgesellschaftliches Engagement und eine bewusste Wahlentscheidung –, dann wird sich die Politik dem auf Dauer nicht entziehen können. Wer aber Wahlprogramme unterstützt, die stetig wachsende Ansprüche an den Staat formulieren, trägt zur weiteren Ausweitung der Bürokratie bei. Ein unterstützendes Instrument könnte ein **Verfalldatum für Regulierungen** sein. Jede Regelung würde damit regelmäßig überprüft und müsste gegebenenfalls neu beschlossen werden. Dies erleichtert auch die Anwendung einer „One in, two out"-Regel. Realistisch erscheint ein rollierender

[12] Für jede neue Regelung muss eine andere entfallen.

[13] J. Haucap, Chr. Kehder, I. Loebert, Bürokratie und die Folgen für die Wirtschaft in Deutschland, Düsseldorf 11/2022, S. 27

Zehnjahresrhythmus, der auch auf bestehende Regelungen Anwendung findet. Verlängerungen müssten aktiv durch die zuständigen Parlamente beschlossen werden.

Eine strukturelle Hürde für Bürokratieabbau ist in Art. 104a des Grundgesetzes verankert. Dort heißt es:

- Abs. 1: „Der Bund und die Länder tragen gesondert die Ausgaben, die sich aus der Wahrnehmung ihrer Aufgaben ergeben, soweit dieses Grundgesetz nichts anderes bestimmt."
- Abs. 5: „Der Bund und die Länder tragen die bei ihren Behörden entstehenden Verwaltungsausgaben und haften im Verhältnis zueinander für eine ordnungsmäßige Verwaltung. Das Nähere bestimmt ein Bundesgesetz, das der Zustimmung des Bundesrates bedarf."

In der Praxis bedeutet das: Bundesgesetze – auch solche, die auf EU-Richtlinien beruhen – werden in der Regel durch Länder, Landkreise und Kommunen umgesetzt. Diese sind jedoch am Gesetzgebungsprozess nicht beteiligt. Der Bund hat keinen strukturellen Anreiz, die Kosten der Verwaltung in den Fokus seiner Gesetzgebung zu rücken. Die politische Debatte konzentriert sich auf die inhaltlichen Ziele der Gesetze – nicht aber auf ihre Durchführbarkeit. Hinzu kommt: Im Vergleich zu den Gesamtausgaben erscheinen die Verwaltungskosten oft gering. Die Landesverfassungen regeln, dass den Gemeinden und Gemeindeverbänden entstehende Mehrkosten durch übertragende Aufgaben vom Land auszugleichen sind (z. B. Art 57, Abs. 2 Verfassung des Landes Schleswig-Holstein).

Hintergrund dieser Aufteilung ist der Vollzugsförderalismus. Dessen Grundsatz ist in Art. 83 GG verankert und besagt, dass die Bundesgesetze grundsätzlich durch die Länder als eigene Angelegenheit auszuführen sind. Dies begründet eine vertikale Gewaltenteilung, die es dem Bund untersagt, in den Bundesländern ‚durchzuregieren'. Da der Bund den Ländern im Grundsatz nicht aufgeben darf, mit welchen Mitteln die Gesetze umzusetzen sind, sondern die Länder dies in eigener Verantwortung entscheiden, bleibt es im Grundkonzept bei dem Prinzip, dass derjenige, der die Kosten kontrolliert auch die Kosten trägt. Eine Grenze ist allerdings da erreicht, an der den Ländern immer weitere Aufgaben zugewiesen werden. Formal liegt die Kontrolle über die Verwaltungskosten zwar weiterhin bei den Ländern, aber wollen die Länder die Ihnen zugewiesenen Aufgaben erfüllen, sind sie gezwungen, den vermehrten Verwaltungsaufgaben mit einem größeren Verwaltungsapparat begegnen zu müssen. Im Ergebnis hat die Aufgabenzuweisung durch den Bund einen erheblichen Einfluss auf die Kontrolle der Ländern, ihre eigenen Kosten begrenzen zu können. Kostenkontrolle und Kostentragung fallen also insoweit auseinander.

Deshalb sollte das Grundgesetz reformiert werden: Dem Grundgesetz ist eine Zusammenlegung von Kostenverursachung und Kostentragung nicht unbekannt. Im Fall von Bundesgesetzen, die Geldleistung gewähren und von den Ländern ausgeführt werden, bestimmt Art. 104a Abs. 3 GG, dass das Bundesgesetz bestimmen kann, dass der Bund die Hälfte der Ausgaben oder mehr trägt. Dieses Prinzip müsste erweitert werden. Der jeweilige Gesetzgeber sollte sich künftig bei den ausführenden Behörden entstehenden Kosten beteiligen und die voraussichtlichen Kosten im Gesetz beziffern. Damit würde bereits im Gesetzgebungsverfahren ein stärkeres Augenmerk auf Effizienz, schlanke Verfahren und durchdachte Digitalisierung gelegt.

Im Dezember 2024 forderte die Arbeits- und Sozialministerkonferenz einstimmig von der Bundesregierung[14]:

> „Sozialgesetze und Sozialverwaltungsverfahren deutlich und schnell zu vereinfachen, zu entbürokratisieren und umfassend digitalisierungsfähig zu machen [...] Allerdings bedarf das Sozialrecht auch einer umfassenden Neukonzeption, deren Erarbeitung mit der Expertise aller an den Sozialverfahren Beteiligten und der Wissenschaft schnellstmöglich aufzunehmen ist."
>
> Gleichzeitig wird betont:
>
> „Da fast 10 % der Bevölkerung (Tab. 8.1) in Deutschland mit wachsender Tendenz Sozialleistungen beziehen, ist die Handlungs- und Funktionsfähigkeit der Einrichtungen des Sozialstaates und insbesondere der Sozialleistungsverwaltung deshalb unabdingbar."

In dieser Aussage liegen zwei versteckte Botschaften:

Tab. 8.1 Leistungsempfängerinnen und Leistungsempfänger aufgeteilt nach Sozialhilfegesetzen

Leistungsgesetz	Datengrundlage	31.12.2019	31.12.2023
AsylbLG	Jahresmeldung an das Statistische Bundesamt	385.307	486.125
			s. Anmerkung 2)
SGB II	Monatliche Meldung der Job-Center an die BA	5.280.242	5.457.782
4. Kap. SGB XII	4. Quartalsmeldung an das Statistische Bundesamt	1.085.043	1.211.670
SGB IX	Jahresmeldung an das Statistische Bundesamt	804.630	848.985
		s. Anmerkung 1)	s. Anmerkung 2)
WoGG	Jahresmeldung an das Statistische Bundesamt	300.352	635.836

Anmerkungen:
1) Für das Jahr 2019 liegen keine Daten vor, hilfsweise werden diese aus dem Jahr 2020 genommen
2) Die Daten für das Berichtsjahr 2023 liegen noch nicht vor; angegeben werden die Daten für das Jahr 2022
Protokoll 101. Arbeits- und Sozialministerkonferenz 12.2024, S. 6

[14]Protokoll 101. Arbeits- und Sozialministerkonferenz (ASMK) 12.2024, Top 5.1. Sicherung der Zukunfts- und Funktionsfähigkeit des Sozialstaates

- Die Quote der Sozialleistungsempfänger ist zu hoch und
- Der Verwaltungsaufwand ist inzwischen so groß geworden, dass er kaum noch zu bewältigen ist.

Für den Verfasser ergibt sich daraus eine zwingende Konsequenz: Sozialleistungen müssen auf die wirklich Bedürftigen begrenzt werden – im Sinne des Subsidiaritätsprinzips. Deutschland braucht keinen Staat, der allen viel nimmt und dann nach Verwaltungskosten einem erheblichen Teil der Bevölkerung wieder etwas zurückgibt.

Ein substanzieller Bürokratieabbau muss mit einer deutlichen Reduktion des Personalbestands im öffentlichen Dienst einhergehen. Eine Rückführung auf das Niveau von 2008 (Tab. 8.2) würde bei heutiger Personalstruktur Einsparungen von **59,1 Mrd. € pro Jahr**[15] ermöglichen. Hätten sich die Gehälter im öffentlichen Dienst zwischen 2008 und 2024 lediglich im Gleichschritt mit denen im produzierenden Gewerbe und im Dienstleistungssektor entwickelt,[16] läge das Einsparpotenzial bei 110,47 Mrd. Euro.[17] Selbst bei einer Bezugnahme auf das Jahr 2003 – folglich vor dem Personalabbau bis 2008 – ergibt sich noch ein Potenzial von 89,31 Mrd. Euro jährlich.[18] Diese Zahlen zeigen nicht nur die drastische Ausweitung des Personalbestands, sondern auch eine erhebliche

Strukturverschiebung hin zu besser vergüteten Positionen – was wiederum die hohe Attraktivität des öffentlichen Dienstes für junge Menschen rational erklärt.

Der Verfasser nimmt in die Zielkarte auf, die Personalaufwendungen innerhalb von fünf Jahren um die genannten 59,1 Mrd. Euro jährlich zu senken. Das entspricht einer Reduktion um lediglich 11,3 %. Wird dieses Ziel nicht erreicht, kann von einem ernsthaften Bürokratieabbau und Digitalisierungswillen keine Rede sein. Personalkosten sind immer mit weiteren Sachkosten (fixe und variable) verbunden. Rechnet man konservativ mit zusätzlichen 40 %, ergibt sich ein **weiteres Einsparpotenzial von rund 23,6 Mrd. Euro** jährlich. Die Umsetzung erfordert eine konzertierte Aktion zur Aufgabenreduktion und Effizienzsteigerung über alle staatlichen Ebenen hinweg.

---

[15] Bei Personalausgaben der öffentlichen Hand von 406.670 Mio. Euro im Jahr 2024 und Personalausweitungen von Index 100 im Jahr 2008 auf Index 117 (Tab. 2.6) im Jahr 2024 lautet die Rechnung 406.670 Mio. Euro *17/117.

[16] Statistisches Bundesamt, Verdienste nach Branchen und Berufen, Monatliche Bruttomonatsverdienste, Zeitreihe, Gesamtdeutschland

[17] Veränderung preisbereinigte durchschnittlichen monatliche Bruttogehälter: 4701 Euro/3103 € = 1,5150; 1,5150 × 195.515 Mio. Euro Ist-Personalausgaben öffentliche Haushalte in 2008 sind 296.202 Mio. Euro; Einsparpotenzial: 406.670 Mio. Euro Ist-Personalausgaben in 2024 minus 296.202 Mio. Euro Soll- sind 110.468 Mio. Euro.

[18] Veränderung preisbereinigte durchschnittlichen monatliche Bruttogehälter: (4701 Euro/2783 € = 1,6892; 1,6892 × 187.875 Mio. Ist-Euro Personalausgaben öffentliche Haushalte in 2003 ergeben 317.356 Mio. Euro; Einsparpotenzial: 406.670 Mio. Euro Ist-Personalausgaben in 2024 minus 317.356 Mio. Euro Soll- sind 89.314 Mio. Euro.

Tab. 8.2 Entwicklung der Personalausgaben der öffentlichen Haushalte 1992 bis 2024

Jahr	Insgesamt	Insgesamt	Index	Index	Bund	Sozialversicherung	Länder	Gemein-den/Gv.
		preisbereinigt	eigene Berechnung					
Personalausgaben in Millionen Euro								
1992	175.230		100,00		26.328	9312	86.649	51.372
1993	183.424		94,54		26.952	9999	91.910	53.003
1994	194.009		100,00		26.928	10.579	94.051	52.670
1995	200.250		103,22		27.064	10.944	98.180	54.065
1996	201.921		104,08		27.031	11.600	99.849	53.547
1997	201.506		103,86		26.836	11.637	100.562	52.685
1997	177.762		91,63		26.836	11.587	91.348	38.980
1998	178.274		91,89		26.653	11.879	92.214	38.710
1999	181.066		93,33		26.963	12.354	93.884	39.190
2000	181.861		93,74		26.517	12.590	94.656	39.550
2001	182.891		94,27		26.694	12.947	95.346	39.388
2002	186.877		96,32		26.986	13.596	97.809	40.000
2003	187.875	187.875	96,84		27.235	13.896	97.781	40.547
2004	187.302	184.266	96,54		26.758	13.862	98.136	40.485
2005	186.340	180.395	96,05		26.372	14.221	97.096	40.746
2006	184.436	175.749	95,07		26.110	14.699	95.334	40.673
2007	191.366	178.262	98,64		26.038	14.833	96.174	40.598
2008	195.515	177.516	100,78		27.012	15.299	96.691	42.360
2009	203.463	184.097	104,87		27.939	16.391	100.230	44.441
2010	207.860	186.154	107,14		28.196	17.164	102.960	45.102
2011	211.423	185.347	108,98		27.856	17.149	105.600	46.432
2011[F]	230.358	201.947	118,74		42.058	17.576	119.320	51.404
2012	236.263	203.284	121,78		42.682	17801	122.407	53.373
2013	244.090	206.860	125,81		43.470	18.479	126.374	55.767
2014	254.850	213.911	131,36	94,11	46.439	18.897	131.229	58.286

2015	263.324	219.855	135,73	97,23	47.735	19.747	135.202	60.640
2016	270.812	224.917	139,59	100,00	48.737	19.831	139.404	62.840
2017	280.998	229.987	144,84	103,76	48.643	20.992	145.275	66.087
2018	292.451	235.213	150,74	107,99	49.948	21.588	151.545	69.371
2019	306.769	243.257	158,12	113,28	52.074	22.169	158.699	73.826
2020	321.015	253.281	165,46	118,54	55.850	22.889	165.974	76.303
2021	332.996	254.834	171,64	122,96	58.498	23.677	171.117	79.704
2022	348.498	249.514	179,63	128,69	60.457	24.200	177.852	85.988
2023	372.941	252.143	192,23	137,71	65.608	25.291	185.740	96.303
2024	406.670	268.954	209,61	150,17	74.291	26.703	199.504	106.173

F Neue Darstellungsmethode infolge Erweiterung des Berichtskreises um die zum Sektor Staat gehörenden Extrahaushalte (Stichwort: Schalenkonzept).
Statistische Bundesamt, Destatis H31/37171100, eigene Berechnungen

Davon zu unterscheiden ist der Erfüllungsaufwand für die Wirtschaft. Wie in Teil 1 dargelegt, ist dieser in den letzten Jahren stark gestiegen. Staatliche Ebenen versuchen zunehmend, Aufgaben an Unternehmen zu delegieren – teils selbst dort, wo die nötigen Daten bereits staatlicherseits vorliegen (Beispiel: Grunderwerbsteuer). Bürger und Unternehmen fühlen sich entmachtet, und von der Politik ist bislang keine glaubhafte Wende erkennbar. Zwar bekennen sich alle Parteien verbal zum Bürokratieabbau, doch die Gesetzgebungspraxis spricht eine andere Sprache: Monatlich entstehen neue kleinteilige und dirigistische Regelungen. Der NKR bleibt in seinem Bericht 2024 zurückhaltend optimistisch. Er lobt, dass der steile Anstieg des Erfüllungsaufwands gestoppt wurde. Doch das ist kaum ein Trost angesichts der dramatisch nachlassenden Wettbewerbsfähigkeit Deutschlands und Europas.

Der Bürokratiekostenindex wird zwar als Kennziffer in der Zielkarte abgebildet, seine Aussagekraft ist jedoch begrenzt, solange der zunehmende Bürokratieaufwand durch EU-Regelungen nicht systematisch einbezogen wird. Solange der Index unter diesen Voraussetzungen nicht deutlich sinkt, lässt sich daraus faktisch nur eine Zunahme der Bürokratielast ablesen.

8.5 Wettbewerbsfähigkeit Deutschlands erhöhen

8.5.1 Wettbewerbsfähige Energiepreise für Industrie und Haushalte schaffen

Bevor Maßnahmen zur Erreichen des Ziels wettbewerbsfähige Energiepreise für Industrie und Haushalte vorgestellt werden, ist eine Betrachtung der zu erwartenden Energienachfrageentwicklung in der Welt sinnvoll. Hierzu gibt der World Energy Outlook 2024 der Internationalen Energieagentur aktuelle Einschätzungen in der Zusammenfassung[19]:

> „Der Endenergieverbrauch nimmt vor allem in den Schwellen- und Entwicklungsländern rasch zu. Angesichts der kontinuierlich voranschreitenden Energiewende wird die Weltwirtschaft jedoch zum Ende des Jahrzehnts auch ohne höheren Öl-, Erdgas- oder Kohleverbrauch weiterwachsen können. In den letzten Jahren war dies noch nicht der Fall: 2023 erreichte nicht nur der Ausbau der sauberen Energien neue Rekorde, sondern auch der energiebedingte Ausstoß von CO_2. Der Anstieg der weltweiten Energienachfrage wurde immer noch zu zwei Dritteln durch fossile Brennstoffe gedeckt. Im STEPS[20] verzeichnet Indien weiterhin das deutlichste Nachfragewachstum, gefolgt von Südostasien, dem Nahen Osten und Afrika.

[19] International Energie Agentur, World Energy Outlook 2024, Zusammenfassung S. 17

[20] Stated Policies Scenario (STEPS): Dieses Szenario vermittelt ein Gefühl für die vorherrschende Richtung im Energiesektor, basierend auf einer detaillierten Analyse der jüngsten politischen Rahmenbedingungen in Ländern auf der ganzen Welt. Es berücksichtigt Energie-, Klima- und damit verbundene Industriepolitiken, die bereits in Kraft sind oder angekündigt wurden. Die Ziele dieser Politiken werden nicht automatisch als erreicht angenommen; sie werden nur insoweit in das Szenario aufgenommen, als sie durch angemessene Bestimmungen für ihre Umsetzung untermauert werden.

Durch den Ausbau der sauberen Energien und den Strukturwandel in der Weltwirtschaft, insbesondere in China, verlangsamt sich jedoch der Anstieg der Gesamtenergienachfrage allmählich. Dabei spielen auch die Effizienzvorteile eine Rolle, die ein stärker elektrifiziertes, vornehmlich auf erneuerbaren Energien basierendes System gegenüber der Energiegewinnung durch Verbrennung fossiler Brennstoffe hat (bei der ein großer Anteil der erzeugten Energie in Form von Abwärme verloren geht)."

Anschaulich wird diese Entwicklung in Abb. 8.1.[21] Zwar wird die Energienachfrage weniger stark wachsen als in der Vergangenheit, aber weiterhin wachsen. Es findet eine Transformation zu elektrischer Energie statt, deren Nachfrage jährlich um rund 3 % zunehmen wird. Das wiederum bedeutet in 12 Jahren eine Zunahme der Nachfrage nach elektrischer Energie um beachtliche 42,6 %. Sicherlich sind solche Berechnungen über einen solch langen Zeitraum mit großen Unsicherheiten behaftet, aber unzweifelhaft werden Wohlstand und Klimaschutz einer in Teilen noch armen Welt mit vorerst noch wachsender Bevölkerung nicht über Energieverzicht, sondern durch CO_2-freie Energien erreicht werden können. Die Forderung nach Verzicht scheint daher vor allem publizistischen Zwecken in Deutschland zu dienen und führt nur zu einer Phantomdiskussion. Die deutsche und europäische Wettbewerbsfähigkeit wird zudem nur bei Befriedigung einer wachsenden Energie- und Stromnachfrage zu erhalten sein, weil technologischer Fort-

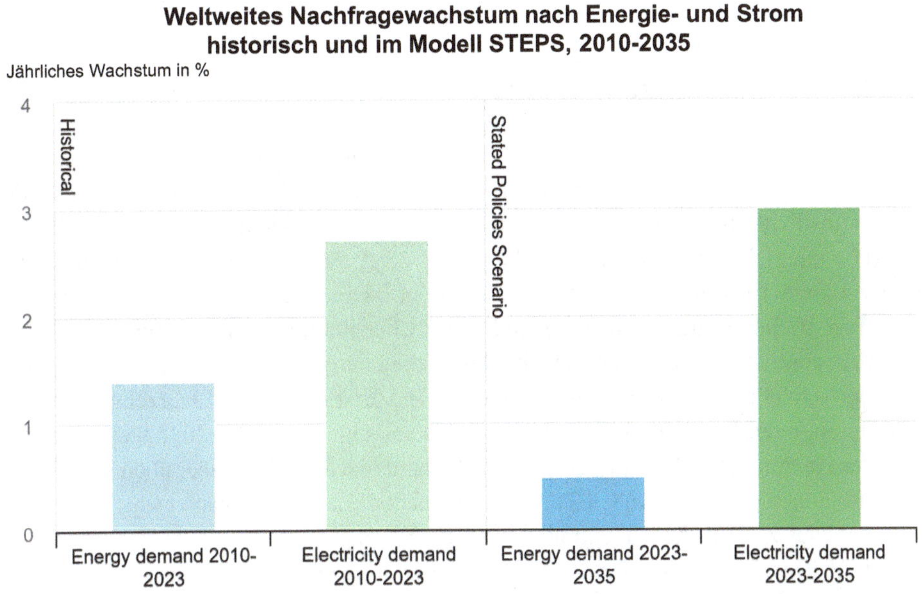

Abb. 8.1 Weltweites Nachfragewachstum nach Energie- und Strom historisch und im Modell STEPS, 2010 bis 2035

[21] International Energie Agentur, World Energy Outlook 2024, Zusammenfassung S. 18

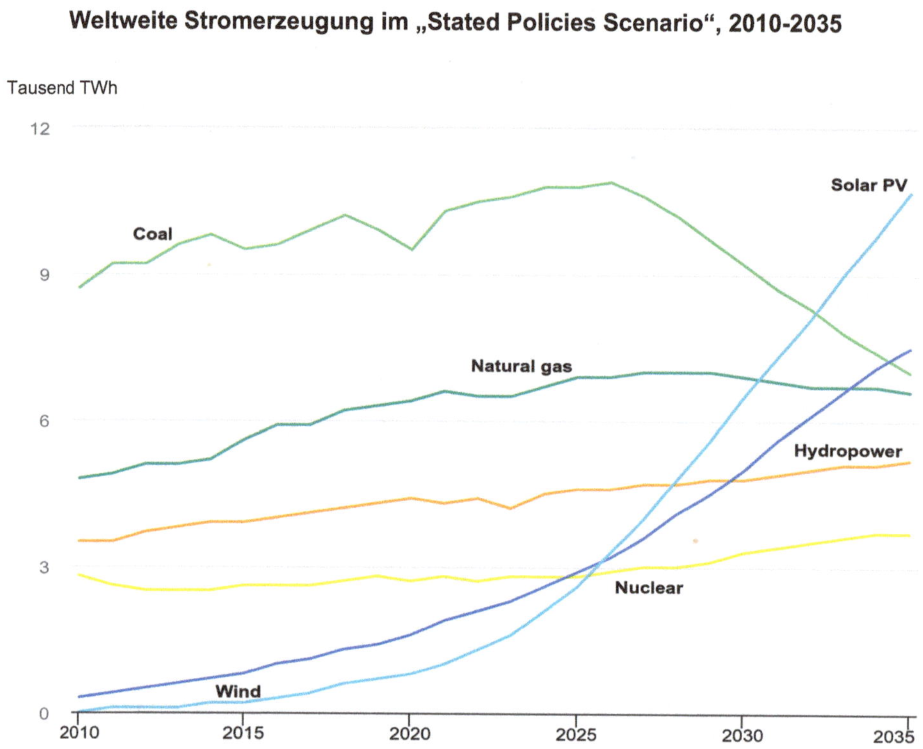

Abb. 8.2 Weltweite Stromerzeugung im ‚Stated Policies Scenario', 2010 bis 2035

schritt zwar mit Stromeffizienzgewinnen, aber auch mit einem überproportional steigendem Strombedarf einhergeht. Ein prägnantes Beispiel hierfür die Verbreitung des Einsatzes künstlicher Intelligenz mit riesigen Rechenvolumen. Wie der zunehmende Strombedarf voraussichtlich befriedigt werden wird, zeigt Abb. 8.2, die den von der IEA prognostizierte Energiemix bis zum Jahr 2035 zeigt.[22] Die Prognosen sind über einen Zeitraum von 10 Jahren aufgrund bestehender zeitlicher Planungsvorläufe für neue Kraftwerke gut abschätzbar. In diesem Jahrzehnt wird die Energiegewinnung aus Kohle, Öl und Gas noch schneller wachsen als aus Sonne und Wind. Erst im nächsten Jahrzehnt wird eine Umkehr eintreten, aber der Verbrauch von Kohle und Gas wächst bis 2035 weiterhin. Die Ölnachfrage nimmt bis 2035 in Europa und Nordamerika ab, wächst aber noch in allen anderen Regionen der Welt (Abb. 8.3).[23] In Anbetracht dieser Zahlen kann es nicht verwundern, dass das Ziel der Klimaneutralität der Welt bis zum

Jahr 2050 weit verfehlt wird (Abb. 8.4), und damit gemäß dem Szenario STEPS eine Klimaerwärmung um 2,5 % Durchschnittstemperatur bis zum Jahr 2100 zu erwarten ist. Neu findet sich im Jahresbericht 2025 zudem das Szenario der aktuellen Politik (Current

[22] International Energie Agentur, World Energy Outlook 2024, Zusammenfassung S. 23

[23] International Energie Agentur, World Energy Outlook 2024, Zusammenfassung S. 10

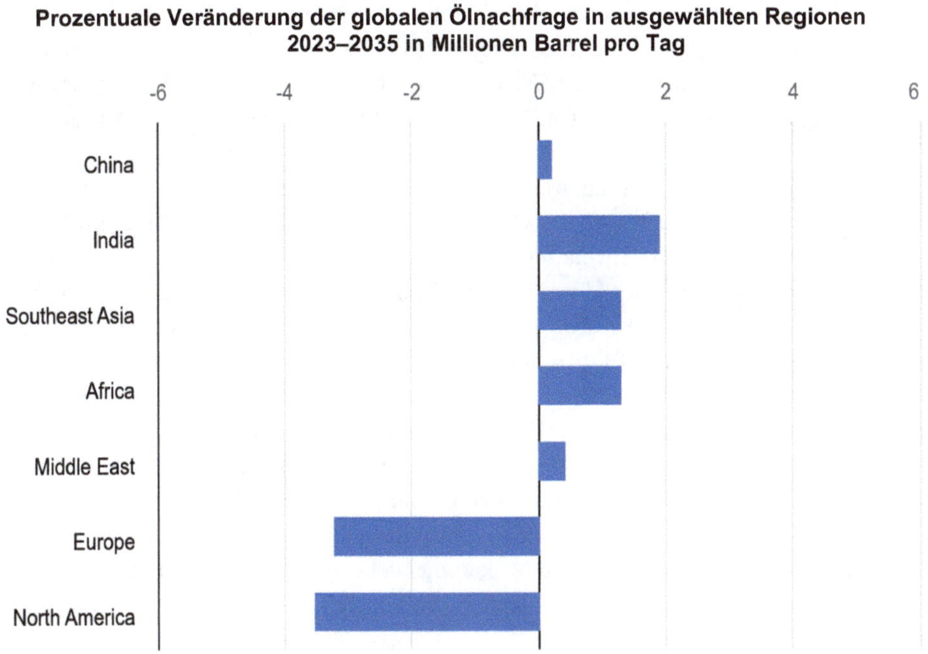

Abb. 8.3 Veränderung der globalen Ölnachfrage in ausgewählten Regionen, 2023 bis 2035

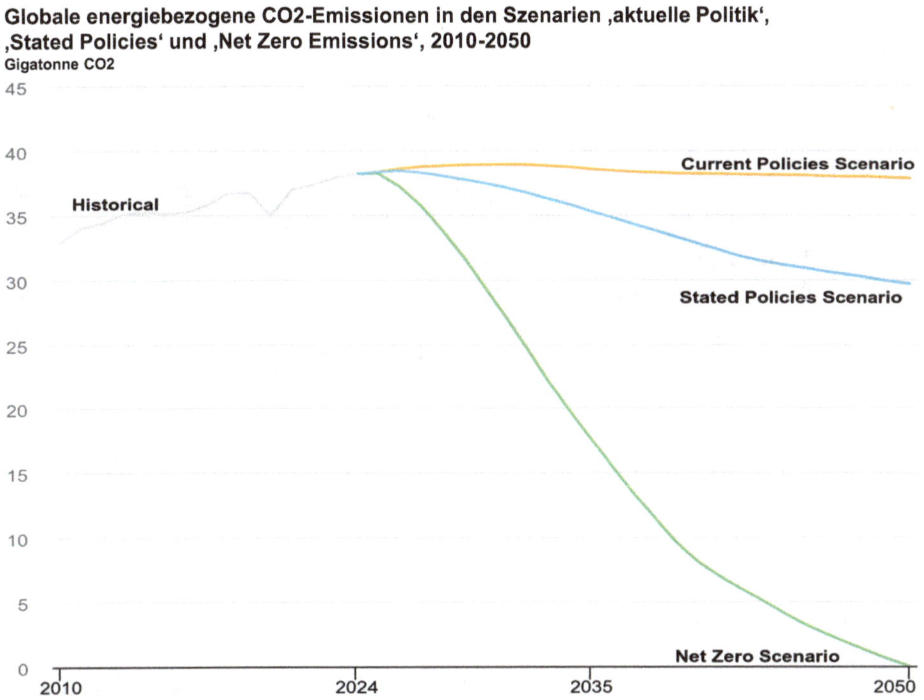

Abb. 8.4 Globale energiebezogene CO_2-Emissionen in den Szenarien „Stated Policies" und „Net Zero Emissions by 2050", 2015–2035

Policies Scenario), das eine noch stärkere Klimaerwärmung von 3,0 Grad Durchschnittstemperatur bis 2100 zur Folge hätte, weil geplante Politik im Szenario STEPS und aktuelle Politik zur CO_2-Begrenzung voneinander abweichen,[24] Beschlüsse und Verlautbarungen nicht konsequent umgesetzt werden. Die CO_2-Emissionen verharren weltweit auf dem Rekordniveau von 2024.

Solange die Weltbevölkerung weiter zunimmt, bleibt sie ein Treiber des globalen Stromverbrauchs und damit auch der CO_2-Emissionen auf dem Weg zu einer klimaneutralen Welt. Auch wenn das Thema sensibel ist: Klimaneutralität wird auf absehbare Zeit nur erreichbar sein, wenn der Übergang von Bevölkerungswachstum zu Bevölkerungsrückgang gelingt. Es ist daher dringend erforderlich, dass die internationale Staatengemeinschaft offen über Wege zu diesem Ziel diskutiert und bestehende Tabus überwindet. Im Zentrum stehen dabei freiwillige Familienplanungsprogramme, die durch besseren Zugang zu Gesundheitsversorgung und Verhütungsmitteln die Lebensbedingungen der Menschen verbessern. Das Menschenrecht auf reproduktive Selbstbestimmung wird so gestärkt. Laut UN-Daten von 2022 können derzeit nur 57 % aller Frauen weltweit selbstbestimmt über ihre sexuelle und reproduktive Gesundheit entscheiden.[25]

In der westlichen Welt wird der Bevölkerungsrückgang nicht selten als Problem dargestellt. Dies liegt in Ländern mit fehlenden kapitalgedeckten Rentenversicherungen an dem Systemirrtum des Generationenvertrags. Beispielhaft hierfür ist die bekannte Aussage Adenauers „Kinder kriegen die Leute immer“ bei der Verabschiedung der deutschen Rentenreform von 1957. Es sind aber auch Sorgen von Arbeitgebern, die den Wettbewerb um Arbeitskräfte fürchten und Arbeitskräftemangel beklagen sowie den Ökonomen, die auf die Folgen für das absolute BIP und nicht des BIP pro Kopf hinweisen.

Was bedeuten diese Rahmenbedingungen für das Ziel, wieder wettbewerbsfähige Energiepreise für Wirtschaft und Verbraucher in Deutschland zu erreichen? Der Weg zur Klimaneutralität erfordert hohe Investitionen; umso wichtiger ist ihre Effizienz. Die deutsche Wirtschaft und die Verbraucher haben, nicht zuletzt in der Erdgaskrise, ihre Fähigkeit bewiesen, rasch, effizient und entschlossen auf Preissignale zu reagieren. Höhere Preise senken die Nachfrage durch Einsparungen, Substitutionen und technologischen Fortschritt, da sie neue, effizientere Verfahren rentabel machen. Subventionen hingegen sind klimapolitisch kontraproduktiv. Zwar vermitteln sie den Eindruck, klimafreundliche Investitionen zu fördern, in Wahrheit jedoch entziehen sie Bürgerinnen und Bürgern finanzielle Mittel, die für Konsum und private Investitionen fehlen. Zudem zeigt sich bislang ein grundlegender Widerspruch in der deutschen Wirtschaftspolitik: Einerseits wurden und werden klimafreundliche Investitionen subventioniert, andererseits wurde die CO_2-Bepreisung zeitweise ausgesetzt. Politik bremst stark und gibt gleichzeitig weiter Gas. Es fehlt an einem verlässlichen, langfristigen Zeitplan. Die Folge: Die Wirtschaft verliert Orientierung und Planungssicherheit.

[24] International Energie Agentur, World Energy Outlook 2024, Zusammenfassung S. 38 f.

[25] Deutsche Gesellschaft für die Vereinten Nationen, Bevölkerungsentwicklung, Reproduktive Gesundheit und Rechte, 20.8.2025, S. 2

Die notwendigen Maßnahmen lauten daher:

- **Rahmen setzen statt dirigieren:** Der Staat konzentriert sich auf den Ordnungsrahmen und reduziert verlässlich und schrittweise die CO_2-Zertifikate bis zur vollständigen Klimaneutralität – einschließlich der Anrechnung von CO_2-Speicherung und -Nutzung. Technologievorgaben wie etwa bei Heizungen oder Motoren sind ineffizient und innovationsfeindlich. Sie sollten daher aufgehoben werden.
- **Technologieoffenheit sichern:** Alle Technologien – auch Kernkraft und Fracking – werden unter Einhaltung geltender europäischer Rechtsstandards in Deutschland zugelassen. Auch diese Technologien müssen sich im Wettbewerb behaupten. Sie erhalten keine Subventionen, jedoch verlässliche rechtssichere Betriebsbedingungen. Derzeit stammen rund 30 % des Stroms aus Kohle und Gas. Deutschland zählt trotz hoher Energiepreise zu den emissionsintensivsten Energieerzeugern Europas. Wer Klimaschutz ernst nimmt, sollte daher die Kernkraft als Teil des Energiemixes zulassen. Ebenso ist heimisches Fracking-Gas klimapolitisch vorteilhafter als LNG-Importe. Nur bei hohem Energieangebot und wettbewerbsfähigen Preisen CO_2-freier Energien werden fossile Rohstoffe im Boden bleiben. Ihre globale Erschließung erfolgt, sobald sie wirtschaftlich attraktiv ist. Eine absolute Knappheit gibt es auf absehbare Zeit nicht.
- **Subventionen abbauen – Einnahmen zurückgeben:** Steuervergünstigungen und Subventionen werden abgebaut. Gleichzeitig garantiert der Staat die vollständige Rückgabe der CO_2-Einnahmen an die Bevölkerung. Dies erhöht die Effizienz, eliminiert Mitnahmeeffekte und stärkt das reale Einkommen und damit das Wachstum der nicht oder wenig von der CO_2-Abgabe belasteten Unternehmen. Branchen mit hoher CO_2-Intensität schrumpfen oder transformieren sich rasch. Angesichts des akuten Arbeitskräftemangels ist ein schneller Strukturwandel die ökonomisch sinnvollste Option (siehe Kapitel 3.1 und 9.1 „CO_2-Neutralität erreichen").
- **Keine symbolische Überbietung bei Klimazielen:** Die EU hat sich auf das Jahr 2050 als gemeinsames Klimaneutralitätsziel verständigt. Diese Frist ist bereits ambitioniert. Wenn Deutschland nun auf 2045, Bayern oder Schleswig-Holstein sogar auf 2040 vorpreschen, schwächt das die Wettbewerbsfähigkeit, ohne der Umwelt zu nutzen. Die zusätzlichen Investitionen erhöhen die Energiepreise überproportional, das gesamteuropäische CO_2-Budget bleibt jedoch gleich. Die eingesetzten Mittel könnten an anderen Orten der Welt deutlich größere CO_2-Einsparungen erzielen – ein Prinzip, das das Pariser Klimaabkommen ausdrücklich vorsieht.
- **Marktwirtschaft statt Bürokratismus:** Der Staat beendet dirigistische Eingriffe und detaillierte Investitionsvorgaben für Produzenten und Verbraucher. Das reduziert Bürokratie, schafft fairere Wettbewerbsbedingungen und entlastet insbesondere den Mittelstand. Wettbewerb führt zu einem effizienten Energiemix – inklusive kostengünstiger Reservekapazitäten für Dunkelflauten.[26] Die Netzagentur sichert dabei die gesamtwirtschaftliche Versorgung.

[26] Als Dunkelflaute bezeichnet man Zeiten, in denen Wind und Sonne nicht genügend Strom erzeugen.

- **Netzinfrastruktur optimieren:** Der Umbau auf erneuerbare Energien erfordert eine tiefgreifende Modernisierung der Stromnetze. Da viele Erzeugungsanlagen dezentral und entfernt von Verbrauchszentren liegen, steigen die Übertragungsdistanzen – und damit die Kosten. Bereits heute liegen die Netzentgelte bei 9–10 ct/kWh. Prognosen zufolge könnten sie bis 2045 auf bis zu 24 ct/kWh steigen – bei Erzeugungskosten von nur 4–8 ct/kWh für Wind- und Solarstrom (ohne Kalkulation der Reservekapazitäten). Die Kostenstruktur der Netze wird somit zum entscheidenden internationalen Wettbewerbsfaktor.

Folgende Schritte sind nötig:

- Abbau von Regulierung und Subventionen zur Stärkung marktwirtschaftlicher Strukturen.
- Klare Trennung zwischen Netzbetrieb, Stromerzeugung und Vertrieb zur Vermeidung von Interessenkonflikten.
- Abschaffung gesetzlicher Privilegien für Großverbraucher.[27] Entsprechend dem EuGH-Urteil vom 2. September 2021 (Az. C-718/18) werden zahlreiche Verordnungen auslaufen und durch Festlegungen der Bundesnetzagentur ersetzt.[28] Dies eröffnet die Chance, Preissignale des Marktes wirken zu lassen, damit eine flexible Stromnachfrage attraktiv zu machen und Nachfrage sowie Preisausschläge in der Folge zu reduzieren. Die Netze werden gleichzeitig stabilisiert.
- Vereinfachung von Zulassungsverfahren durch Standardisierung der Netzleittechnik. So können mehrere Betreiber effizient koexistieren, Lastschwankungen ausgeglichen und Einspeisung sowie Verbrauch besser koordiniert werden. Smart-Grid-Technologien und Digitalisierung tragen zu einer kosteneffizienten Netzführung bei.[29]

Vorschläge, die Netzentgelte mit CO_2-Abgaben zu subventionieren, verfehlen ihr Ziel. Sie entlasten primär Vielverbraucher, während die Hauptlast bei privaten Haushalten verbleibt. Stattdessen sollte – wie in Kapitel 9.1 näher beschrieben – die Rückverteilung der CO_2-Einnahmen als Pro-Kopf-Klimageld erfolgen.

---

[27] Diese gesetzliche Regelung entstammt den Zeiten der Versorgung mit Kernkraft und Kohle/Braunkohlekraftwerken mit hoher Dauerlast, sodass Abnehmer mit gleichmäßig hohem Stromverbrauch gesucht waren und bevorteilt wurden.

[28] vbw, Regionale Kooperationen bei der Energieversorgung, Dezember 2024, S. 5

[29] Smart-Market-Design in deutschen Verteilnetzen, Agora Energiewende (Auftraggeber), 110/02/-S-2017/DE, März 2017

8.5.2 Quote der Steuerbelastung der Mittelschicht senken

Bereits in Teil 1 wurde unter dieser Überschrift gefordert, den Betrag, ab dem der Spitzensteuersatz greift, über fünf Jahre zu verdoppeln, den Anstieg der Steuersätze zu linearisieren und die Steuertarife jährlich an die Inflationsrate anzupassen. Dies schafft für die gesamte Bevölkerung Leistungsanreize. Die vielen Personenunternehmen würden ebenfalls unmittelbar von dieser Steuerreform profitieren und dadurch an Wettbewerbsfähigkeit gewinnen. Gesellschafter von Kapitalgesellschaften profitieren indirekt bei Gewinnausschüttungen. Ausschüttungen stellen ein positives Element für die Kapitalallokation in der Volkswirtschaft dar, da Kapital in wachstumsstarke Bereiche gelenkt wird. Sie sind Aktienrückkäufen vorzuziehen, die primär den Interessen des Managements als Instrument der Kurssteigerung dienen und auch die Haftungsbasis des Unternehmens verringern. Über viele Jahre (1977 bis 2000) hinweg wurden Ausschüttungen von Kapitalgesellschaften in Deutschland deshalb sogar geringer besteuert als thesaurierte Gewinne.

Aus der zuvor beschriebenen Reform der Einkommenssteuer resultieren Mindereinnahmen der öffentlichen Hand und damit **Steuerentlastungen** für den Bürger, die der Verfasser mit überschlägig mit ‚stolzen' **124,6 Mrd. Euro** oder **40,2 %** des Aufkommens an Lohnsteuer und veranlagter Einkommenssteuer ermittelt hat.[30] Bezogen auf die **gesamten Steuereinnahmen von 947,7 Mrd. Euro** (Tab. 2.10) ergibt sich ein Anteil von **rund 13,1 %**.

Eine solche Reform wird von der Kritik begleitet werden, dass die Besserverdienenden zwar nicht relativ, aber absolut am stärksten entlastet werden. Dieser Punkt ist sachlich richtig. Dabei wird aber übersehen wie wichtig es ist, bei denen die Motivation zur Finanzierung des Systems zu fördern, die auch in Zukunft am meisten finanziell dazu beitragen und nicht Arbeit gegen Freizeit tauschen sollen. In vielen statischen Verteilungsanalysen wird dieser Aspekt menschlichen Verhaltens ignoriert. **Prozentual profitieren** bei der vorgeschlagenen Reform vor allem Jahreseinkommen zwischen **35 Tsd. Euro und 70 Tsd. Euro**, die um **25 bis 29 % entlastet** würden. Prozentual ist die Entlastung am geringsten ab einem Einkommen von 150 Tsd. Euro, bei dem der Grenzsteuersatz von 42 % im neuen Tarifverlauf wieder erreicht wird. Die Entlastungseffekte nehmen ab und betragen bei Einkommen von über 1 Mio. noch 1,6 %.

Neben dem Abbau der zahlreichen dirigistischen Detailregelungen zur Steuerung des Verhaltens von Verbrauchern und Unternehmen ist eine grundlegende **Steuerstrukturreform mit radikaler Vereinfachung** des Steuerrechts und der Reduzierung der Steuerarten sinnvoll, ähnlich wie sie Paul Kirchhoff schon im Juli 2011 vorgeschlagen hat.

[30] Auf der Grundlage von Tabelle 9 wurden die Steuerentlastungen kalkuliert. Dazu wurde zunächst der Steuereffekt der Entlastung aus der Verdoppelung der Beträge bis zum Einsetzen des Grenzsteuersatzes aus den ersten 9 Dezilen berechnet, dann der Entlastungseffekt für die unteren 9% des 10.Dezils und letztlich für das oberste Prozent der Einkommensbezieher, bei denen die Reichensteuer anfällt. Zusätzlich wurde der Abbau des Mittelstandsbauches hinzugerechnet. Insgesamt ergibt sich eine Steuerentlastung von 124,6 Mrd. Euro. Dies ist ein Näherungswert.

Kirchhoffs nie realisierter Vorschlag wollte die Steuerrechtsparagraphen von damals rund 33.000 auf 146 reduzieren. Eine solche Vereinfachung spart enormen Zeitaufwand bei uns Bürgern und den Unternehmen. Sie ist gerecht, weil in diesem Steuersystem Steuergestaltung durch Wohlhabende mit spezialisierten Steuerjuristen kaum Vorteile schafft und verkleinert auch die erforderliche Steuerverwaltung radikal.[31] Bürger mit geringerem Einkommen und weniger Finanzbildung verzichten in Anbetracht der Komplexität des Steuerrechts heute häufig auf Steuererstattungen, weil sie mit der Erstellung einer Steuererklärung überfordert sind und/oder den Zeitaufwand scheuen. Die Vereinfachung des Steuersystems kann aufkommensneutral erfolgen.

8.5.3 Sozialversicherungsbeiträge stabilisieren

Wie in Teil 1, Tab. 2.16 gezeigt, sind die Sozialversicherungsbeiträge auf über 40 % des Bruttoeinkommens gestiegen. Sie werden zu etwa gleichen Teilen von Arbeitgebern und Arbeitnehmern getragen. Diese Struktur birgt zwei zentrale Probleme:

- Der Arbeitgeberanteil erhöht die Lohnstückkosten und schmälert die internationale Wettbewerbsfähigkeit.
- Würde der gesamte Beitrag vom Arbeitnehmer getragen und der **Bruttolohn entsprechend erhöht**, würde die Belastung persönlich noch erdrückender erlebt, der Reformdruck nähme zu.

Doch auch hiervon abgesehen ist das derzeitige Sozialversicherungssystem angesichts der Lastenhöhe und erwarteter Beitragssteigerungen nicht zukunftsfähig. Maßnahmen zur Reform des Rentenversicherungssystems mit einem Beitragssatz von 18,6 % des Bruttolohns bis zur Beitragsbemessungsgrenze und den Zuführungen aus dem Bundeshaushalt (Kapitel 6.3.1 und Abb. 6.6) werden im Kapitel „Verteilung" behandelt. Zweitgrößer Kostenblock mit rund 16,3 % des Bruttolohns bis zur Beitragsbemessungsgrenze sind die gesetzlichen Krankenversicherungsbeiträge.

Krankenversicherung

Zur Begrenzung der absehbaren alters- und verhaltensbedingten Kostensteigerungen sind folgende Maßnahmen notwendig:

- 10-prozentiger Eigenbeteiligung an den Gesundheitskosten, gedeckelt auf das Dreifache des monatlichen Arbeitnehmerbeitrags
- Vier Karenztage (Tage ohne volle Lohnfortzahlung) pro Krankmeldung mit 50-prozentiger Lohnfortzahlung.

[31] Paul Kirchhoff; Bundessteuergesetzbuch. Ein Reformentwurf zur Erneuerung des Steuerrechts, Heidelberg 2011

Diese Maßnahmen erscheinen nur auf den ersten Blick arbeitnehmerunfreundlich, tatsächlich aber trifft der ungehemmte Beitragsanstieg langfristig die Arbeitnehmer besonders stark: über höhere Beiträge, geringere Lohnsteigerungen oder Arbeitsplatzverluste.

Der dramatische Anstieg der Krankentage in der jüngeren Vergangenheit vom Tiefstand mit 8,1 Tagen **ab Krankschreibung** im Jahr 2007 auf den bisherigen Höchststand von 15,1 Tage pro Arbeitnehmer im Jahr 2023[32] ist nicht hinnehmbar. Der Dachverband der Betriebskrankenkassen meldet 2023 sogar 22,4 Krankentage. Darin sind die Krankentage ohne Krankschreibung enthalten.[33] Da sich die Gesundheitssituation nach dem Ende der Corona-Pandemie verbessert haben dürfte, zeigt diese Entwicklung, dass es bequem geworden ist, sich krankschreiben zu lassen. Noch einmal deutlich höher liegt der Krankenstand im öffentlichen Dienst und hier besonders ausgeprägt bei den Beamten. Wer sich krankschreiben lassen möchte, bekommt eine solche Krankschreibung vom Arzt. Falls ein Arzt dies verweigert, wird der Arzt gewechselt. Auch hat Team-Verantwortlichkeit infolge des Homeoffice abgenommen. Die vorgeschlagenen Maßnahmen sind ein Beitrag zu einer leistungsgerechteren Gesellschaft bei weiterhin hoher sozialer Absicherung. Die breite Gesellschaft profitiert von dem Impuls, Krankmeldung aus Bequemlichkeit oder Unlust zu verhindern, ohne soziale Härten entstehen zu lassen. Die erzeugte Wirkung von vier Karenztagen mit 50 prozentiger Lohnfortzahlung dürfte größer, gerechter und sozialer sein, als zwei Karenztage ohne Lohnfortzahlung. Der Einwand, eine begrenzte direkte Beteiligung an den Krankenkosten käme zur Hälfte dem Arbeitgeber zugute, spricht für den Vorschlag der **Übernahme der gesamten Krankenkassenbeiträge durch den Arbeitnehmer bei gleichzeitiger einmaliger Erhöhung der Bruttolöhne um den Arbeitgeberbeitrag**. Der gesetzte Impuls bei Beitragssteigerungen und für Beitragssenkungen ist doppelt so groß. Die saldierten finanziellen Auswirkungen aus der Arbeitnehmerbeteiligung an den Krankenkosten und den sinkenden Gesamtkosten des Gesundheitssystem wird die Krankenversicherten in der Summe entlasten und die Wettbewerbsfähigkeit der deutschen Wirtschaft erhöhen.

Arbeitslosenversicherung

Mehr Beschäftigte und weniger Arbeitslose haben den Beitragssatz zur Arbeitslosenversicherung erfreulicherweise von 6,5 % im Jahr 2006 auf nur noch 2,6 % im Jahr 2024 sinken lassen. Die Zahl der Arbeitslosen fiel von 4.5 Mio. im Jahr 2006 auf 2,8 Mio. Ende 2024. In dieser Zeit wurde die Behördengröße der **Bundesagentur für Arbeit** dennoch von rund 100.000 Mitarbeitern auf 114.000 Mitarbeiter in 2024 ausgeweitet. In Anbetracht der Arbeitskräfteknappheit und der gesunkenen Arbeitslosigkeit ist die Behörde deshalb in ihrer Größe innerhalb von 5 Jahren zu **halbieren**. Gleiches gilt für die **Ausgaben**, die mit geplanten **42,8 Mrd**. Euro für 2024[34] weiterhin auf dem Niveau des Jahres 2006 liegen, als

[32] Statistisches Bundesamt, Destatis, Qualität der Arbeit: Krankenstand, 2025

[33] Der Informationsdienst des Instituts der deutschen Wirtschaft, Der Krankenstand in Deutschland, 21.05.2025

[34] Bundesagentur für Arbeit, Haushaltsplan 2024, S. 5 ff.

es 44,2 Mrd.[35] Euro waren. Das **Ziel** ist eine **Halbierung des Beitragssatzes** zur Entlastung der Beitragszahler.

Pflegeversicherung

Die Pflegeversicherung wurde am 1. Januar 1995 als zusätzliche Säule der Sozialversicherung eingeführt, um die finanziellen Risiken bei Pflegebedürftigkeit abzusichern. Für alle gesetzlich und privat Krankenversicherten besteht seither eine umfassende Versicherungspflicht. Gesetzlich Krankenversicherte sind automatisch in der sozialen Pflegeversicherung versichert, während privat Krankenversicherte verpflichtet sind, eine private Pflegeversicherung abzuschließen. Die Pflegeversicherung deckt häufig nicht sämtliche Kosten der Pflege ab. Den verbleibenden Eigenanteil müssen die Pflegebedürftigen selbst tragen, gegebenenfalls auch unterstützt durch direkte Angehörige oder – im Falle finanzieller Bedürftigkeit – durch die Sozialhilfe. Daher wird die Pflegeversicherung auch als „Teilleistungssystem" bezeichnet.

Wie so oft wurde den Bürgerinnen und Bürgern die Einführung dieser sozialpolitisch wünschenswerten Versicherung mit dem Hinweis auf einen sehr niedrigen Beitragssatz vermittelt und als große, bezahlbare Errungenschaft dargestellt. Bereits damals war absehbar, dass in dem System zunächst vielen Beitragszahlern nur wenige Leistungsbezieher gegenüberstanden. Seitdem hat sich der Beitragssatz zur Pflegeversicherung vervielfacht: von 1,0 % (1995) auf 3,6 % im Jahr 2025 – trotz eines gestiegenen Kreises Versicherungspflichtiger.

Im Zuge des demographischen Wandels ist ohne eine Begrenzung der Leistungen mit einem weiteren Anstieg der Beiträge zu rechnen. Besonders betroffen sind die Rentnerinnen und Rentner, da sie den Beitrag zur Pflegeversicherung allein aufbringen müssen. Um die Beiträge langfristig zu stabilisieren, muss die Pflegeversicherung ein Teilleistungssystem bleiben. Eine Vollversicherung würde die Kosten weiter in die Höhe treiben, da sie Anreize zur maximalen Inanspruchnahme der Leistungen schafft. Wer einen umfassenderen Versicherungsschutz wünscht, kann diesen privat ergänzen. Im Sinne des Subsidiaritätsprinzips trägt der Sozialstaat die restlichen Pflegekosten in Härtefällen.

8.5.4 Öffentliche Infrastruktur intakt und modern halten

Der **Investitionsstau** der öffentlichen Hand wird auf mehrere hundert Milliarden Euro geschätzt. Der Verfasser übernimmt die in Teil 1, Abschn. 1.5.4, dargestellte Schätzung von **600 Mrd. Euro.** Tab. 8.3 zeigt eine grobe Zusammensetzung:

Um den Investitionsstau zu beseitigen, sind damit preisbereinigt über 10 Jahre rund 60 Mrd. p. a. zusätzliche Investitionen notwendig. Ein Investitionsstau lässt sich nur mittelfristig beseitigen, weil kurzfristig weder Planungs-, Genehmigungs- noch Baukapazitäten vorhanden sind. Aber es ist wichtig, damit zu beginnen. Um das notwendige

[35] Bundesanstalt für Arbeit, Haushaltsplan 2008, S. 2, Ist-Zahlen zum Jahr 2006

Tab. 8.3 Öffentlicher Investitionsbedarf in Deutschland

in Mrd. Euro, Summe über zehn Jahre, Preise des Jahres 2024		
Infrastruktur auf kommunaler Ebene		**Bedarf**
	Kommunale Infrastruktur	**177,2**
	Ausbau des ÖPNV	**28,5**
Bildung		
	Ausbau von Ganztagsschulen	**6,7**
	Sanierung der Hochschulen	**34,7**
Wohnungsbau		
	Staatlicher Anteil	**36,8**
Überregionale Infrastruktur		
	Ausbau des Schienennetzes	**59,5**
	Bundesfernstraßen	**39,0**
Klimaschutz und Klimaanpassung		
	Dekarbonisierung (staatlicher Anteil)	**200**
	Kommunale Ausgaben für Klimaanpassung	**13,2**
Summe		**595,7**

Quelle: Dullien, Iglesias, Hüther, Rietzler, siehe Fußnote Kapitel 2, 31

jährliche Investitionsniveau in 10 Jahren zu erreichen, sind die Bruttoinvestitionen um preisbereinigt jährlich 4,0 % zu erhöhen. Dies ist im Rahmen der Schuldenbremse und auch bei knappen Kapazitäten am Arbeitsmarkt strukturell möglich. Ziel ist ein preisbereinigter Bruttoinvestitionsindex von 140,0 nach 10 Jahren. Der Negativtrend bei den Anlageinvestitionen wird nachhaltig und deutlich umgekehrt, ein Kurswechsel vollzogen. Dazu sind die Investitionen gegenüber Konsumausgaben (Sozialausgaben) zu priorisieren. Wünschenswert ist hier ein in der Grundausrichtung abgestimmtes Vorgehen von Bund, Ländern und Gemeinden.

Zusätzlich wächst das Bruttoanlageinvestitionsvolumen wachstumsgebunden (siehe Teil 3 Gegenüberstellung Haushaltseffekte der Reformen) ab dem 3. Jahr um jährlich weitere preisbereinigte 2 % mit dem BIP.

Maßnahmen für eine bessere Umwelt 9

9.1 CO_2-Neutralität erreichen

Die Europäische Union hat sich zum Ziel gesetzt, bis zum Jahr 2050 klimaneutral zu werden. In Deutschland herrscht ein politischer Wettbewerb um möglichst frühe Zielmarken – zwischen 2035 und 2045. Ein solcher Unterbietungswettlauf ist jedoch wenig zielführend, da die CO_2-Emissionsvolumina durch die EU festgelegt werden und grenzüberschreitend gelten. Ein verbindlicher, rollierend anpassbarer Reduktionspfad für Emissionen fehlt bislang. Dies liegt auch an der politischen Scheu, sich möglichen, nicht steuerbaren CO_2-Preisentwicklungen auszusetzen. Gleichzeitig besteht dagegen wenig Sorge, dass durch hohe Milliardensubventionen ineffiziente und nicht nachhaltige Entwicklungen gefördert werden, die vom Steuerzahler bezahlt werden müssen. Die Einnahmen aus der CO_2-Abgabe fließen nicht an die Bürger zurück, sondern in den Klima- und Transformationsfonds – ein Ausdruck verfehlter Steuerung. Eine hohe Steuerlast und öffentliche Fehlinvestitionen schaden dem Wohlstand und dem Umweltschutz, weil verkündete Ziele nicht erreicht werden und knappes öffentliches Geld verschwendet wird. Paradebeispiel ist die Insolvenz von Northvolt nach dem Erhalt einer staatlich finanzierten Wandelanleihe – mit einem Ausfall von 600 Mio. Euro hälftig zu Lasten von Bund und Land.

Sinnvoll wäre ein verbindlicher Emissionspfad für CO_2-Äquivalente (CO_2e), der sämtliche Treibhausgase umfasst. Einen solchen Verlauf zeigt Tab. 9.1 beispielhaft zu Illustrationszwecken.

Ausgangspunkt ist das Jahr 2024 mit dem Ist-Emissionsvolumen von 656 Mio. Tonnen CO_2e, das linear um jährlich 26 Mio. Tonnen bis zur Klimaneutralität reduziert wird. Es wird der Zielzustand der EU unterstellt, in dem alle CO_2e-Emissionen unter die Bepreisung fallen. Die entgegengesetzt zur Emissionsreduzierung angenommenen linear steigenden Preise zeigt Tab. 9.1 mit zwei Preisszenarien. Im Szenario 1 steigt der CO_2e-Preis

M. Lüdiger, *Deutschland – Impulse für ein neues Wirtschaftswunder*,
https://doi.org/10.1007/978-3-658-50754-1_9

Tab. 9.1 CO_2-Abgabenszenarien für die Jahre 2024 bis 2050

Jahr	CO_2e Emission in Mio. t.	Szenario 1 CO_2e Preis je t	Szenario 1 CO_2e Einnahme in Mio. Euro	Szenario 2 CO_2e Preis je t	Szenario 2 CO_2e Einnahme in Mio. Euro	Szenario 1 Erstattung pro Kopf in Euro	Szenario 2 Erstattung pro Kopf in Euro
2024	656	45	29.520	45	29.520	349,35	349,35
2025	630	71	44.730	58	36.540	529,35	432,43
2026	604	97	58.588	71	42.884	693,35	507,50
2027	578	123	71.094	84	48.552	841,35	574,58
2028	552	149	82.248	97	53.544	973,35	633,66
2029	526	175	92.050	110	57.860	1089,35	684,73
2030	500	201	100.500	123	61.500	1189,35	727,81
2031	474	227	107.598	136	64.464	1273,35	762,89
2032	448	253	113.344	149	66.752	1341,35	789,96
2033	422	279	117.738	162	68.364	1393,35	809,04
2034	396	305	120.780	175	69.300	1429,35	820,12
2035	370	331	122.470	188	69.560	1449,35	823,20
2036	344	357	122.808	201	69.144	1453,35	818,27
2037	318	383	121.794	214	68.052	1441,35	805,35
2038	292	409	119.428	227	66.284	1413,35	784,43
2039	266	435	115.710	240	63.840	1369,35	755,50
2040	240	461	110.640	253	60.720	1309,35	718,58
2041	214	487	104.218	266	56.924	1233,35	673,66
2042	188	513	96.444	279	52.452	1141,35	620,73
2043	162	539	87.318	292	47.304	1033,35	559,81
2044	136	565	76.840	305	41.480	909,35	490,89
2045	110	591	65.010	318	34.980	769,35	413,96
2046	84	617	51.828	331	27.804	613,35	329,04
2047	58	643	37.294	344	19.952	441,35	236,12
2048	32	669	21.408	357	11.424	253,35	135,20
2049	6	695	4170	370	2220	49,35	26,27
2050	−20	721	−14.420	383	−7660	0,00	0,00

kontinuierlich auf 695 € je Tonne. Bei dieser Preisentwicklung wurde eine sehr vorsichtige und damit sehr starke Preisentwicklung angenommen, die über den politischen Vorgaben der nächsten Jahre liegt. Vermutlich ist das zweite Szenario mit einem nur halb so starken Preisanstieg das Wahrscheinlichere. Die gewählten Szenarien basieren auf den in der Literatur zu findenden Prognosespannen. Daraus ergeben sich dann für beide Szenarien entlang der Wertschöpfungskette Belastung der Bürger, die dem Staat zusätzlich zufließen. Die Einnahmen erreichen im Szenario 1 ihren Höhepunkt mit 122,8 Mrd. Euro im Jahr 2036 und im Szenario 2 mit 69,6 Mrd. Euro im Jahr 2035.[1]

[1] Zum Vergleich: alle Steuereinnahmen aller öffentlichen Haushalte lagen in 2024 bei 947,7 Mrd. Euro.

Im Jahr 2024 beliefen sich die deutschen Einnahmen aus der CO_2-Bepreisung auf rund 18 Mrd. Euro (**13 Mrd. Euro aus dem nationalen** und 5,5 Mrd. Euro aus dem europäischen Emissionshandelssystem) – deutlich weniger als die in Tab. 9.1 veranschlagten 29,5 Mrd. Euro, da noch nicht alle Sektoren einbezogen waren. Ob die Preise infolge zunehmender Zertifikateverknappung langfristig weiter steigen oder durch neue Technologien wieder sinken, ist heute nicht verlässlich prognostizierbar.

Der Verfasser plädiert nachdrücklich für eine Rückverteilung der Einnahmen an alle Bürger – pro Kopf, ohne Umweg über Subventionen. Da auf die CO_2-Abgabe zusätzlich 19 % Umsatzsteuer erhoben werden, sollte auch dieser Anteil zurückerstattet werden. Bei 84,5 Mio. Einwohnern ergibt sich ohne Umsatzsteueranteil eine jährliche **Rückerstattung zwischen 349 € und 1453 € pro Kopf**. Das sind erhebliche Beträge, die – unabhängig von anderen Transfers – einen sozial und familiär gerechten Ausgleich für die steigenden CO_2-Kosten bieten. Wer wenig emittiert, profitiert netto. Das ist ein starker Anreiz zur aktiven Mitwirkung beim Klimaschutz. Statt eines rein negativen Kostenempfindens entsteht durch die Rückerstattung ein positives Beteiligungserlebnis.

Ab 2027[2] erhebt die EU bei Importen auch CO_2-Grenzausgleichsabgaben nach dem CO_2-Grenzausgleichsmechanismus (carbon border adjustment mechanism CBAM).[3] Sie dienen der Wettbewerbsgleichheit bei Importen aus dem außereuropäischen Ausland und führen zu Preissteigerungen. Sie entsprechen in der Wirkung Zöllen. Auch diese Einnahmen sollten den Bürgern zurückgegeben werden. Kritiker werden zu Recht auf die Belastung der Unternehmen hinweisen. Die Ursache liegt darin, dass CO_2e-Emissionen lange als kostenloses Gut behandelt wurden, nun aber zu einem knappen Gut mit Preis werden. Anders als bei Öl oder Gas fließen die Preissteigerungen nun dem Staat zu und sollten daher auch wie schon ausgeführt an die Bürger zurückfließen. Das schafft Kaufkraft und nutzt über die gestärkte Nachfrage allen Unternehmen.

Andere Verwendungen der CO_2-Einnahmen sind wirtschaftlich ineffizienter und politisch riskanter, da sie die Akzeptanz der Bevölkerung weiter verringern. Viele Bürger empfinden Klimapolitik heute als dirigistisch, bürokratisch und intransparent – oder als ‚staatliche Abzocke'. Alternative Verwendungsmöglichkeiten im Überblick:

- **Senkung der Netzentgelte beim Strom:** Diese Subventionen mildern den Strukturwandel nur vermeintlich ab, weil die Preissteigerungen für CO_2 dann zur Erreichung der Klimaneutralität stärker steigen werden. Die Entlastung ist zudem umso größer, je mehr Strom Unternehmen und Bürger verbrauchen. Das ist aber gerade nicht das gewollte Ziel und sozial ungerecht. Gleichzeitig erlebt der Bürger die CO_2-Abgabe weiterhin als Realeinkommensverlust.

[2] Die EU-Kommission hat einen Vorschlag unterbreitet, demzufolge die Pflicht zum Kauf von CO_2-Zertifikaten durch die inländischen Importeure erst im Februar 2027 beginnt. EU-Rat und EU-Parlament haben dem zugestimmt. Die geänderte Verordnung trat am 20.10.2025 in Kraft.

[3] Stefanie Eich, EU beschließt CO_2-Grenzausgleichsmechanismus, German Trade & Investment, 13.06.2023

- **Integration in eine Steuerreform:** Ein grundsätzlich gangbarer Weg, der aber keine soziale Komponente und keinen nachhaltigen Bezug zu den wachsenden Belastungen der Bürger durch die CO_2-Abgaben hat.
- **Einsatz im Klima- und Transformationsfonds:** Diese Mittel dienen der Subventionierung des Strukturwandels – mit oftmals fraglichem oder sogar negativem volkswirtschaftlichem Nutzen (siehe z. B. Intel, Northvolt, Thyssen-Krupp, Wasserstoffprojekte). Solche Projekte werden politisch gefeiert, aber vom Steuerzahler mitfinanziert. Große Unternehmen beschäftigen eigens Abteilungen für die Fördermittelakquise, während der Mittelstand meist außen vor bleibt. Das untergräbt marktwirtschaftliche Prinzipien und schadet der Wettbewerbsfähigkeit.

In allen drei Varianten erleben die Bürger die CO_2-Abgaben primär als zusätzliche Belastung – mit wachsender Skepsis gegenüber der Klimapolitik insgesamt.

Die Bürger werden die verschiedenen Verwendungen der CO_2-Abgaben – ob zur Haushaltskonsolidierung, zur Subventionierung von Unternehmen oder zur Finanzierung staatlicher Klimaprogramme – mehrheitlich nicht mit wirksamem Klimaschutz verbinden, sondern als zusätzliche, jährlich steigende Belastung empfinden. Die politische Folge liegt auf der Hand: Die Zustimmung zu Parteien, die Klimaneutralität grundsätzlich infrage stellen, wird wachsen.

Kluge Klimapolitik setzt daher auf Akzeptanz durch Transparenz und Fairness: Die CO_2-Einnahmen sollten den Bürgerinnen und Bürgern so zurückgegeben werden, wie sie dem Staat zufließen: direkt und ohne Umwege über ineffiziente Umverteilung. Auch bei Unternehmen ist der Ruf nach Ausgleich verständlich, insbesondere dort, wo der Strukturwandel tiefgreifend ist. Doch statt dauerhafter Stützung braucht es marktwirtschaftliche Rahmenbedingungen, die Wettbewerbsfähigkeit fördern – etwa durch eine Senkung der Energiesteuern und einen echten Abbau regulatorischer Belastungen.

Unverzichtbar ist auch eine klare Absage an politisch motivierte Subventionierung teurer Energiemixe über die Netzentgelte. Marktverzerrungen treiben die Kosten und schwächen den Standort. Unternehmen wird in der Breite volkswirtschaftlich am nachhaltigsten geholfen, wenn ihnen verlässliche und investitionsfreundliche Bedingungen geboten werden wie etwa durch einen stabilen CO_2- Emissionsreduktionspfad und weniger staatliche Eingriffe. Dann können sich Unternehmen und Haushalte eigenverantwortlich auf veränderte Rahmenbedingungen einstellen. Steigende Kosten werden über Marktprozesse weitergegeben. Dass sich bestimmte Geschäftsmodelle nicht halten werden, ist Teil jedes Wandels. Es ist nicht Aufgabe der Politik, diesen Wandel aufzuhalten. Innovation, Anpassung und unternehmerischer Mut sind gefragt, nicht neue Förderprogramme.

Die Aufgabe des Staates besteht nicht darin, Gewinner und Verlierer zu bestimmen, sondern darin, für verlässliche Rahmenbedingungen zu sorgen und den Weg zur Klimaneutralität bis 2050 mit ordnungspolitischer Klarheit zu begleiten.

9.2 Erhalt der Biodiversität

Der globalen Klimaerwärmung durch Treibhausgase kann nur wirksam in einem weltweiten Konsens begegnet werden. Unterschiedliche Sichtweisen, Prioritäten, Schuld- und Finanzierungsfragen erschweren jedoch bislang ein international abgestimmtes Vorgehen. Immer wieder verhindern Staaten mit dem Hinweis auf mögliche Wettbewerbsnachteile wirksame Maßnahmen zur CO_2-Reduktion, wenn sie in der Summe eine relevante Masse bilden und erzeugen dadurch auch Widerstand in der Bevölkerung williger Staaten. Verständlich ist ein solches Spannungsverhältnis besonders in Ländern mit Hunger und Armut.

Maßnahmen zum Erhalt der Biodiversität sind unter diesem Blickwinkel einfacher umzusetzen, da Europa bei der Biodiversität vergleichsweise autonom handeln kann. Fortschritte lassen sich auch in Teilräumen verwirklichen. Mit dem EU-Nature-Restoration-Law wurde nach langen Verhandlungen ein gemeinsamer Rahmen geschaffen, der eine schrittweise Umsetzung bis 2030, 2040 und 2050 vorsieht.[4] Der Verfasser konzentriert sich im Folgenden auf die Ziele bis 2030.

Bislang wurden lediglich Ziele und Zielzeiträume definiert. Bis zum 19. August 2025 hatte die EU-Kommission dem Rat einen Bericht über verfügbare Finanzmittel, den Finanzierungsbedarf und etwaige Finanzierungslücken vorzulegen (Art. 21 Abs. 7, Verordnung (EU) 2024/1991 des Europäischen Parlaments und des Rates vom 24. Juni 2024 über die Wiederherstellung der Natur und zur Änderung der Verordnung (EU) 2022/869). Die nationalen Wiederherstellungspläne müssen bis zum 1. September 2026 vorliegen. Es bleibt abzuwarten, ob der Prozess wie vorgesehen abgeschlossen werden kann.

Konkret sieht das Gesetz folgende Maßnahmen bis zum Jahr 2030 vor:

- Auf mindestens 30 % der Gesamtfläche der in Anhang I genannten Land-, Küsten- und Süßwasserökosysteme, die sich nicht in gutem Zustand befinden, sollen Wiederherstellungsmaßnahmen erfolgen (Art. 4).
- Für die in Anhang II aufgeführten Lebensraumtypen der Meeresökosysteme (z. B. Seegraswiesen, Muschelbänke, Korallenriffe) gilt dasselbe Ziel: mindestens 30 % der nicht intakten Flächen sollen renaturiert werden (Art. 5).
- In städtischen Ökosystemen darf es gegenüber dem Stand von 2024 keinen Nettoverlust an Grünflächen oder Baumüberschirmung geben. Ausnahmen gelten für Kommunen mit ohnehin überdurchschnittlich hohen Grünanteilen (Art. 8).
- Es ist ein Verzeichnis künstlicher Hindernisse in Oberflächengewässern zu erstellen. Hindernisse, die für Energie, Hochwasserschutz oder Schifffahrt nicht mehr benötigt werden, sollen beseitigt werden, um zum Ziel von 25.000 km frei fließenden Flüssen in der EU beizutragen (Art. 9).
- Der Rückgang der Bestäuberpopulationen ist bis 2030 umzukehren, ein positiver Trend im Anschluss ist sicherzustellen. Die EU-Kommission wird bis zum 19. August 2025

[4] Verordnung (EU) 2024/1991 des Europäischen Parlaments und des Rates vom 24. Juni 2024 über die Wiederherstellung der Natur und zur Änderung der Verordnung (EU) 2022/869

einen einheitlichen Standard zur Datenerhebung und Erfolgsmessung vorgeben (Art. 10).

- In landwirtschaftlichen Ökosystemen sind Maßnahmen zur Stärkung der Biodiversität zu ergreifen. Auf nationaler Ebene ist ein Aufwärtstrend bei mindestens zwei von drei Indikatoren zu erreichen: Grünlandschmetterlingsindex, Humusgehalt der Böden und Anteil ökologisch vielfältiger Landschaftselemente. Zudem sollen bei Feldvögeln – insbesondere in historisch belasteten Regionen wie Deutschland – bis 2030 mindestens 10 % Zuwachs erreicht werden. 30 % der entwässerten Moorböden sollen wiederhergestellt, davon ein Viertel wieder vernässt werden (Art. 11).
- Die Biodiversität in Waldökosystemen ist zu verbessern. Dabei sind Risiken wie Waldbrände zu berücksichtigen. Bis Ende 2030 und danach alle sechs Jahre sind messbare Aufwärtstrends bei häufigen Waldvögeln und bei mindestens sechs von sieben weiteren ökologischen Indikatoren (z. B. Totholz, Kohlenstoffvorräte, Baumartenvielfalt) nachzuweisen (Art. 12).
- Auf EU-Ebene sollen mindestens drei Milliarden zusätzliche Bäume gepflanzt werden – unter Beachtung ökologischer Prinzipien und mit Vorrang für heimische Arten (Art. 13).

Für die Zeiträume 2030–2040 und 2040–2050 sind weitergehende, ambitionierte Ziele vorgesehen. Diese werden sich am wirksamsten durch marktwirtschaftliche Instrumente erreichen lassen. Eigentümer sollten auf freiwilliger Basis handeln können. Dafür bieten sich drei Varianten an:

- Der Staat kauft oder pachtet nicht mehr wirtschaftlich nutzbare Flächen zum Marktpreis für Renaturierungsmaßnahmen.
- Ist eine extensive betriebswirtschaftliche Nutzung unter Natur- und Klimaschutzgesichtspunkten notwendig, muss es dazu finanzielle Anreize geben. Dies in der Breite freiwillig zu erreichen.
- Wenn eine betriebliche Nutzung zu signifikanten Umweltschäden führt, sind wie bei CO_2-Zertifikaten Höchstmengen an ‚Verschmutzungsrechten' festzulegen, die erworben werden müssen

Kommt es infolge wissenschaftlicher Erkenntnisse zu neuen Belegen toxischer Wirkungen (z. B. bei Pflanzenschutz- oder Düngemitteln), bleibt ein Verbot im Ausnahmefall das letzte Mittel.

Die Europäische Kommission schätzt die Gesamtkosten für die Umsetzung des "EU-Nature Restoration Law" bis 2070 auf mindestens 154 Mrd. Euro.[5] Da nationale Kostenschätzungen erst 2026 vorgelegt werden, wird für Deutschland ein Anteil in Höhe von

---

[5] Regulation on nature restoration, Impact assessment (SWD (2022) 167, SWD (2022) 168 (summary)) accompanying a Commission proposal for a Regulation of the European Parliament and of the Council on nature restoration (COM (2022) 304), S. 5

24,3 % – entsprechend dem BIP-Gewicht – angesetzt. Da die Kosten vermutlich unterschätzt werden, rechnet der Verfasser in der **Zielkarte pro Jahr mit 1,6 Mrd. Euro,** sodass der auf Deutschland entfallenden Betrag von 37,4 Mrd. Euro bereits im Jahr 2050 aufgebracht ist.

9.3 Plastikmüll reduzieren

Die Reduzierung von Plastikmüll hat hohe Priorität. Das Global Footprint Network berechnet jährlich für jede Volkswirtschaft den Erdüberlastungstag. In Deutschland fiel dieser 2025 erstmals bereits auf den 3. Mai. Die Berechnung zeigt anschaulich, wann die regenerativen Ressourcen eines Landes für das Jahr aufgebraucht sind. Deutschland verbrauchte 2024 (2022) das 2,82-fache (3,06) der verfügbaren biologischen Regenerationskraft – in Nordamerika waren es das 5,10-fache (4,94), weltweit das 1,78-fache (1,71) (Tab. 9.2).

Trotz zahlreicher Absichtserklärungen verschärft sich die globale Ressourcenüberlastung weiter. Zwar können einzelne Kennziffern kritisch hinterfragt werden – die Gesamtentwicklung ist jedoch eindeutig negativ.

Das Konzept der Circular Economy (CE) zielt darauf ab, den Rohstoffeinsatz grundlegend zu verändern. Der Circularity Gap Report 2023 zeigt: Noch immer enden 90 % aller eingesetzten Rohstoffe als Abfall. Nur 7,2 % gelangen durch Recycling wieder in den Wirtschaftskreislauf – ein Rückgang gegenüber den Vorjahren (9,1 % im Jahr 2018, 8,6 % im Jahr 2022).[6] Ursachen sind u. a. die Vorratshaltung aufgrund von Rohstoffsicherheitsbedenken und wachsende Wohlstandseffekte, etwa durch langlebige Güter wie Gebäude oder Infrastruktur, bei denen Recycling kurzfristig nicht möglich ist.

Diese Entwicklung offenbart den grundlegenden Zielkonflikt zwischen wachsendem Wohlstand und der Erhaltung unserer Lebensgrundlagen. Ressourcenknappheit führt zu steigenden Preisen, was neue Explorationen wirtschaftlich macht, gleichzeitig aber auch Anreize für Erfindungen und Substitutionen setzt. Wohlstand bedeutet mehr Energie- und Rohstoffverbrauch. Zwar kann der Zusammenhang durch Effizienzgewinne abgeschwächt werden, eine vollständige Entkopplung gelingt aber nicht. Die ‚Circular Economy' leistet daher nicht nur einen Beitrag zur Klimaneutralität, sondern auch zum Erhalt der Biodiversität und zur Bekämpfung des Plastikmülls. Ziel ist eine Wertschöpfung, die sich von der Nutzung von Primärrohstoffen zur Wiederaufbereitung gebrauchter Materialien verschiebt.

Entscheidend ist die Wahl der richtigen Instrumente. Mengenregulierungen durch Verordnungen haben sich meist als bürokratisch, ineffizient und anfällig für Umgehung (z. B. Greenwashing) mit Interventionsspiralen erwiesen. Daher plädiert der Verfasser auch in diesem Bereich für Preispfade bzw. für Pfade abnehmender maximal zulässiger Verschmutzungsmengen auf der Zeitachse. Ziel ist wie beim CO_2, Umweltbelastung erneut vom „freien Gut" zu einem „knappen Gut" mit Preis zu machen.

---

[6] Circle Economy 2023, The Circularity Gap Report 2023, Amsterdam, S. 7

Tab. 9.2 Ökologischer Fußabdruck (Verbrauch Anzahl Erden) im Jahr 2024

Kontinent	Bebautes Land	Kohlenstoff	Ackerland	Angelplätze	Forstprodukte	Weideland	Gesamt
Afrika	0,03	0,26	0,20	0,03	0,17	0,08	**0,77**
Asien	0,04	1,05	0,24	0,05	0,11	0,05	**1,53**
Europa	0,09	1,78	0,62	0,12	0,42	0,13	**3,17**
Westeuropa	**0,13**	**1,67**	**0,61**	**0,08**	**0,34**	**0,17**	**3,00**
Lateinamerika und Karibik	0,05	0,67	0,34	0,06	0,23	0,32	**1,66**
Nordamerika	0,04	3,22	0,91	0,08	0,66	0,19	**5,10**
Ozeanien	0,04	0,64	0,32	0,29	0,47	0,14	**1,90**
Welt	0,04	1,11	0,30	0,06	0,18	0,09	**1,78**

Quelle: https://api.footprintnetwork.org/v1/data/all/2024/earth

Verbraucher und Investoren treffen dann ideologiefrei Entscheidungen, ob sie Ressourcen substituieren oder effizienter nutzen. Der sinnvoll definierte Zielzustand bestimmt die zulässige Gesamtmenge über die Zeit und damit den Preis. Technischer Fortschritt wirkt preisdämpfend, geringe Preissensibilität preistreibend – was wiederum Innovationen stimuliert. Solche Preisveränderungen sind notwendige Signale für den angestrebten Strukturwandel. Erfolgt dieser planvoll über viele Jahre, ist er für Wirtschaft und Verbraucher zumutbar.

Wie bei der CO_2-Bepreisung gilt: Die Einnahmen sollten sichtbar an die Bürger zurückfließen, idealerweise pauschalisiert und orientiert an der Belastungswirkung. Kunststoffe werden international gehandelt, was zu ähnlichen Herausforderungen führt wie bei CO_2. Internationale Abkommen wären daher wünschenswert. Da diese jedoch kaum realistisch erscheinen – wie zuletzt die COP29[7] und die US-Politik unter Donald Trump gezeigt haben –, ist ein gemeinsames, marktwirtschaftlich geprägtes und unbürokratisches europäisches Vorgehen umso wichtiger.

Da Kunststoffe zu einem erheblichen Teil aus fossilen Rohstoffen (Erdöl, Erdgas, Kohle) bestehen, unterliegen sie bereits der CO_2-Bepreisung. Wegen ihrer extrem langen Zersetzungsdauer – bis zu 2000 Jahre – und der Gefahr durch Mikroplastik für Mensch und Tier ist darüber hinaus eine spezifische Plastikverschmutzungsabgabe erforderlich. Jeder Händler sollte in Europa ein entsprechendes Verschmutzungsrecht erwerben müssen. Recycelte Kunststoffmengen sollten von dieser Abgabe befreit sein, um die Wiederverwertungsquote deutlich über die bestehenden EU-Ziele hinaus zu erhöhen. Verbote sind nur dort sinnvoll, wo einfache, deutlich umweltfreundlichere Alternativen ohne Zielkonflikte zur Verfügung stehen.

9.4 Weltbeste Kernfusionsforschung

Die Kernfusionsforschung hat in den vergangenen Jahren erhebliche Fortschritte gemacht. Neben der universitärer Grundlagenforschung wurden weltweit zahlreiche private Startups gegründet. Ein marktreifer Prototyp im Kraftwerksmaßstab existiert jedoch noch nicht – ein solcher wäre erst dann sinnvoll, wenn ein stabiler Fusionsprozess mit Nettoenergiegewinn nachgewiesen ist.

Deutschland verfügt mit Wendelstein 7-X in Greifswald über eine öffentlich finanzierte Versuchsanlage. Die Hauptmontage wurde 2014 abgeschlossen, das erste Plasma wurde am 10. Dezember 2015 erzeugt, der wissenschaftliche Betrieb startete 2016. Die Endausbaustufe wurde 2021 erreicht. Die Investitionskosten von 1995 bis 2021 beliefen sich auf 460 Mio. Euro, inklusive Standortkosten mit Personal und Sachkosten insgesamt auf 1,44 Mrd. Euro.

Um eine internationale Spitzenposition in der Kernfusionsforschung zu sichern, schlägt der Verfasser vor, jährlich vier zusätzliche Professuren (C3) für Kernfusion und

[7] Mike Zeitz, Die Klimakonferenz bringt nichts mehr, Spektrum, 24.11.2024

Plasmaphysik zu schaffen. Dies ist ein klares Signal für Investitionen in Zukunftstechnologien. Wie die „Welt“ am 20. September 2023 titelte: „Es gibt 8 Lehrstühle für Kernforschung, aber 173 Lehrstühle für Genderforschung“ (Gender-, nicht Gen-, Anm. d. Verf.). Zudem sollte in Zusammenarbeit von Wissenschaft, Start-ups und Investoren der Bau eines weiteren modernen Experimentierreaktors geprüft werden. Die hierfür notwendigen Mittel wären angesichts der möglichen Bedeutung der Kernfusion gut investiert. Ein Rückschlag wie im Fall Marvel Fusion, das 2023 aufgrund fehlender Unterstützung seine Forschungsanlage in die USA verlegte, sollte sich nicht wiederholen. Gemeinsam mit der Colorado State University errichtet Marvel Fusion dort eines der leistungsfähigsten Lasersysteme der Welt. Das Projekt mit einem Volumen von 150 Mio. Dollar soll Fort Collins zu einem globalen Zentrum für Laserfusion machen. Der Start des Betriebs ist in 2026 geplant.[8]

Das Bundeskabinett hat am 1. Oktober 2025 einen Aktionsplan gebilligt, in dem das Ziel bekräftigt wird, **den ersten Fusionsreaktor der Welt in Deutschland** zu errichten. Das ist eine wichtige Botschaft. Die Konkretisierung der Umsetzungsetappen sind jedoch abzuwarten, denn der Weg dahin ist wie zuvor ausgeführt ein längerer.

Ein Zeitraum von 25 Jahre bis die Kernfusion zu einer massentauglichen, unbegrenzten Energiequelle werden kann, mag für den Politiker lang sein, für die Zukunft der deutschen Volkswirtschaft ist es ein Morgen. Der Verfasser nimmt steigende zusätzliche **Forschungsgelder zur Kernfusion** bis zum Betrag von **3 Mrd. Euro p. a.** nach fünf Jahren in das **Zielkarte** auf.

[8] Marvel Fusion, München/Fort Collins, Auszug der Pressemitteilung vom 7. August 2023

Maßnahmen für mehr Bildung und Innovation 10

10.1 Anteil Universitätsabschlüsse in MINT-Fächern erhöhen

Aufgrund der zentralen Bedeutung der MINT-Fächer für die Entwicklung von Zukunftstechnologien wurde in die Zielkarte eine Erhöhung des Anteils der Bachelor- und Masterabschlüsse in diesen Disziplinen von 36,0 % (2024) auf 40 % aufgenommen. Der daraus entstehende volkswirtschaftliche Nutzen wird dann besonders groß sein, wenn gleichzeitig weitere Erfolgsbausteine sichergestellt werden. Bedeutenden amerikanische Tech--Konzerne sind als Gründungen aus den Top-Universitäten entstanden, leistungsstarke akademische Ökosysteme entfalten Innovationskraft. Ein objektiver Blick auf die internationale Wettbewerbsfähigkeit deutscher Universitäten bietet Table Tab. 10.1. Sie zeigt die Rangplätze deutscher Hochschulen unter den Top 200 im globalen THE-Ranking (Times Higher Education), das auf den Kategorien Lehre (Lernumfeld), Forschungsumfeld (Volumen, Einnahmen, Reputation), Forschungsqualität (Forschungsergebnisse), Industriekooperation (Wissenstransfer) und Internationalität (Mitarbeitende, Studierende, Forschung) basiert. Ergänzend sind die Referenzwerte der weltweit führenden Universität Oxford aufgeführt.[1]

Unter den Top 100 Universitäten befinden sich acht, unter den besten 200 insgesamt 23 deutsche Hochschulen – ein beachtliches Ergebnis angesichts der dynamischen Entwicklung vieler asiatischer Universitäten. Die deutsche Exzellenzstrategie hat hier zu Fortschritten beigetragen. Gleichwohl bestehen erhebliche Abstände zur Weltspitze, insbesondere im bereich Lehre und Forschungsumfeld. Weltweit führende Professorinnen

und Professoren ziehen herausragende Nachwuchstalente an. Um in diesem Wettbewerb zu bestehen, ist ein konsequentes Stärken-Schwächen-Monitoring für jede Universität erforderlich. Die Ergebnisse sollten Grundlage für zielgerichtete Verbesserungen sein

[1] Times Higher Education World (THE) University Rankings 2025

M. Lüdiger, *Deutschland – Impulse für ein neues Wirtschaftswunder*,
https://doi.org/10.1007/978-3-658-50754-1_10

Tab. 10.1 Times Higher Education World (THE) University Rankings 2025

Rang	Name	Gesamt	Lehre	Forschungsumfeld	Forschungsqualität	Industrie	Internationaler Ausblick
1	Universität Oxford, UK	98,5	96,8	100,0	98,8	99,6	97,3
26	Technische Universität München	83,5	70,4	86,0	91,7	100,0	83,1
38	LMU München	78,7	65,2	76,5	91,7	100,0	76,4
47	Universität Heidelberg	76,2	65,6	63,4	95,2	99,3	78,5
84	Humboldt Universität zu Berlin	68,0	53,3	63,5	84,9	65,5	76,8
89	Universität Bonn	67,6	51,8	57,4	89,2	86,2	72,4
92	RWTH Aachen University	67,2	53,9	64,2	78,0	100,0	70,3
93	Charité – Universitätsmedizin Berlin	67,1	47,3	49,0	97,8	100,0	74,6
100	Universität Tübingen	66,2	47,8	55,1	89,0	99,8	73,0
104	Freie Universität Berlin	65,8	49,9	59,6	82,7	71,0	81,7
121	Universität Göttingen	64,8	49,2	54,0	88,2	70,7	70,5
128	Universität Freiburg	63,8	45,4	51,3	86,9	100,0	73,1
132	Universität Hamburg	63,2	44,5	53,5	85,2	99,6	66,3
140	Technische Universität Berlin	62,4	45,4	54,7	79,5	99,7	71,4
157	Universität Köln	61,4	42,9	47,5	86,0	96,5	70,5
160	Technische Universität Dresden	61,1	47,2	50,6	78,6	99,8	65,9
163	Universität Würzburg	60,9	39,8	44,1	92,7	99,9	61,0
166	Karlsruhe Institut für Technologie	60,8	45,8	56,9	71,1	100,0	73,1
188	Universität Münster	59,4	44,0	47,9	83,9	82,2	54,7
199	Universität Ulm	58,7	39,7	40,5	87,9	99,7	65,3
199	Universität Mannheim	58,7	36,6	44,8	87,1	94,4	66,6

Quelle: Times Higher Education World (THE) University Rankings 2025, 22.05.2025 und als Maßstab für die Arbeit der Hochschulleitungen auf Landes- und Bundesebene dienen. Eine nach Fachbereichen differenzierte Bewertung bietet z. B. die Plattform 'universityrankings.ch/vergleich'.

Neben Rankings ist entscheidend, welche strukturellen Verbesserungen erforderlich sind, um international exzellente Wissenschaftlerinnen und Wissenschaftler zu gewinnen und zu halten. Bekannte Schwächen in Deutschland sind im internationalen Vergleich kleinere Budgets für Forschung und Personal, die Bürokratieanforderungen, insbesondere bei der Budgetverwendung, und niedrigere Gehälter im Vergleich zu den USA und der Schweiz.

Zugleich muss die Universität verstärkt als Keimzelle von Unternehmensgründungen gedacht werden. Aktuell mangelt es an Konzepten und dem Willen, Studierende systematisch auf eine unternehmerische Selbstständigkeit vorzubereiten. Eine Ausnahme bildet die Technische Universität München mit der erfolgreichen Initiative ‚UnternehmerTUM GmbH'. Auch fallstudienbasiertes Lernen zur Vertiefung theoretischer Inhalte stärkt unternehmerische Kompetenzen.

Das deutsche Hochschulsystem wird weitgehend durch staatliche Universitäten geprägt. Deren Niveau ist insgesamt gut, international jedoch dominieren traditionsreiche, private Universitäten mit hoher Kapitalausstattung. Vor diesem Hintergrund ist zu erwägen, leistungsschwache staatliche Hochschulen bzw. Fachbereiche zu schließen und die freiwerdenden Mittel in leistungsorientierte private Hochschulen umzulenken. Die maximale staatliche finanzielle Ausstattung sollte sich an den staatlichen Universitäten ausrichten. Ein möglicher Einwand – staatliche Finanzierung privater Hochschulen – lässt sich durch Qualitätsvorgaben entkräften: Öffentliche Förderung sollte an klare Leistungsanforderungen geknüpft sein und damit als Impuls für ein wettbewerbliches Hochschulsystem wirken. Spitzenuniversitäten schaffen über Forschung, Wissensvermittlung und Ausgründungen gesamtwirtschaftlichen Mehrwert. Die Anreizstruktur sollte wie im Exzellenzwettbewerb an den Erfolg gekoppelt sein. Es gilt: Wie in der Fußballbundesliga gibt es Auf- und Absteiger – auf Basis klar definierter Kriterien.

Das Ziel eines MINT-Absolventenanteils von 40 % ist mit einer Leistungs- und Reformperspektive für die Universitäten zu verknüpfen. Attraktive Studienbedingungen in MINT-Fächern sind essenziell. Die Grundlagen für steigende Abschlussquoten werden jedoch bereits im Schulbereich gelegt.

10.2 Weltweit bei Pisa-Tests unter den Top10 Ländern

Wie in Teil 1 beschrieben, erzielte Deutschland bei den PISA-Tests 2022 die schwächsten Ergebnisse seit Einführung der Studie im Jahr 2000: Im Durchschnitt erreichten 15-Jährige 475 Punkte in Mathematik, 480 im Lesen und 492 in Naturwissenschaften – rund 100 Punkte weniger als Gleichaltrige in den weltweit führenden Ländern. Dieses Ergebnis ist bemerkenswert schlecht, da frühkindliche Bildung und Ganztagsbetreuung in den letzten Jahren deutlich ausgeweitet und rechtlich verankert wurden.

Lehrkräfte berichten jedoch von nachlassender häuslicher Erziehung und zunehmendem Disziplinverlust. Diese Entwicklungen spiegeln sich auch im öffentlichen Raum wider. Zusätzlich wird der Schulalltag durch fehlende Sprachkenntnisse vieler neu zugewanderter Kinder erschwert. Eine leistungsfeindliche Schulpolitik in einigen Bundesländern – etwa durch Verzicht auf Sitzenbleiben oder Schulverweise – fördert eine Illusion von Leistungsfähigkeit, verstärkt durch tendenziell immer bessere Schulnoten (Tab. 4.3).

Da Bildung Ländersache ist, verbieten sich Pauschalurteile. Stattdessen ist eine differenzierte Betrachtung der Leistungsergebnisse notwendig. Leider werden PISA-Ergebnisse nicht nach Bundesländern veröffentlicht. Der IQB-Bildungstrend erlaubt jedoch Rückschlüsse: Tab. 10.2 zeigt am Beispiel der vierten Klasse schon früh die deutlichen Unterschiede.[2] – mit Bayern und Sachsen an der Spitze und Berlin (neben Bremen) mit alarmierend schlechten Ergebnissen. Nordrhein-Westfalen (NRW) als bevölkerungsreichstem Bundesland und Hamburg als zweitgrößte Stadt Deutschlands wurden ergänzt. Auch in der neunten Klasse bleiben die Leistungsunterschiede stabil, wie Tab. 10.3 am Beispiel Deutsch zeigt.[3] Während Berlin deutlich zurückliegt, hat Hamburg – trotz hoher Migrationsquote – durch eine konsequente Bildungspolitik aufgeholt. Besonders erfreulich ist der hohe Anteil leistungsstarker Schüler, der in Hamburg auf dem Niveau Sachsens liegt. Hamburg belegt: Schulische Erfolge sind durch gezielte Maßnahmen erreichbar.

Die Leistungsabstände zwischen Ländern ändern sich auch im Fach Englisch nicht, hier gab es aber eine erfreuliche stetige Verbesserung seit dem Jahr 2009 in ganz Deutschland, die sich durch eine verstärkte Alltagsnutzung über die digitalen Medien erklärt. Eigenmotivation ist folglich ein wichtiger Erfolgsfaktor für Bildungserfolg.

Überträgt man diese Ergebnisse auf PISA, so ergibt sich z. B. für Bayern ein geschätzter Wert von +25 Punkten auf die deutschen 475, was ein Niveau wie Estland (516), Kanada (506) oder die Schweiz (498) bedeutet. Für Berlin mit −20 Punkten ergibt sich ein Wert auf dem Niveau der Türkei (461), Serbien (442) oder Griechenland (436). Auch wenn es sich um Näherungen handelt, verdeutlichen sie die dringliche Handlungsnotwendigkeit – je nach Bundesland in unterschiedlicher Intensität, aber auch insgesamt aufgrund des negativen Trends. Der neuste IQB-Bildungstrend 2024 über die Leistungen in den Fächern Mathematik, Biologie, Chemie und Physik der Sekundarstufe I zeigt die Fortsetzung der negativen Entwicklung in allen Bundesländern und ist unbestritten besorgniserregend.[4] Die zuvor genannten länderspezifischen Unterschiede sind wenig verändert.

Bildungsmaßnahmen im Schulbereich (wie auch bei den Kindergärten) sind auf der Länderebene zu ergreifen. Politische Forderungen nach mehr Kompetenzen des Bundes bergen in dieser Situation eher die Gefahr für Qualitätsverschlechterungen, weil wie in anderen Bereichen des Lebens Wettbewerb zur Verbesserung anreizt. Für den Verfasser ist es

[2] Institut für Qualitätssicherung im Bildungswesen, IQB-Bildungstrend 2021, S. 103 ff.

[3] Institut für Qualitätssicherung im Bildungswesen, IQB-Bildungstrend 2022, S. 435 ff. und statistisches Zusatzmaterial Tab. 4.7 ff.

[4] Institut für Qualitätssicherung im Bildungswesen, IQB-Bildungstrend 2024, S. 137 ff. und statistisches Zusatzmaterial, Tab. 5.1 ff.

Tab. 10.2 IQB-Bildungsstandard nach Bundesländern 2022 (4. Klasse)

Region	Kategorie	Mindestandard verfehlt	Regelstandard erreicht	Optimalstandard	Punktdurchschnitt
Bund	**Lesen**	18,8	57,6	7,8	**471**
	Zuhören	18,3	58,9	8,2	**456**
	Orthographie	30,4	44,4	6,0	**473**
	Mathematik	21,8	54,8	10,5	**462**
	Durchschnitt	22,3	53,9	8,1	**465,5**
Bayern	**Lesen**	14,1	67,7	11,4	496
	Zuhören	13,4	67,1	11,3	480
	Orthographie	20,5	58,0	8,3	503
	Mathematik	13,2	66,2	14,5	490
	Durchschnitt	15,3	64,8	11,4	492,3
	Delta Bund in %	−31,5	20,1	40,0	5,75
Berlin	**Lesen**	27,2	48,5	6,9	448
	Zuhören	27,1	48,4	7,1	427
	Orthographie	46,1	29,8	3,4	434
	Mathematik	34,5	41,6	6,7	427
	Durchschnitt	33,7	42,1	6,0	434,0
	Delta Bund in %	51,1	−22,0	−25,8	−6,77
Hamburg	**Lesen**	17,7	61,9	10,9	479
	Zuhören	17,3	62,4	13,0	464
	Orthographie	30,5	45,9	6,2	471
	Mathematik	23,8	55,1	13,6	462
	Durchschnitt	22,3	56,3	10,9	469,0
	Delta Bund in %	0,0	4,5	34,5	0,75
Nord--Rhein--Westfalen	**Lesen**	21,6	52,7	6,4	460
	Zuhören	23,3	53,6	7,8	443
	Orthographie	32,6	39,6	4,4	465
	Mathematik	28,1	47,3	8,4	445
	Durchschnitt	26,4	48,3	6,8	453,3
	Delta Bund in %	18,3	−10,4	−16,9	−2,63
Sachsen	**Lesen**	12,9	67,3	11,3	496
	Zuhören	10,0	68,1	8,7	480
	Orthographie	26,3	47,9	7,7	482
	Mathematik	13,4	66,8	15,9	491
	Durchschnitt	15,7	62,5	10,9	487,25
	Delta Bund in %	−29,9	15,9	34,2	4,67

IQB, Bund und Ländererergebnisse 2021, eigene Berechnungen

Tab. 10.3 IQB-Bildungsstandard nach Bundesländern 2022 (9. Klasse Gymnasium)

Region	Kategorie	Gesamtwert 2009	Gesamtwert 2022	Veränderung
Bund	**Lesen**	586	555	−31
	Zuhören	580	541	−39
	Orthographie	582	556	−26
	Durchschnitt	583	551	−32
Bayern	**Lesen**	599	580	−19
	Zuhören	591	561	−30
	Orthographie	603	574	−29
	Durchschnitt	598	572	−26
	Delta Bund in %	2,6	3,8	
Berlin	**Lesen**	569	535	−34
	Zuhören	557	525	−32
	Orthographie	562	538	−24
	Durchschnitt	563	533	−30
	Delta Bund in %	−3,4	−3,3	
Hamburg	**Lesen**	572	550	−22
	Zuhören	563	554	−9
	Orthographie	555	557	2
	Durchschnitt	563	554	−10
	Delta Bund in %	−3,3	0,5	
Nord-Rhein-Westfalen	**Lesen**	581	547	−34
	Zuhören	580	535	−45
	Orthographie	573	543	−30
	Durchschnitt	578	542	−36
	Delta Bund in %	−0,8	−1,6	
Sachsen	**Lesen**	604	577	−27
	Zuhören	574	556	−18
	Orthographie	579	568	−11
	Durchschnitt	586	567	−19
	Delta Bund in %	0,5	3,0	

Institut für Qualitätssicherung im Bildungswesen: Bund und Ländererergebnisse 2022

schon erstaunlich, dass die Wähler dem Bildungsthema insbesondere in den leistungsschwachen Bundesländern nicht mehr Bedeutung zukommen lassen und damit Verbesserungen erzwingen. Vermutlich fehlt es in der Bevölkerung an der Transparenz der Lage, und die meisten Eltern sind zufrieden, wenn ihr Kind ein gutes Abitur macht.

Berlin verweist zwar zu Recht auf einen hohen Anteil nicht-deutschsprachiger Schüler, doch Hamburg zeigt, dass auch unter schwierigen Bedingungen bei Kontinuität und Leistungsorientierung gute Bildungsergebnisse erreichbar sind.[5] Im Jahr 2011 gehörte

[5] Pressemitteilung Stadt Hamburg vom 13.10.2023, PISA-Studie für Deutschland zeigt: Hamburg im Bundesvergleich erneut stark verbessert

Hamburg noch zu den schwächsten Bundesländern. Bayern sowie Sachsen sind weiterhin ein Vorbild für andere Länder. Folgende Erfolgskriterien bestehen:

- **Klare Zielvorgaben** durch die Bildungsministerien: Sicherstellung des vollen Unterrichtsumfangs, ggf. durch Überstunden.
- **Fokussierte Bildungspläne** mit Konzentration auf Grundlagen: Lesen, Zuhören, Orthografie, Mathematik (ergänzt um Englisch, in der Oberstufe auch Physik, Chemie, Informatik).
- **Digitale Lernmittel:** aus Kostengründen sind diese länderübergreifend zu entwickeln und regelmäßig anzuwenden. Lehrkräfte sind außerhalb der Unterrichtszeiten zu schulen.
- **Verantwortung der Schulleitung:** Erfolgsmessung und Beurteilung anhand von Lernstand und Entwicklung.
- **Leistungsbeurteilung der Lehrkräfte:** Lehrer werden je nach Leistung alle ein bis drei Jahre beurteilt, bei schwachen Leistungen werden regelmäßige Führungsgespräche auch in kürzeren Intervallen geführt. In diesen werden auch hohe Fehlzeiten von Lehrern und Schülern thematisiert. In der Organisation sind dazu die notwendigen Führungsstrukturen zu schaffen. Das Argument, dafür sei keine Zeit, ist aus der Wirtschaft bekannt, aber nicht tragfähig. Gute Führung ist die Basis jeder Erfolgskultur.
- **Objektive Leistungsfeststellung:** Die Versetzung in die nächste Klasse ist an die Leistungserbringung für diese Klassenstufe geknüpft und kein politisches Ziel. Dazu sollten bundesweit KI-modelle erstellt werden, die den Lehrerinnen und Lehrern bei der Beurteilung der Klassenarbeiten Hilfestellung geben und zur Objektivierung der Leistung beitragen. Es finden regelmäßige Klausuren und Überprüfungen des Lernstands in allen Schulen statt.[6]
- **Förderangebote:** Schulen bieten Schülern zur Beseitigung von Schwächen schulbegleitende Förderangebote und die Möglichkeit freiwilliger Lernferien, die mit einer Empfehlung „nicht erforderlich", „wird empfohlen" und „dringend empfohlen" pro Schüler verbunden werden.
- **Förderung Hochbegabter:** Für leistungsstarke Schüler gibt es jeweils in den drei Säulen
  - Deutsch/Literatur/Wirtschaft,
  - Mathe/Physik/Chemie
  - Informatik

  ein Zusatzangebot im Sinne eines kleinen Studium Generale.
- **Projektwochen:** Prüfung von Umfang und Lernerfolg.
- **Sprachkompetenz als Einschulungskriterium:** Verbindlicher Sprachunterricht vor Schulstart, möglichst an der künftigen Schule.

[6] Pressemitteilung Stadt Hamburg vom 13.10.2023, PISA-Studie für Deutschland zeigt: Hamburg im Bundesvergleich erneut stark verbessert

- **Störungsvermeidung:** Systematisch den Unterricht störende Kinder werden aus der Klasse zum Schutz der übrigen Schüler entfernt: situativ oder dauerhaft. Bei einem dauerhaften Verweis bietet sich oftmals der Versuch einer praktischen Ausbildung in öffentlichen Lehrwerkstätten an. Die Breite der Schüler haben einen Anspruch auf einen geordneten Schulunterricht

Der Beschluss der Kultusministerkonferenz zur PISA-Studie wirkt aus Sicht des Verfassers unkonkret, unverbindlich und daher unzureichend. Bildungserfolg bedarf klarer Ziele, verlässlicher Umsetzung und messbarer Ergebnisse – differenziert nach den jeweiligen Bedingungen in den Ländern.[7]

10.3 Anteil/Anzahl der deutschen Patente erhöhen

In Teil 1 wurde der steile Anstieg der Patentanmeldungen aus China sowie der damit verbundene beeindruckende relative Zuwachs im Vergleich zur westlichen Welt beschrieben. Der Aufstiegswille Chinas ist gewaltig und ebenso erfolgreich wie es einst der deutsche Wiederaufbau nach dem Zweiten Weltkrieg war. Zur Untermauerung dieser Entwicklung zeigt Abb. 10.1 die Patentanmeldungen im Verhältnis zum Bruttoinlandsprodukt sowie zur Bevölkerungsgröße.

In Abb. 10.1-1 wird die Zahl der Patente pro 100 Mrd. US-Dollar BIP dargestellt. Diese Betrachtung bevorteilt strukturell Länder mit niedrigerem Pro-Kopf-BIP, da dort bei gleichem Innovationsgrad mehr Patente im Verhältnis zum Wohlstand entstehen. In aufstrebenden Ländern wie China bedeutet ein steigendes Pro-Kopf-BIP allerdings, dass zur Verbesserung dieser Kennzahl ein überproportionales Wachstum der Patentanmeldungen notwendig ist.

Abb. 10.1-2 stellt demgegenüber die Zahl der Patente je eine Million Einwohner dar. Auch wenn China hier nur den vierten Rang einnimmt, zeigt sich erneut eine Verdoppelung der Patentanmeldungen innerhalb von zehn Jahren. Deutschland hingegen fällt in beiden Betrachtungen zurück.

Ziel ist die Umkehr dieses Trends. Es wurde bereits in Teil 1 das Ziel formuliert, den Anteil an den weltweiten Patenten von 1,6 % zu verteidigen – ein ambitioniertes Ziel, zumal die Patente in Deutschland von 2014 bis 2024 jährlich im Durchschnitt um **0,6 % zurückgegangen** sind. Seit 2023 gibt es auch in Deutschland wieder steigende Patentanmeldungen. Der Umfang reicht jedoch nicht aus, um den deutschen Anteil an den weltweiten Patenten zu halten.

Die Umsetzung der in Abschn. 4.1. und 4.2 beschriebenen Maßnahmen ist Grundvoraussetzung für dauerhaft steigende Patentanmeldungen. Der Staat ist – ähnlich wie bei der Kernfusionsforschung – in der Grundlagenforschung sowie im Aufbau der hierfür nötigen (digitalen wie konventionellen) Infrastruktur gefordert. Es braucht einen

[7] KMK, Kultusministerkonferenz (KMK) fasst Beschluss zu PISA 2022, 08.12.2023

Patentanmeldung in Relation zum Bruttoinlandsprodukt und zur Bevölkerung[127]

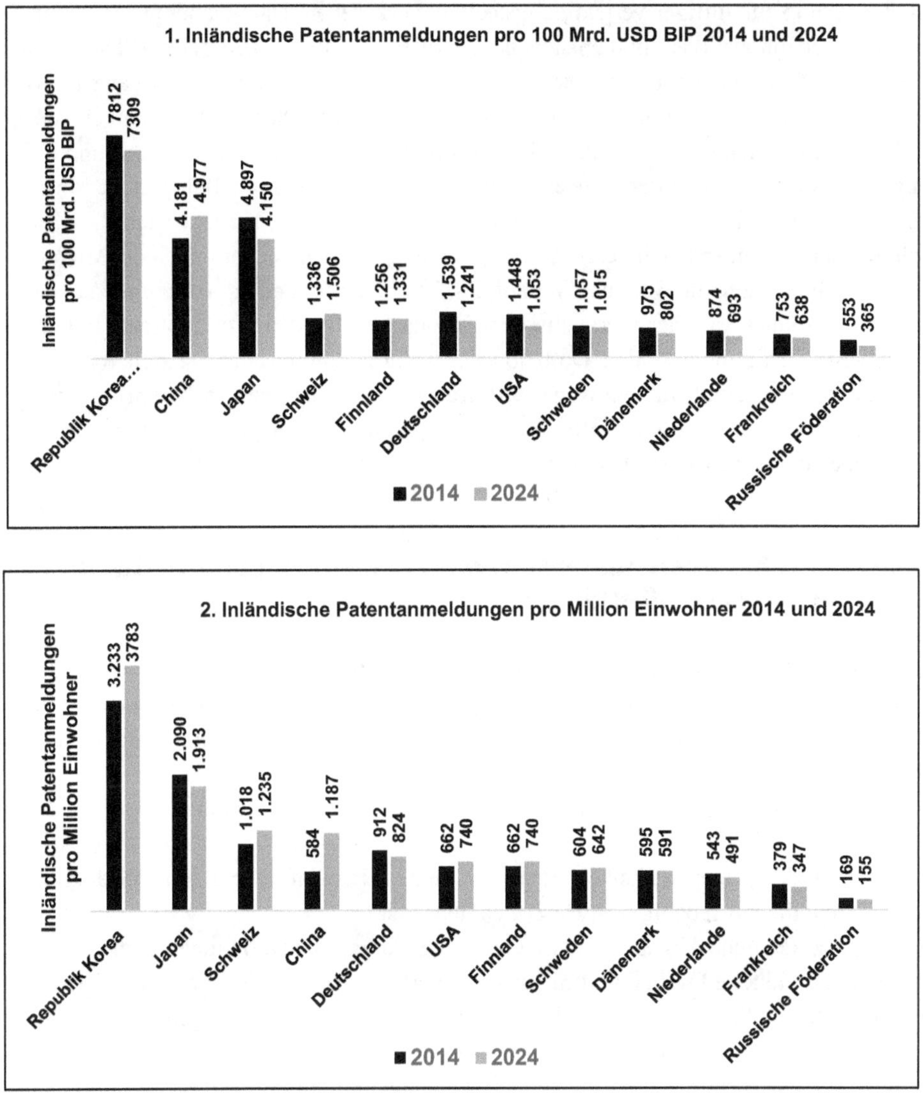

Abb. 10.1 Patentanmeldung in Relation zum Bruttoinlandsprodukt und zur Bevölkerung (World Intellectual Property Organization, World Intellectual Property Indicators 2025, S. 45)

grundlegenden **Prioritätenwechsel in den Köpfen:** Deutschland muss wieder ein Land der Technologiebegeisterung, der Forschung und der Innovation werden – frei von politischem Dirigismus, innovationshemmender Bürokratie und erdrückenden Abgabenlasten.

Zentrale Forschungsfelder sind: Gen- und Biotechnologie, Künstliche Intelligenz, Umwelttechnologien sowie physikalische Grundlagenforschung. Diese Bereiche müssen in staatlichen wie privaten Forschungseinrichtungen gezielt gefördert werden. Auch die rasant steigenden Verteidigungsausgaben sind mit einem deutlich wachsenden Anteil für die Forschung zukünftiger Verteidigungstechnik vorzusehen. Damit kann wie in Israel ein beachtlicher Innovationsschub entstehen. Gleichzeitig sollten soziologische Themen wie Genderforschung oder die Finanzierung von NGOs (Non-Government-Organisation) in den kommenden zehn Jahren weniger stark im Fokus politischer Aufmerksamkeit stehen.

Eine Neuausrichtung dieser Art wird nur durch ein politisches Umdenken und durch engagiertes Handeln möglich. Wie ein Unternehmensvorstand seine Belegschaft von einer neuen Strategie überzeugen muss – rational wie emotional –, braucht auch die Gesellschaft einen gemeinsamen inneren Antrieb. Der Weg ist vergleichbar mit einem Marathonlauf: Es gibt Phasen, die weh tun. Wer aufgibt, ist enttäuscht und hat verloren. Wer startet, braucht Ausdauer. In einer pluralistischen Gesellschaft werden **nur konkrete Etappenziele** breite Zustimmung finden. Deshalb ist es wichtig, durchdacht zu starten, realistische Schritte zu wählen und auf dem Weg **greifbare Erfolgserlebnisse** zu schaffen – gleichsam wie die Erfrischungsstationen entlang eines Marathons. Nur so gelingt der Weg hin zu einem neuen deutschen Wirtschaftswunder.

10.4 Anzahl selbständiger Unternehmen absolut und weltweit in den TOP 100 erhöhen

Um das Ziel eines nachhaltigen jährlichen Wachstums der Unternehmensanzahl in Deutschland um ein Prozent sowie einen höheren Anteil deutscher Unternehmen unter den Top 100 weltweit zu erreichen, ist ebenso der grundlegende Mentalitätswandel in der Politik und in der Gesellschaft notwendig.

Dieser Wandel beginnt bei uns Bürgerinnen und Bürgern. Wir wollen:

- einen starken, aber schlanken Staat, der marktwirtschaftliche Rahmenbedingungen setzt und die Umsetzung dem Einzelnen überlässt,
- weniger staatliche Abgaben und im Gegenzug weniger Umverteilung durch den Staat,
- mehr individuelle Freiheit und Eigenverantwortung, weniger staatliche Regulierung,
- einen kleinen Staat mit bürgernahen Behörden, die digitale Leistungen ohne Laufwege und Wartezeiten anbieten,
- soziale Absicherung für Schwache – aber gekoppelt an die Pflicht zum bestmöglichen eigenen Beitrag,
- Ein Miteinander im sportlichen Wettbewerb und keine Ellenbogengesellschaft,
- Anerkennung von Leistung, Freude an der Arbeit und des Mutes, Neues zu wagen,
- Scheitern als Teil des Fortschritts akzeptieren,
- Bildung und Ausbildung als Geschenk und Verpflichtung zugleich begreifen.

Auf dieser Grundlage lässt sich ein neues Maß an Marktwirtschaft wagen. Eine Marktwirtschaft, die in mehr erfolgreichen Unternehmensgründungen zum Ausdruck kommt und unseren Wohlstand sichert – unter Wahrung der natürlichen lebensgrundlagen. Soziale

Verantwortung der Gemeinschaft in Notsituationen und Eigenverantwortung zur Vermeidung solcher Situationen gehören untrennbar zusammen.

Zur Erreichung dieser Ziele sind folgende Voraussetzungen notwendig (**siehe Zielkarte**):

- Solide Staatsfinanzen (Kapitel. 2.2) und Preisniveaustabilität (Kapitel 2.3)
- Ernsthafter Bürokratieabbau in Deutschland und Europa (Kapitel 2.4)
- Wettbewerbsfähige Energiepreise durch ein optimiertes Energiemix unter Berücksichtigung der Netzkosten (Abschn. 1.5.1) und des CO_2-Pfades zur Klimaneutralität (Abschn. 2.1) sowie langfristige Autarkie durch Kernfusionsforschung (Abschn. 2.4).
- Senkung der Steuer- und Abgabenbelastung der Mittelschicht (Kapitel 2.5.2 und Kapitel 2.5.3) zur Leistungsförderung
- Subventionen werden gestrichen und staatliche Ausgaben jährlich real um 1,77 % p. a. (16,5 Mrd. Euro) über 20 Jahren reduziert (Kapitel 6.3.1. und 6.3.2).
- Verringerung der Vermögensungleichheit durch Förderung von Wohneigentum, Aufbau einer kapitalgedeckten Altersvorsorge und Abschaffung steuerlicher Sondervorteile (Kapitel 6.1)
- Rückführung und Stabilisierung der Sozialabgaben auf maximal 40 % des Bruttoeinkommens (Kapitel 2.5.3, 5.3).
- Intakte und moderne öffentliche Infrastruktur (Kapitel 2.5.4).
- Bildungs- und Innovationsqualität auf Weltspitzenniveau (Kapitel 4).
- Qualifizierte Zuwanderung erhöhen und unkontrollierte Fluchtmigration reduzieren (Kapitel 5.3).

Diese Reformagenda wird einen **Gründungs- und Wachstumsboom** auslösen, der Wohlstand sichert und Deutschland wieder zu einem Land macht, in dem **Leistung Anerkennung findet**. Bequemlichkeit bleibt in einem freien Land möglich, aber sie wird nicht länger staatlich gefördert.

10.5 Anzahl selbständiger Meister erhöhen

Die im vorherigen Abschnitt skizzierten Reformen sind auch für das Handwerk von entscheidender Bedeutung. Ein selbständiger Betrieb im zulassungspflichtigen Handwerk erzielte im Jahr 2023 – bei durchschnittlich 9,4 Mitarbeitenden und einem Umsatz von 161.308 € pro Erwerbstätigen (Kapitel 4.5, Tab. 4.8) – je nach Branche eine Umsatzrendite zwischen 5 und 15 %. Das entspricht einem Nettogewinn vor Steuern zwischen 74.154 und 222.461 €. Damit ist die Selbständigkeit nicht nur attraktiv aufgrund der persönliche Gestaltungsfreiheit und Unabhängigkeit, sondern auch wirtschaftlich. Allerdings bedarf es auch in der Bildungspolitik und im Denken aller Eltern eines Umdenkens, dass es sinnstiftende Alternativen zum Studium gibt. Auch unseren Universitäten täte es gut, wenn insbesondere Studenten, die sich mit den theoretischen und intellektuellen Anforderungen der Universitäten schwertun, den praktischen Weg ins Handwerk wählten. Das Handwerk bietet vielfältige, menschlich nahe und anspruchsvolle Aufgaben. Besonders herausfordernd ist jedoch der Arbeitskräftemangel, da kleinere betriebe im Wettbewerb um Fachkräfte gegenüber großen Unternehmen und dem öffentlichen Dienst oft das Nachsehen haben.

Deshalb ist es wichtig, in den beiden Schuljahren vor dem Abschluss systematisch über den Handwerksberuf aufzuklären und ein verpflichtendes Schulpraktikum im Handwerk einzuführen. Darin können die Schüler dann auch praktisch anfassen und nicht nur, wie sonst häufig, bei der Arbeit anderer zusehen. Auch jedem späteren Akademiker wird es für seine Entwicklung guttun, die handwerklichen Seiten des Lebens zu erfahren. Darüber hinaus sollten berufliche Schulen die verbindliche Möglichkeit erhalten, ihre Weiterbildungsangebote an Gymnasien und anderen weiterführenden Schulen zu präsentieren. So kann das **Handwerk als Karriereweg** die Anerkennung erhalten, die es verdient.

Maßnahmen zu mehr Sicherheit 11

11.1 Deutschland und Europa verteidigungsfähig machen

Um Deutschland und Europa verteidigungsfähig zu machen, muss wie in Teil 1 dargelegt, in jedem EU-Mitgliedstaat das seit Langem bestehende Zwei-Prozent-Ziel der Verteidigungsausgaben in Relation zum BIP zuzüglich der Ukrainehilfen dauerhaft realisiert bleiben. Angesichts der angekündigten Rücknahme des US-Engagements in der europäischen Verteidigung bedarf es einer eigenständigen europäischen Sicherheitsarchitektur mit einer gemeinsamen europäischen Armee innerhalb der NATO. Kein europäischer Staat ist angesichts der globalen Machtverhältnisse allein verteidigungsfähig. Die Existenz nationaler Armeen war nur solange plausibel, wie Kriege zwischen europäischen Staaten nicht auszuschließen waren. Diese Zeiten liegen glücklicherweise hinter Europa. Eine gemeinsame europäische Armee würde nicht nur einen Rückfall in düstere Zeiten ausschließen, sondern auch erhebliche Synergieeffekte durch einheitliche Waffensysteme bei Beschaffung und Betrieb ermöglichen. Sie müsste auch eine europäische nukleare Abschreckung umfassen, für die mit Frankreich und – nach Möglichkeit – Großbritannien ein Konsens herzustellen ist.

Die US-Amerikanischen Äußerungen unter Trump sollten als Weckruf verstanden werden: Europa muss seine Abhängigkeit von den USA überwinden, um nicht dem dominanten Auftreten der US-Regierung ausgeliefert zu bleiben. Damit eröffnet sich ein wichtiges Feld für die EU, das Europas Einheit voranbringt, ohne die nationalen Kulturen zu gefährden, die für die meisten Menschen Heimat bedeuten und identitätsstiftend sind. In diesem außenpolitischen Bereich kann die EU an Zustimmung in der Bevölkerung, an Beliebtheit gewinnen, weil das Sicherheitsbedürfnis bei der Verteidigung heutzutage europäisch ist. Deutschland ist gut beraten, die verschiedenen Vorschläge des französischen Präsidenten

M. Lüdiger, *Deutschland – Impulse für ein neues Wirtschaftswunder*,
https://doi.org/10.1007/978-3-658-50754-1_11

Macron zur europäischen Verteidigung aufzugreifen und selbst zu einem zentralen Ziel der deutschen Europapolitik zu machen.

11.2 Kriminalität senken

Um die Kriminalität in Deutschland zu senken, ist wie in Teil 1 anhand der Kriminalstatistik dargestellt, mit Vorrang die Ausländerkriminalität zu senken. Eine Lösung hierzu liegt im ersten Schritt in der konsequenten **Verhinderung ungewollter Einwanderung** und **verstärkter Integrationsanstrengungen bei der gewollten Einwanderung** – etwa bei Fachkräfteeinwanderung oder anerkannten Asylbewerbern mit Bleiberecht. Im folgenden Abschnitt „Fluchtmigration verringern/Integration steigern" werden erforderliche Maßnahmen beschrieben.

Angesichts der überproportional hohen Kriminalitätsbelastung durch Nichtdeutsche trägt eine Begrenzung der Zuwanderung bereits präventiv zur Entlastung bei. Sie allein löst jedoch nicht das Problem der bereits bestehenden hohen Kriminalitätsquoten von Ausländern. Hierfür sind zusätzliche Maßnahmen erforderlich. Rechtsvorschriften, die deren Umsetzung verhindern, sind im parlamentarischen Verfahren zu ändern:

- **Abschiebung abgelehnter Asylbewerber:** Derzeit erschweren zahlreiche Regelungen im deutschen und europäischen Recht eine Rückführung, etwa bei fehlendem Identitätsnachweis oder unvollständigen Reisedokumenten – selbst bei Straffälligkeit. Diese Hürden sind abzubauen und eng zu begrenzen. § 60 des Gesetzes über den Aufenthalt, die Erwerbstätigkeit und die Integration von Ausländern im Bundesgebiet enthält einen Katalog von Abschiebeverboten, die insbesondere dazu dienen, den abzuschiebenden Menschen vor Gefahren für seine existentiellen Grundrechte bzw. Menschenrechte zu schützen. Insbesondere der Schutz vor der Vollstreckung der Todesstrafe, Schutz vor Folter, unmenschlicher und erniedrigender Behandlung (Art. 3 Europäische Menschenrechtskonvention) und Schutz vor erheblicher Gefahr für Leib und Leben durch die Abschiebung sind bei einer konkreten Gefahr zu gewährleisten. Diese Abschiebeverbote sollten im Einklang mit dem Grundgesetz und der Europäischen Menschenrechtskonvention angewandt werden. Aber darüber hinaus kann nicht akzeptiert werden, dass abgelehnte Asylbewerber trotz negativer Bescheide Schutz vor Rückführung genießen. Derzeit ist die staatliche Souveränität in Deutschland nicht gewahrt, der Rechtsstaat diskreditiert. Der Staat darf nicht dauerhaft die Kontrolle darüber verlieren, wer sich im Land aufhält. Verurteilte Straftäter mit ausländischer Staatsangehörigkeit haben ihr Gastrecht verwirkt. Sie sollten sämtliche finanziellen staatlichen Leistungen verlieren und umgehend abgeschoben werden. Staaten, die sich der Rücknahme verweigern, sind von deutschen Finanzhilfen auszuschließen.
- **Verpflichtung zur Arbeitsaufnahme:** Arbeit ist der Schlüssel zur Integration und wirkt zugleich einer Radikalisierung entgegen. Sprachkenntnisse und soziale Kontakte entstehen durch Teilhabe am Arbeitsleben. Deshalb ist im Asylverfahren eine Pflicht zu

verankern, dass der Asylbewerber Arbeit sucht und selbst für seinen Unterhalt sorgt. Arbeitsverbote sind nur dann nachvollziehbar, wenn Verfahren innerhalb weniger Wochen abgeschlossen und Abschiebungen abgelehnter Bewerber auch zeitnah durchgeführt werden. Der deutsche Staat kann erwarten, dass jeder Zuwanderer für seinen Unterhalt arbeitet und eine Gegenleistung für staatliche Hilfen erbringt. Dies können auch gemeinnützige Tätigkeiten sein.

- **Verpflichtende Sprachkurse:** Wer staatliche Unterstützung erhält, muss die deutsche Sprache erlernen. Deutschkurse sind vom Staat anzubieten, die erfolgreiche Teilnahme muss verpflichtend werden. Eine Verweigerung führt zum Verlust des Asylrechts bzw. Duldungsstatus.
- **Integration als Voraussetzung für Einbürgerung:** Eine Einbürgerung darf erst nach erfolgreicher Integration in Arbeitswelt und Gesellschaft erfolgen. Voraussetzung ist die fließende Beherrschung der deutschen Sprache.

11.3 Fluchtmigration verringern und Integration steigern

Um die Fluchtmigration zu verringern, sind die Regelungen des Art.16a GG konsequent anzuwenden. Der Artikel wurde 1993 in das GG aufgenommen und besagt:

1. Politisch Verfolgte genießen Asylrecht.
2. Auf Absatz 1 kann sich nicht berufen, wer aus einem Mitgliedstaat der Europäischen Gemeinschaften oder aus einem anderen Drittstaat einreist, in dem die Anwendung des Abkommens über die Rechtsstellung der Flüchtlinge und der Konvention zum Schutze der Menschenrechte und Grundfreiheiten sichergestellt ist. Die Staaten außerhalb der Europäischen Gemeinschaften, auf die die Voraussetzungen des Satzes 1 zutreffen, werden durch Gesetz, das der Zustimmung des Bundesrates bedarf, bestimmt. In den Fällen des Satzes 1 können aufenthaltsbeendende Maßnahmen unabhängig von einem hiergegen eingelegten Rechtsbehelf vollzogen werden.
3. Durch Gesetz, das der Zustimmung des Bundesrates bedarf, können Staaten bestimmt werden, bei denen aufgrund der Rechtslage, der Rechtsanwendung und der allgemeinen politischen Verhältnisse gewährleistet erscheint, dass dort weder politische Verfolgung noch unmenschliche oder erniedrigende Bestrafung oder Behandlung stattfindet. Es wird vermutet, dass ein Ausländer aus einem solchen Staat nicht verfolgt wird, solange er nicht Tatsachen vorträgt, die die Annahme begründen, dass er entgegen dieser Vermutung politisch verfolgt wird.
4. Die Vollziehung aufenthaltsbeendender Maßnahmen wird in den Fällen des Absatzes 3 und in anderen Fällen, die offensichtlich unbegründet sind oder als offensichtlich unbegründet gelten, durch das Gericht nur ausgesetzt, wenn ernstliche Zweifel an der Rechtmäßigkeit der Maßnahme bestehen; der Prüfungsumfang kann eingeschränkt werden und verspätetes Vorbringen unberücksichtigt bleiben. Das Nähere ist durch Gesetz zu bestimmen.
5. Die Absätze 1 bis 4 stehen völkerrechtlichen Verträgen von Mitgliedstaaten der Europäischen Gemeinschaften untereinander und mit dritten Staaten nicht entgegen, die unter Beachtung der Verpflichtungen aus dem Abkommen über die Rechtsstellung der Flüchtlinge und der Konvention zum Schutze der Menschenrechte und Grundfreiheiten, deren Anwendung in den Vertragsstaaten sichergestellt sein muss, Zuständigkeitsregelungen für die Prüfung von Asylbegehren einschließlich der gegenseitigen Anerkennung von Asylentscheidungen treffen.

Abs. 2 sagt deutlich, dass sich niemand auf das Asylrecht berufen kann, der aus einem EU-Staat einreist. Das deutsche Asylrecht formuliert spezifizierend in § 18 Abs. 2 Asylgesetz:

> „Dem Ausländer ist die Einreise zu verweigern, wenn er aus einem sicheren Drittstaat (§ 26a) einreist".[1]

Zwar formuliert § 18 in Abs. 4 eine Ausnahme:

> „Von der Einreiseverweigerung oder Zurückschiebung ist im Falle der Einreise aus einem sicheren Drittstaat (§ 26a) abzusehen, soweit die Bundesrepublik Deutschland aufgrund von Rechtsvorschriften der Europäischen Gemeinschaft oder eines völkerrechtlichen Vertrages mit dem sicheren Drittstaat für die Durchführung eines Asylverfahrens zuständig ist".

Dieser Sachverhalt kann grundsätzlich nur bei der Familienzusammenführung vorliegen. In der Praxis führen derzeit jedoch lange Verfahrensdauern, unzureichende Rücküberstellungen oder Verfahrensaussetzungen in anderen Mitgliedstaaten häufig dazu, dass Deutschland de facto zuständig wird. Solange sich die Situation derart darstellt, sind Einreisen von Asylbewerbern so gut es geht zu verhindern. Zudem sind eigene Versäumnisse in Deutschland sofort abzustellen. Dies dürfte auch im Einklang mit EU-Recht möglich sein. Denn insbesondere nach Art. 20 Abs. 4 Dublin III-EU-Verordnung, aus dem Jahr 2013 ist der EU-Staat für die Bearbeitung eines Antrages auf internationalen Schutz zuständig, in dem sich der Antragsteller zur Zeit des Antrages befindet; stellt der Antragsteller seinen Antrag in Deutschland, während er sich zwar an der deutschen Außengrenze, aber noch im angrenzenden Nachbarstaat befindet, ist also nicht Deutschland zuständig, sondern dieser Nachbarstaat.[2]

In Übereinstimmung mit der Dublin III-Verordnung können Asylbewerber an den deutschen Außengrenzen also zurückgewiesen werden. Das deutsche und europäische Recht muss nur angewandt werden. Ein Verstoß gegen die europäische Menschenrechtskonvention besteht nicht, wie Art 16a, Abs. 5 ausdrücklich sagt. Nur als politisch Verfolgte anerkannte Asylbewerber werden zukünftig über die Grenzen nach Deutschland ins Land gelassen. Da Deutschland den Vorteil hat, in der Mitte der EU zu liegen, können Verfahren entweder an den europäischen Außengrenzen erfolgen oder, sofern dies den Staaten an den europäischen Außengrenzen nicht gelungen ist, in dem Land der Europäischen Union, aus dem der Einreisewunsch nach Deutschland besteht. Europäische Solidarität erfordert einerseits, entsprechend der Bevölkerungsquote Deutschlands in der EU anerkannte Flüchtlinge in Deutschland aufzunehmen. Andererseits muss Deutschland gegen den unrechtmäßigen und bequemen Weg anderer EU-Staaten wehren, nicht anerkannte Flüchtlinge nach Deutschland durchzuleiten. Dies Vorgehen wird ein schnelles Ende finden, wenn wie

[1] Hans-Jürgen Papier, Zurückweisungen an der Grenze „nicht nur möglich, sondern sogar geboten" in: Welt vom 09.09.2024

[2] BeckOK GG/Heusch, 64. Ed. 15.11.2025, GG Art. 16a Rn. 39., beck-online

beschrieben verfahren wird. Der gewollte Schutz der Außengrenzen der EU wird dann zwangsläufig den in ganz Europa geforderten, aber bislang nicht umgesetzten Stellenwert erhalten.

Da der Prozess der Abschiebung von nicht anerkannten Asylanten und Ausreisepflichtigen, die sich bereits im Inland befinden, nicht ausreichend gelingt, müssen die europäischen Staaten die Rechtlage derart verändern, dass Asylverfahren im Ausland rechtssicher erfolgen können und analog zu Art 16a, Abs. 3 GG auf europäischer Ebene Rechtsnormen beschlossen werden, die eine systematische Abweisung an den europäischen Außengrenzen für sichere Herkunftsländer ermöglichen. Am Widerstand Deutschlands sind den letzten Jahren folgende Reformen gescheitert, die das Asylrecht verschärfen sollten:

- **Reform des Dublin-Systems:** Deutschland setzte sich für individuelle Prüfungen ohne zeitliche Begrenzung ein.
- **Beschleunigte Asylverfahren:** Deutschland warnte vor Schnellverfahren und befürchtete Nachteile für Betroffene.
- **Verschärfung der Rücknahme- und Abschieberegelungen:** Auch hier setzte sich Deutschland für Einzelfallprüfungen ein.

Bei dem verständlichen Wunsch nach Einzelfallgerechtigkeit wurde aber die Abwägung mit der Notwendigkeit, im Ergebnis die Hoheit über die Einwanderung zu behalten, vernachlässigt. Die Folgen sind hohe Einwanderungszahlen und geringe Abschiebungsquoten abgelehnter Asylbewerber. Im ersten Quartal 2024 wurde die Reform des Gemeinsamen Europäischen Asylsystem (GEAS) vom Europäischen Parlament beschlossen.[3] Auch in Deutschland istin Anbetracht der veränderten Volksmeinung und des Regierungswechsels 2025 ein Umdenken eingetreten. Der Deutsche Bundestag hat der Umsetzung am 27.02.2026 zugestimmt. Für Europas Handlungsfähigkeit ist es wichtig, zu einem wirksamen gemeinsamen GEAS zu kommen. Ungarn und Polen wollen die Reform bislang nicht umsetzen.

In dem Maße in dem es gelingt, die ungewollte Einwanderung zu begrenzen und illegale Einwanderer auszuweisen, werden sich allein aufgrund der verringerten Zuwanderung positive Effekte auf die Arbeitslosigkeit, die PISA-Ergebnisse (Kapitel 4.2), die Kriminalität (Kapitel 5.2) und damit die Integration aller Ausländer in unsere Gesellschaft ergeben. Darüber hinaus werden die Sozialbudgets der öffentlichen Haushalte deutlich entlastet. Alle Kennziffern (Arbeitslosigkeit, PISA, Kriminalität) werden durch die heutige Form der Zuwanderung verschlechtert und führen im Alltag der Bevölkerung zur mehrheitlichen Ablehnung der erlebten negativen Folgen der Zuwanderung. Dabei braucht Deutschland qualifizierte Zuwanderung, und diese wird durch die ungewollte Zuwanderung erschwert, weil aufgrund der schlechten Erfahrung mit der (ungewollten) Einwande-

[3] Winfried Kluth, Reform des europäischen Asylsystems: Vor der Umsetzung gescheitert? Gastbeitrag in: C. H. Beck vom 12. Februar 2025

rung die notwendige Willkommenskultur für zugewanderte Fachkräfte verloren oder zumindest erschwert wird. Keine ausländische Fachkraft möchte in einem Land leben, in dem ihr Misstrauen entgegengebracht wird. In dem Maße, in dem es gelingt, die ungewollte Einwanderung drastisch zu begrenzen, wird eine Willkommenskultur wieder aufwachsen. Zudem ist es dann möglich, beginnend bei den Kindern im Kindergarten und in der Schule, Ausländer intensiver beim Erlernen der deutschen Sprache zu fördern und zu integrieren. Damit wird dem Entstehen von ethnischen Parallelmilieus der jeweiligen Nationalitäten vorgebeugt.

Das erreichbare Ziel dieser Maßnahmen ist: Ausländerinnen und Ausländer werden mit ihrem Erfahrungsschatz in unserer Gesellschaft wieder als Bereicherung erlebt und mit Interesse willkommen geheißen.

Mit der konsequenten Begrenzung des Flüchtlingsstroms nach Deutschland werden **Einsparungen von 17 Mrd.** Euro möglich und damit mehr als eine Halbierung der heutigen Staatsausgaben. Diese Reduzierung erfolgt anwachsend über 5 Jahre parallel zur Reduzierung der Zuwanderung und der verstärkten Abschiebung nicht anerkannter Asylbewerber. Mit über 10 Mrd. Euro allein im Bundeshaushalt verbleibt immer noch ein hoher Betrag, denn im Jahr 2013 waren es über alle staatlichen Ebenen noch weniger als 3 Mrd. Euro. Auch hier bestehen langfristig noch weitere Einsparpotenziale, aber vorerst ist es wichtig, die in Deutschland befindlichen Ausländer besser zu integrieren (Bildung, Sprache, Arbeit) und damit auch die hohe Kriminalitätsquote zu reduzieren.

11.4 Deutsche Auswanderung verringern und qualifizierte Zuwanderung aus dem Ausland erhöhen

Die Beweggründe für die Auswanderung deutscher Staatsbürger sind individuell verschieden. Bei Erwerbstätigen sind es häufig die in Kapitel 2.4 und 2.5 aufgezeigten strukturellen Defizite, deren Behebung zugleich die Abwanderung hochqualifizierter Fachkräfte mindern hilft. Zudem sind es eine in vielen Unternehmen fehlende Kultur von „Versuch und Irrtum", die auch kalkuliertes Misslingen als Fortschritt honoriert, eine häufig sehr bürokratische und hierarchische Führungsstruktur und staatliche Überregulierung mit zahlreichen Verboten und Berichtspflichten. Hierauf sattelt dann die deutsche Abgabenlast auf. Persönliche Karrierechancen mit mehr Eigenverantwortung, geringere regulatorische Hürden (etwa bei Gentechnik, Fusionsforschung oder KI-Regulierung) und höhere Nettoeinkommen sind daher häufige Motive für einen Wegzug. Ziel muss es sein, diese strukturellen Hemmnisse zu reduzieren.

Wie im Teil 1 dargelegt, stellt die Blaue Karte EU das richtige und erfolgreiche Instrument dar, um Zuzug aus dem Ausland zu erhöhen. Die Gehaltsgrenzen mit einem Jahreseinkommen im Februar 2025 von 58.400 € Jahresbruttogehalt für reguläre Berufe und 45.554 € für Mangelberufe erscheinen angemessen hoch. Die Gehaltsgrenzen sollten auch in Zukunft grundsätzlich nicht unter das Durchschnittsbruttojahreseinkommen fallen, das im Jahr 2023 bei 55.032 € lag. Bei Mangelberufen sind Abschläge auf das Durchschnittsjahresbruttoeinkommen der Berufsgruppe vertretbar. Grundsätzlich ist sicherzustellen, dass Zuwanderer einen positiven Beitrag zur Finanzierung des Sozialstaats leisten. Dadurch entfällt zugleich der Nährboden für Befürchtungen eines Lohndumpings.

Mögliche Optimierungen des Zuwanderungsprozesses umfassen:

- Digitalisierung des Antragsprozesses durch ein zentrales Online-Portal
- Beschleunigung des gesamten Bewerbungsprozesses. Der Bewerber hat Klarheit und einen positiven ersten Eindruck von Deutschland und entscheidet sich deshalb auch nicht aus Unsicherheit für ein anderes Land. Der Bewerbungsprozess ist die erste „Visitenkarte" eines Landes
- Beschleunigte und vereinfachte Anerkennung ausländischer Qualifikationen. In kritischen Berufsgruppen wie Ärzten oder Statikern sind Testphasen in Zweifelfällen durchaus hilfreich. Der Prozess muss aber klar strukturiert sein.
- Internationale Informationskampagnen mit Ansprechpartnern in den rund 90 deutschen Außenhandelskammern.
- Verbindliche Sprach- und Integrationsangebote, deren Kosten vom Arbeitgeber zu übernehmen sind.
- Betreuung neu zugewanderter Fachkräfte durch benannte Ansprechpartner der Industrie- und Handelskammer sowie der Arbeitgeber. Dabei sind monatlich digitale Feedback-Bögen zur bundesweiten Auswertung einzureichen, die Schlussfolgerungen zur beruflichen und privaten Zufriedenheit geben.
- Vorlage eines lückenlosen Lebenslaufs als Voraussetzung für die Einwanderung. Bei Zweifeln ist der Zugang zu verwehren.

12 Maßnahmen für mehr Verteilungsgerechtigkeit

12.1 Ungleichverteilung begrenzen – Leistung ermöglichen

Wie in Teil 1 erläutert, ist die Einkommensverteilung in Deutschland im internationalen Vergleich relativ ausgewogen (Gini-Koeffizient: 0,30). In diesem Bereich besteht aktuell kein Handlungsbedarf. Demgegenüber zeigt sich bei der Vermögensverteilung ein hoher Ungleichheitsgrad mit einem Gini-Koeffizienten von 0,76 – einer der höchsten in Europa.[1] Ziel muss es sein, künftige Wohlstandsgewinne im Zuge eines neuen Wirtschaftswunders breit zu streuen und bestehende steuerliche Ungleichbehandlungen abzubauen. Folgende Maßnahmen tragen hierzu bei:

12.1.1 Förderung von Wohneigentum

Die Bildung von Wohneigentum ist nicht nur ein Beitrag zum Vermögensaufbau in der Breite der Bevölkerung, es stärkt auch die gesellschaftliche Stabilität und damit die Demokratie. Der Spruch ‚my home is my castle' hat auch seine Berechtigung als Ort des Rückzugs, der Freiheit, der Unabhängigkeit und auch der Altersvorsorge. In Deutschland gab es im Jahr 2022 insgesamt 39.318 Tausend im Mikrozensus ermittelte Wohneinheiten, von denen 16.433 Tausend Eigentümerwohnungen waren.[2]Das bedeutet eine Eigentumsquote (Tab. 12.1) von 41,8 % (West 43,8 %, Ost 34,1 %), der niedrigsten Eigentumsquote in Europa. Dabei nahm die Eigentumsquote im früheren Bundesgebiet (West) von 45,1 % im

[1] vgl. auch Deutschen Bundesbank, Monatsbericht April 2024, S. 25

[2] Statistisches Bundesamt, Wohnen/Eigentumsquote, Stand 19.02.2024, 2025

M. Lüdiger, *Deutschland – Impulse für ein neues Wirtschaftswunder*,
https://doi.org/10.1007/978-3-658-50754-1_12

Tab. 12.1 Wohneigentumsquoten in Deutschland und den Bundesländern

Bundesland im Jahr 2022	Haushalte in Tausend	Anteil in Eigentümerwohnungen	Eigentumsquote
Gesamtdeutschland	**39.318**	**16.433**	**41,8**
West	**31.197**	**13.659**	**43,8**
Baden-Württemberg	5032	2429	48,3
Bayern	6144	2805	45,7
Bremen	336	108	32,1
Hamburg	926	186	20,1
Hessen	2891	1221	42,2
Niedersachsen	3562	1738	48,8
Nordrhein-Westfalen	8528	3287	38,5
Rheinland-Pfalz	1884	955	50,7
Saarland	474	282	59,5
Schleswig-Holstein	1420	648	45,6
Ost	**8122**	**2772**	**34,1**
Brandenburg	1244	558	44,9
Mecklenburg--Vorpommern	825	312	37,8
Sachsen	2035	701	34,4
Sachsen-Anhalt	1094	463	42,3
Thüringen	1037	437	42,1
Berlin	**1887**	**301**	**16,0**

Statistisches Bundesamt, Wohnen/Eigentumsquote, Stand 19.02.2024, 2025

Jahr 2014 deutlich ab und im Gegensatz dazu in den Neuen Bundesländern (Ost) und Berlin (11,3 %) von 28,7 auf 34,1 % stark zu.[3]

Bedenklich ist, dass der Anteil der unter 50-jährigen in diesem Zeitraum um vier Prozentpunkte auf 30,5 % abnahm.[4] Um die Eigentumsquote insgesamt und insbesondere bei jüngeren Menschen zu erhöhen, sollte pro Haushalt in ganz Deutschland **ein** selbstgenutztes Eigenheim mit Erstwohnsitz von der Grunderwerbssteuer befreit werden. Da die Grunderwerbssteuer eine Ländersteuer ist und über die Jahre durch gestiegene Grunderwerbssteuersätzen von bis zu 6,75 % (Tab. 12.2) eine wichtige Einnahmequelle geworden ist, kommt die Umsetzung bislang über die Aufnahme in Wahlprogramme hinaus nicht voran. Nur in Bayern hat das Land seit 1998 keine Steuererhöhung vorgenommen. **Die Grunderwerbssteuerbefreiung der selbstgenutzten Wohnimmobilien mit Erstwohnsitz verringert die Ländereinnahmen von 12,2 Mrd. Euro (2024) bei einem Umsatzanteil von rund 40 % um 4,9 Mrd. Euro pro Jahr.**

[3] Statistisches Bundesamt, Mikrozensus Wohnsituation: Eigentumsquote, Zeitreihe 1998–2022, Destatis 2025

[4] Institut der deutschen Wirtschaft, Wohneigentumsquote in Deutschland weiterhin niedrig, 02.01.2025

Tab. 12.2 Grunderwerbsteuersätze in Deutschland

Bundesland	Steuersatz seit 7,1983	Erhöhung/ Senkung ab	auf Steuersatz
Baden-Württemberg	3,5 %	05.11.2011	5,0 %
Bayern	3,5 %	keine	
Berlin	3,5 %	01.01.2007	4,5 %
		01.04.2012	5,0 %
		01.01.2014	6,0 %
Brandenburg	3,5 %	01.01.2011	5,0 %
		01.07.2015	6,5 %
Bremen	3,5 %	01.01.2011	4,5 %
		01.01.2014	5,0 %
		01.07.2025	5,5 %
Hamburg	3,5 %	01.01.2009	4,5 %
		01.01.2023	5,5 %
Hessen	3,5 %	01.01.2013	5,0 %
		01.08.2014	6,0 %
Mecklenburg-Vorpommern	3,5 %	01.07.2012	5,0 %
		01.07.2019	6,0 %
Niedersachsen	3,5 %	01.01.2011	4,5 %
		01.01.2014	5,0 %
Nordrhein-Westfalen	3,5 %	01.10.2011	5,0 %
		01.01.2015	6,5 %
Rheinland-Pfalz	3,5 %	01.03.2012	5,0 %
Saarland	3,5 %	01.01.2011	4,0 %
		01.01.2012	4,5 %
		01.01.2013	5,5 %
		01.01.2015	6,5 %
Sachsen	3,5 %	01.01.2023	5,5 %
Sachsen-Anhalt	3,5 %	02.03.2010	4,5 %
		01.03.2012	5,0 %
Schleswig-Holstein	3,5 %	01.01.2012	5,0 %
		01.01.2014	6,5 %
Thüringen	3,5 %	07.04.2011	5,0 %
		01.01.2017	6,5 %
		01.01.2024	5,0 %

Quelle Wikipedia u.a., Stichtag 13. 10. 2025

Zudem ist eine einmalige Eigenheimzulage von 1250 € p. a. pro Familienmitglied (Eltern und Kinder) über 10 Jahre zur Förderung der Eigentumsbildung sinnvoll, ähnlich wie es sie früher bereits gab. Die lange Laufzeit stellt sicher, dass die Förderung an die Nutzung des Eigentums gebunden ist. **Zunächst wird die Förderung aus familienpolitischen und finanziellen Gründen auf Familien bis zum Alter von 40 Jahren begrenzt. Die**

Kosten hierfür steigen über 10 Jahre auf geschätzte 3,5 Mrd. Euro p. a.[5] Nach der Anlaufphase kann die Altersbegrenzung bei positiven Erfahrungen entfallen.

Wenig Gefallen findet der Verfasser an dem Ansatz, mit Nachrangdarlehen und der Übernahme von Ausfallbürgschaften der öffentlichen Hand Kredite von Immobilienkäufern abzusichern. Das vereinfacht zwar für einen Käufer die Finanzierung des Eigenheims, weil die Bank dann auch bonitätsschwächeren Käufern Darlehen gibt. Gleichzeitig geht der in Finanzfragen Unkundige Risiken ein, die zu seiner Privatinsolvenz führen können, wenn die Immobilienpreise sinken oder Zinsen steigen. Wohin das im Extremfall führen kann, hat die Welt in der Immobilienkrise der USA schmerzhaft erlebt.

12.1.2 Steuerliche Gleichbehandlung vermieteter Immobilien

In den heutigen Steuergesetzen nimmt die selbstgenutzte Wohnimmobilie eine Sonderrolle ein. Sie wird außer beim Erwerb nicht besteuert. Um Einnahmen nicht – wie früher geschehen – fiktiv ansetzen zu müssen, sind auch keine Ausgaben absetzbar. Der Veräußerungserlös bleibt, sofern kein gewerblicher Umfang besteht, steuerfrei.

Bei vermieteten Immobilien hingegen lassen sich laufende Ausgaben, zu denen auch Abschreibungen gehören, steuerlich geltend machen. Gewinne bleiben bei der Veräußerung nach zehn Jahren steuerfrei, sofern kein gewerblicher Immobilienhandel vorliegt. Diese Asymmetrie ist sachlich kaum begründbar und trägt zur Vermögenskonzentration bei. Künftig sollen Veräußerungsgewinne auch nach Ablauf der Spekulationsfrist besteuert werden. Diese Systemkorrektur ist gleichzeitig auch ein Beitrag zur Finanzierung der Einkommenssteuerreform.

Im **Referenzjahr 2022** betrug der Verkaufsumsatz von Wohnimmobilien 210 Mrd. Euro, im Jahr 2024 nach dem Einbruch infolge der Zinserhöhungen wieder 247 Mrd. Euro (Abb. 12.1).[6] Bei einer Vermietungsquote von 60 %, einem angenommenen steuerpflichtigen Anteil von 20 % und einem Steuersatz von 30 % ergeben sich potenzielle Mehreinnahmen von **7,6 Mrd.** Euro (209,9 × 0,6 × 0,2 × 0,3). Bei gewerblichen Immobilien (91,2 Mrd. Euro Umsatz) sind es weitere **5,5 Mrd.** Euro (91,2 × 0,2 × 0,3).

Da der Bürger Vertrauensschutz erwarten darf, sollte ab dem Gesetzesstichtag im Übergang von 10 Jahren nach dem Erreichen der 10-Jahres-Frist nur der noch nicht erreichte jährliche Zeitanteil der Besteuerung unterliegen. Wenn die Steuerpflicht im Jahr 2026 eingeführt wird und die Immobilie im Jahr 2020 erworben wurde, sind bei Verkauf im Jahr 2030 anteilige 6/10 des Verkaufsgewinns steuerfrei. Spiegelbildlich soll sich ab dem 11 Jahr die anteilige Steuerfreiheit wieder um jährlich ein Zehntel p. a. verringern. Im Jahr

---

[5] Werden Jahrgangsstärken von langfristig 0,7 Mio. Menschen (=Geburten) und eine Nutzungsquote von 40% zugrunde gelegt, ergibt sich eine durchschnittlich Maximalbelastung von 0,7 Mio. Personen × 0,4 × 1250 €/Person × 10 Jahre Förderung) = 3,5 Mrd. Euro.

[6] Immobilienmarktbericht Deutschland 2023 der Gutachterausschüsse in der Bundesrepublik Deutschland, Bonn 2023, S. 21 und S. 31 und 2025, S. 26 und S. 36

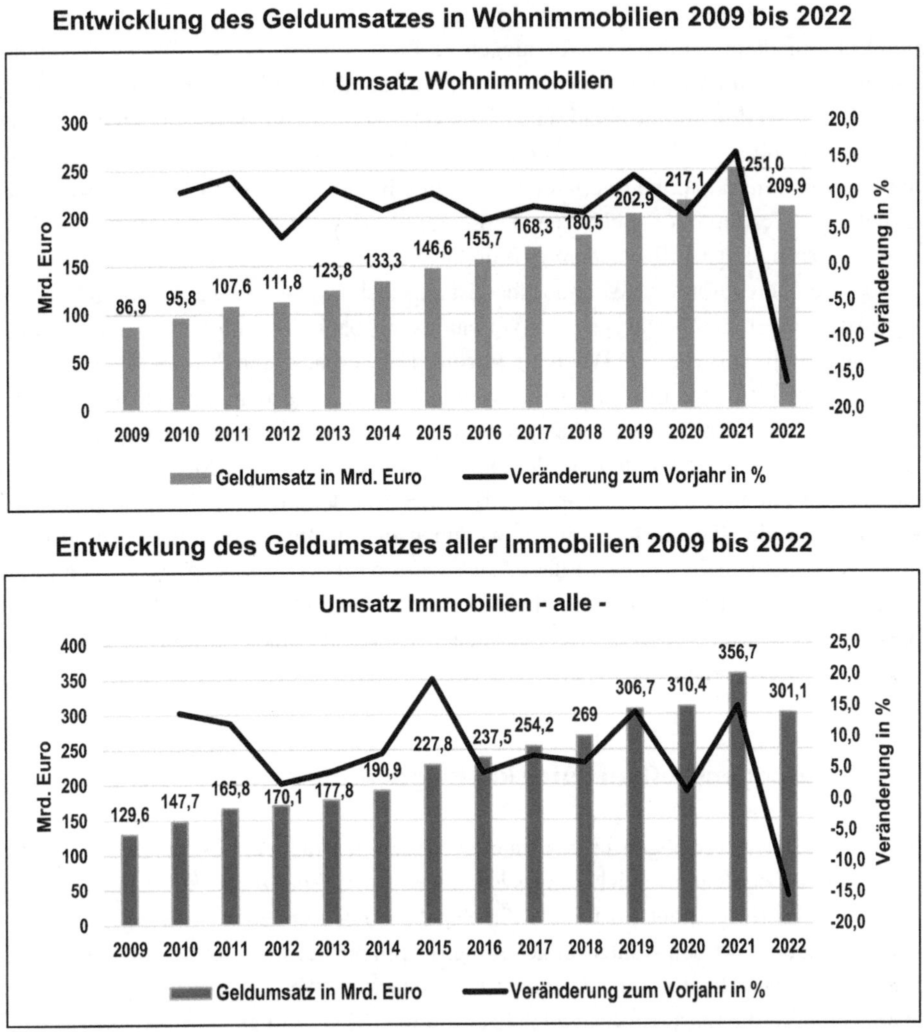

Abb. 12.1 Entwicklung des Geldumsatzes von Immobilien 2011 bis 2024

2031 würde folglich der steuerfreie Anteil auf 5/10 sinken. Mit jedem weiteren Jahr reduziert sich der Anteil der Steuerfreiheit um ein Zehntel. Diese Regelung erzeugt eine Motivation zum baldigen Verkauf nach dem Erreichen der zehnjährlichen Haltefrist und führt in der jetzigen angespannten Wohnsituation zusammen mit der vorgeschlagenen Förderung der selbstgenutzten Wohnimmobilie zu einer gewollten Dynamik in den Wohnimmobilienmärkten. Eine Steigerung der Eigentumsquote ist zu erwarten. Wird dies verbunden mit einer Liberalisierung des Mietpreisgesetzgebung (Wegfall der Mietpreisbremse), steigt auch die Neubautätigkeit mit dämpfenden Effekten auf die Mietpreissteigerungen.

Derzeit schützen Mietpreisobergrenzen vor allem Bestandsmieter, während junge und mobile Berufstätige häufig nur Wohnungen zu Preisen deutlich oberhalb des Bestandsniveaus finden. Ein Wohnungswechsel – etwa in eine kleinere Wohnung im Alter – wird dadurch finanziell unattraktiv und unterbleibt oft. Die Steuerungswirkung eines funktionierenden Marktes wird so eingeschränkt. Gleichzeitig begünstigt die regulatorisch induzierte Wohnungsknappheit Vermieter, die wenig in ihre Bestände investieren, sowie die zunehmende Tendenz zur möblierten Vermietung, die weitgehend außerhalb der Mietpreisregulierung liegt, insbesondere in Ballungsräumen.

Der öffentlich geförderte Wohnungsbau ist angesichts knapper Haushaltsmittel nur ein begrenzter Hebel zur Beseitigung der Wohnungsknappheit. Wer im Vergabeprozess eine günstige öffentlich geförderte Wohnung in guter Lage erhält, kann dies als Glücksfall betrachten – vergleichbar mit einem Lottogewinn. Entsprechend gering ist die Wechselbereitschaft. Damit zeigen sich die typischen Folgen von Preisobergrenzen: Knappheit, geringe Investitionsanreize und ein Wettbewerb um das zu knappe Angebot. Vor diesem Hintergrund erhielt am 26. September 2021 in Berlin dennoch ein Volksentscheid eine Mehrheit, der die Überführung privater Wohnungsunternehmen mit mehr als 3000 Wohnungen in „Gemeineigentum" forderte. Das wirtschaftliche Verständnis der damit verbundenen Folgen ist dabei vermutlich begrenzt. Zumindest werden historische Erfahrungen, etwa der Zustand des ostdeutschen Wohnungsbestands zur Zeit der Wiedervereinigung, weitgehend ausgeblendet.

12.1.3 Vermögensaufbau durch kapitalgedeckte Rentenversicherung

Das niedrige Nettovermögen in den unteren Perzentilen der Vermögensverteilung wird auch durch unser Rentenversicherungssystem hervorgerufen. Es gibt keine individuellen Ansprüche der Bürger, der Staat kann die Regeln in der Rentenversicherung per Gesetz jederzeit ändern. Werden Rentenversicherungsansprüche verrentet, ergibt sich eine niedrige Vermögenskonzentration,[7] da dieses kalkulatorische Vermögen vergleichsweise zu den anderen Vermögenspositionen gleichverteilt ist.[8] Mit dem unterbreiteten Reformvorschlag zur Rentenversicherung (Kapitel 12.2) werden über die Jahre bedeutende Rentenansprüche mit einem individuellen Eigentumsrecht aufgebaut, die dann auch international Eingang in die Verteilungsrechnung finden, weil der Bürger einen Eigentumsanspruch besitzt. Diese können zudem über die gesetzlichen Vorgaben hinaus durch jeden Bürger ausgebaut werden, wenn die Vermögensentwicklung im Vergleich zu anderen Anlagealternativen überzeugt. Durch die Umstellung wächst der deutsche Kapitalmarkt in eine neue Dimension, was besonders wichtig für Innovationsfinanzierungen ist.

---

[7] European Commission, The distribution of wealth between households, research note 11/2013, S. 10

[8] Joachim R. Frick und Markus M. Grabka, Altersicherungsvermögen dämpft Ungleichheit – aber große Vermögenskonzentration bleibt, Wochenbericht des DIW Berlin Nr. 3/2010, S. 9

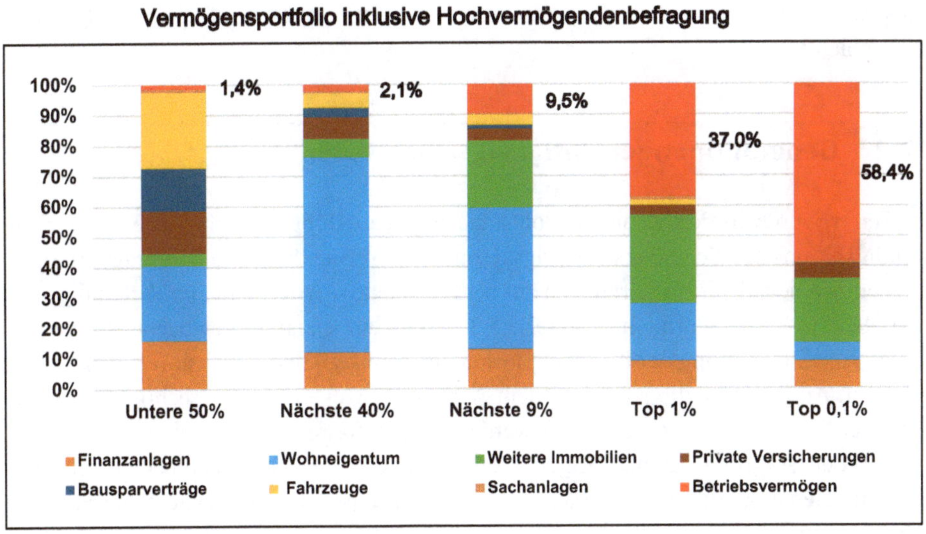

Abb. 12.2 Vermögensportfolio inklusive Hochvermögendenbefragung (Carsten Schröder und diverse, verbesserung der Forschungsdateninfrastruktur im Bereich Hochvermögender mit dem Sozioökonomischen Panel, DIW, 1084–2020.)

12.1.4 Reform der Erbschaftsteuer bei Betriebsvermögen

Die Vermögensverteilung in Abb. 12.2[9] zeigt, dass große Vermögen in Deutschland überwiegend aus Betriebsvermögen bestehen. Im obersten Prozent beträgt dessen Anteil 37,0 %, im obersten Promille 58,4 %.

Unternehmer genießen aktuell großzügige Steuerprivilegien bei der Übertragung ihres Betriebsvermögens, insbesondere bei innerfamiliärer Nachfolge. Häufig werden nur 5 bis 10 % des tatsächlichen Wertes versteuert. Diese Vergünstigungen werden als Beitrag für den Fortbestand und die Liquiditätssicherung des Unternehmens begründet. Der Verfasser sieht dafür keine Notwendigkeit, aber eine steuerliche Ungerechtigkeit mit der Verfestigung einer nicht leistungsinduzierten Vermögenskonzentration. Es würde hier vollkommen ausreichen, wenn der Staat langjährige Zahlungsziele von 15 Jahren mit einer für Unternehmen günstigen Verzinsung zu einem Interbankensatz plus 1 % einräumt. Bei Unternehmen, die durch diese attraktive Regelung überlastet werden, ist eine

Aufnahme neuer Gesellschafter sogar wünschenswert, um neue geschäftliche Impuls zu erzeugen. Schätzungen über die Höhe der zusätzlichen Steuereinnahmen belaufen sich auf jährlich etwa 9,5 Mrd. Euro bei einem angenommenen Steuersatz von 20 % auf eine Bemessungsgrundlage von rd. 46 Mrd. Euro p. a.[10] Das bedeutet eine Verdopplung der

---

[9] M. Demary und diverse, Die Rolle der Betriebsvermögen in der Vermögensverteilung, Institut der deutschen Wirtschaft für Stiftung Familienunternehmen, München 2021, S. 21

[10] Stefan Bach, Erbschaftsteuer: Privilegien abschaffen, DIW Berlin 17, November 2022

Erbschaftssteuereinnahmen, aber moderate 1 % der gesamten Steuereinnahmen in Deutschland.

12.2 Generationengerechtigkeit sicherstellen

Im Teil 1 wurde in den Kapiteln Wohlstand und Verteilung die dringliche Reformnotwendigkeit unseres Sozialversicherungssystems zur Vermeidung einer Beitragsexplosion mit deutlich negativen Auswirkungen auf beide Aspekte – Wohlstand und Verteilung – beschrieben. In Teil 2 wurde im Kapitel 2.5.3 bereits ein sozial ausgewogene Reformvorschlag zur Eindämmung der Kostenexplosion der Kranken- und Arbeitslosenversicherung gemacht. An dieser Stelle soll unter dem Aspekt der Generationengerechtigkeit die Reform der Rentenversicherung vertieft werden. Die Reformnotwendigkeit ergibt sich wie beschrieben aufgrund der derzeitigen Alterspyramide und der zunehmenden Lebenserwartung. Genau an diesen zwei Fakten setzen auch eine generationengerechte Strukturreformen an:

- Das Renteneintrittsalter sollte als Ausgleich altersabhängig um bis zu zwei Jahren steigen und anschließend kontinuierlich an die Lebenserwartung gekoppelt werden. Staatliche Sonderregelungen für Frühpensionierungen sind vollständig abzuschaffen. Dies ist generationengerecht, schafft Planungssicherheit und beendet die ständigen Debatten über Rentenanpassungen. Jeder Rentenjahrgang erhielte damit eine gleich lange Rentenphase, und die Tragfähigkeit der demografischen Lastenverteilung würde verbessert. Die Herausforderung schrumpfender Geburtenjahrgänge bleibt jedoch bestehen.
- Renten- und Pensionserhöhungen werden prozentual an die Lohnentwicklung der Beschäftigten gebunden – gemessen nach Abzug von Renten- und Arbeitslosenversicherungsbeiträgen und vor Steuern (im Folgenden als „verfügbarer Lohn" bezeichnet). Auch staatlich geförderte private Altersvorsorge ist wie ein Rentenversicherungsbeitrag zu behandeln. Hinzu tritt die hälftige Erhöhung des Pflegeversicherungsbeitrags bei Rentnern, da diese – anders als Arbeitnehmer – den Beitrag vollständig selbst tragen. Für beihilfeberechtige Pensionäre entfällt diese Korrektur, da sie nur den halben Beitragssatz entrichten. Krankenversicherungsbeiträge bleiben bei der Berechnung außen vor, da sie von Rentnern und Beschäftigten gleichermaßen getragen werden. Auf diese Weise wird gewährleistet, dass sich der Wohlstand von Erwerbstätigen und Ruheständlern synchron entwickelt: Steigt der **verfügbare Lohn, steigen auch die Renten** – sinkt er, folgen die Renten ebenfalls.

Diese Vorschläge sind im Vergleich zu heutigen Verfahren einfach, unpolitisch, nachhaltig und generationengerecht. Sie gewährleisten jedoch keine Beitragssatzstabilität, wie sie etwa der Nachhaltigkeitsfaktor bewirken soll. Die zwischenzeitliche Aussetzung des Nachhaltigkeitsfaktors zeigt jedoch, dass dieser politisch infrage gestellt wird, sobald er seine vorgesehene Wirkung entfaltet – nämlich eine prozentuale Senkung der Rentenanpassung zugunsten stabiler Beitragssätze.

Der vielfach geäußerte Vorschlag, die Rentenentwicklung an die Inflation zu koppeln, wird vom Verfasser als ungerecht und gefährlich eingestuft. Eine solche Regelung treibt einen Keil zwischen die Generationen, schürt Konflikte und könnte sich sogar nachteilig für die Rentenkassen auswirken. Zwar wird sie mit dem Ziel vorgebracht, bei steigenden Reallöhnen Rentensteigerungen zu dämpfen und so Einsparungen zu erzielen. Doch ist nicht garantiert, dass Reallöhne dauerhaft steigen und zudem widerspricht eine Entkopplung von der Lohnentwicklung dem Gerechtigkeitsempfinden des Verfassers. Eine Koppelung an die Inflationsrate wirkt in Phasen steigender Preise zudem inflationstreibend und ist deshalb abzulehnen.

Überlegungen des Sachverständigenrats, höhere Renten zugunsten von geringeren Renten zu belasten, lehnt der Verfasser als inakzeptable Umverteilung und ‚Enteignung' ab. Der Sachverständigenrat schreibt in seinem Jahresgutachten 2023/2024[11]:

> „Eine Möglichkeit, das Altersarmutsrisiko zu senken, ist eine progressive Rentenberechnung. Dabei erhalten Personen mit einem geringen Einkommen und folglich geringen Rentenanwartschaften überproportional hohe Rentenleistungen. Zur Finanzierung der Maßnahme werden die Rentenleistungen für einkommensstärkere Gruppen gekürzt. Dies führt zu einer Umverteilung von Rentenleistungen innerhalb der Gruppe der Rentnerinnen und Rentner (intragenerationelle Umverteilung). Mit einer progressiven Rentenberechnung könnten soziale Härten in Folge eines sinkenden Sicherungsniveaus abgefedert werden, da Beziehende hoher Renten dann überproportional hohe Beiträge entrichten."

Das Rentenversicherungssystem ist zwar ein Solidarsystem zwischen den Generationen, es basiert jedoch in seiner Grundstruktur auf erworbenen persönlichen Leistungsansprüchen. Schon heute können sich all die glücklich schätzen, die wegen des demographischen Wandels nicht in das System einzahlen müssen. Durch die Einführung des Nachhaltigkeitsfaktors infolge der demographischen Veränderungen wurde die Stabilität der Beitragssätze zulasten der Werthaltigkeit des Vermögenserhalts der eingezahlten Beiträge verschoben. Würde nun auch innerhalb der Rentnergeneration weiter umverteilt, würde das Leistungsprinzip vollends ausgehöhlt und das Vertrauen in das System nachhaltig zerstört. Der Verfasser hält solche Vorschläge – insbesondere, wenn sie vom Sachverständigenrat kommen – für verantwortungslos. Auch dieser gesteht in seinem Gutachten ein:

> „Eine progressive Rentenberechnung steht mit dem Äquivalenzprinzip in Konflikt. Allerdings durchbrechen gruppenspezifische Sonderregelungen und die Grundrente dieses Prinzip auch in der aktuellen Rentenberechnung (JG 2020 Ziffern 684 ff.). Eine anerkannte Rechtfertigung für eine Durchbrechung ist das Solidarprinzip"[12]

[11] Sachverständigenrat, Jahresgutachten 2023/2024, Kap. 5, Ziffer 432

[12] Sachverständigenrat, Jahresgutachten 2023/2024, Kap. 5, Ziff. 438

Wiederum zeigt sich, dass einmal begonnene Eingriffe in eine Systematik (hier das Äquivalenzprinzip), in der Folge als RechtfertigUng für weitere Eingriffe bis zur Unkenntlichkeit der Systematik herangezogen werden. Für eine leistungsgerechte Umverteilung ist das Steuersystem das geeignete Instrument. Vor dem Hintergrund solcher politischen Angriffe auf das beitragsbezogene Rentensystem gilt es weitere Reformansätze zu ergreifen:

- Die Einführung einer **kapitalgedeckten Rentenversicherung mit individuellen Ansprüchen** und der Möglichkeit, Kapital am Markt anzulegen, ist vor dem Hintergrund wachsender Umverteilungsrisiken dringend geboten. Dadurch entstehen persönliche, eigentumsrechtlich geschützte Vermögensansprüche. Die Umstellung macht das System resilienter gegenüber demografischen Schwankungen und politischer Willkür. Eine sofortige Vollumstellung würde zu hohen Finanzierungslasten führen. Bei einem Arbeitseintritt mit 25 Jahren und einem Renteneintritt mit 69 Jahren würden bei einer Umstellung in einem Schritt überschlägig 6.701,2 Mrd. Euro (44 Jahre × 304,6 Mrd. jährliche Rentenversicherungsbeiträge/2 wegen der linearen Abnahme im Zuge der Umstellung) Finanzierungsbedarf entstehen. Es sprechen bei einem solchen Betrag viele Argumente gegen eine einmalige Gesamtumstellung: unterschiedliche Betroffenheiten je nach Alter, erhebliche negative Auswirkungen auf die Einhaltung der Verschuldungsregelungen der EU, schwer einschätzbare Auswirkungen auf die Kapitalmärkte. Deshalb ist eine langfristige, aber stetige und **freiwillige** Umstellung auf die Kapitaldeckung sinnvoll. **Der Verfasser schlägt vor, die Umstellung schrittweise vorzunehmen: Beginnend mit 2 % im ersten Jahr, jährlich steigend um 2 Prozentpunkte bis zur vollständigen Kapitaldeckung nach 50 Jahren.** Ein einmaliges, bindendes Wechselrecht jedes Versicherten begrenzt den Verwaltungsaufwand. Die gesetzliche Rente sinkt im Zeitverlauf bei denen, die das Wahlrecht nutzen, während kapitalgedeckte Ansprüche steigen. Der Finanzierungsbedarf in der gesetzlichen Rentenversicherung durch den Staat wächst in der langen Umstellungsphase von 50 Jahren allmählich, bleibt aufgrund der sinkenden gesetzlichen Rentenansprüche moderat und trifft auf einen wachsenden Kapitalmarkt. Dem Finanzierungsbedarf durch den Staat stehen wachsende Privatvermögen gegenüber, die am Kapitalmarkt angelegt werden. Der Verfasser ist sich sicher, dass die Bürger in der zuvor dargestellten Ausgangssituation von einem solchen Umstellungsangebot Gebrauch machen werden. Strukturell ist die Umstellung ein Gewinn für die Bürger und die staatliche Stabilität Deutschlands.
- Im Jahr 2023 erhielt die Deutsche Rentenversicherung 112,4 Mrd. Euro Bundeszuschüsse für versicherungsfremde Leistungen. Die Deutsche Rentenversicherung stellt fest[13:].

[13] Deutsche Rentenversicherung, Bundesmittel und Bundeszuschüsse, Staat erstattet Kosten für nichtbeitragsgedeckte Leistungen, 14.8.2024, S. 1

„Die Bundeszuschüsse an die allgemeine Rentenversicherung stellen keine Subvention dar; vielmehr wird der Rentenversicherung ein Großteil der Kosten für sogenannte nicht beitragsgedeckte Leistungen erstattet. Diese erbringt sie für den Bund, ohne hierfür Beiträge erhalten zu haben. Die Finanzierung erfolgt aus Steuermitteln, da diese Leistungen nicht nur den Versicherten der Rentenversicherung, sondern auch der Allgemeinheit zugutekommen. Hierzu zählen etwa eine höhere Bewertung von Rentenzeiten in den neuen Bundesländern oder von Zeiten der Berufsausbildung, die Zahlung von Altersrenten vor Erreichen des regulären rentenalters ohne entsprechende Abschläge (zum Beispiel die abschlagsfreie Altersrente für besonders langjährig Versicherte) sowie die rentensteigernde Berücksichtigung von Zeiten der Fachschulausbildung und des Mutterschutzes."

Diese Leistungen werden, weil aus dem Bundeshaushalt erbracht, sinnvollerweise weiterhin in die gesetzliche Rentenkasse gezahlt, da sie allen Versicherten im Alter ohne selbst erbrachte Rentenversicherungsbeträge zugutekommen. In diese Leistungen kann eine Bundesregierung im Gesetzeswege weiterhin eingreifen. Neue versicherungsfremde Belastungen sind jedoch aufgrund der beschriebenen zukünftigen Belastungen strikt abzulehnen. In der neu geschaffenen privaten Rentenversicherung entstehen hingegen allein beitragsäquivalente Ansprüche.

- Die Versorgungsausgaben des Staates für Beamte beliefen sich 2023 auf rund 85,3 Mrd. Euro. Während Unternehmen gesetzlich zur Rückstellung für Pensionslasten verpflichtet sind, fehlt eine solche Verpflichtung für den Staat. Politik scheut diesen Schritt aus politischem Egoismus, weil die versteckte Zukunftslasten dann den laufenden Haushalt als Ausgaben belasten. Diese Unterlassung untergräbt Vertrauen und Haushaltsklarheit. Eine verpflichtende Rückstellungsbildung würde auch die überfällige Rentenversicherungspflicht für Beamte erleichtern. Beamte könnten dann wie Angestellte schrittweise von der gesetzlichen zur kapitalgedeckten Rentenversicherung wechseln.
- Jeder Bürger soll nach Erreichen des gesetzlichen Rentenalters frei entscheiden dürfen, ob er weiterarbeitet. Wer dies tut, sollte von Renten- und Arbeitslosenversicherungsbeiträgen befreit werden. Weitere gezielten steuerlichen Anreize zur Mehrarbeit für Rentner bedeuten hingegen einen Systembruch beim Leistungsfähigkeitsprinzip. Steuermindereinnahmen werden besser bei der dargestellten Reform des Steuertarifs eingesetzt, von der alle Erwerbstätige profitieren und damit zur Mehrarbeit motiviert werden.
- Eine steigende Erwerbsquote bei Frauen kann das Rentensystem entlasten. Voraussetzung ist jedoch, dass die Kosten für die Kinderbetreuung unter dem Bruttoverdienst des betreuenden Elternteils liegen. Andernfalls entstehen volkswirtschaftlich keine Vorteile. Eine vollständige Finanzierung durch den Staat würde zudem ein bestimmtes Familienbild bevorzugen, was abzulehnen ist.
- Die Zuwanderung von qualifizierten Arbeitskräften ist ein weiterer Baustein, der in Kapitel 5.4 behandelt wurde.
- Tarifliche oder betriebliche Lebensarbeitszeitkonten bieten Flexibilität für Beschäftigte und Unternehmen. Vor allem im öffentlichen Dienst, der nicht im Wettbewerb steht, ist

jedoch sicherzustellen, dass Überstunden nicht ineffizient zur Frühverrentung angesammelt werden.

- Immer noch findet man in Publikationen den Vorschlag, der demographischen Problematik durch eine noch stärkere Familienförderung zu begegnen. Wenn heute mit einer zusätzlichen Familienförderung zur Erreichung einer steigenden Kinderquote begonnen wird und dies gelingen sollte, ist die Folge zunächst eine höhere ‚Kinderlastquote'. Beitragszahler werden aus den Kindern erst ab dem Jahr 2051. Dann aber beginnt bereits die Stabilisierung der Alterspyramide und die Umstellung auf eine kapitalgedeckte Rentenversicherung ist schon hälftig möglich. Kinder sollen aus Überzeugung und nicht aus wirtschaftlichen Gründen geboren werden, weil Liebe und Hingabe Kinder zu einem Gewinn für die Eltern und später für die Gesellschaft werden lassen.

Fazit: Um das Rentensystem zukunftsfest zu machen, wird eine steigende Lebensarbeitszeit unausweichlich sein. Andernfalls gefährden steigende Beitragssätze die verfügbaren Einkommen und die Wettbewerbsfähigkeit der deutschen Wirtschaft. Die Folgen wären weit gravierender als ein längeres Erwerbsleben. Einzelfallbedingte Härten können über den Sozialstaat ausgeglichen werden. Verfügbarer Lohn und Rente verändern sich synchron. Als Gesellschaft müssen wir wieder lernen, dass langfristig nur das verteilt werden kann, was in der Volkswirtschaft auch erwirtschaftet wird. Diese Forderung ist auch häufig im politischen Diskurs zu hören, macht aber nur dann Sinn, wenn sie auch zu konsequenten Schlussfolgerungen führt und nicht in der Forderung nach mehr Schulden mündet. Das nämlich ist die Perversion der ursprünglichen Aussage.

12.3 Sozialleistungen einfrieren und Subventionen senken

Wie bereits in Kapitel 8.2 dargestellt, lassen sich trotz spürbarer Entlastungen bei der Lohn- und Einkommensteuer in Höhe von 40,2 % durch ein Einfrieren der Staatsausgaben über einen Zeitraum von 20 Jahren sowie durch einen konsequenten Subventionsabbau erhebliche Wachstumsimpulse erzielen.

Dieser Pfad ist moderat und graduell, erfordert jedoch kontinuierlich politische Prioritätensetzungen, insbesondere bei den Sozialausgaben. Das bedeutet, dass staatliche Leistungen in Teilen reduziert oder eingefroren werden müssen. Aber der Bürger erlebt auch, dass sich seine persönliche Einkommenssituation durch Steuerentlastungen und das Klimageld deutlich verbessert.

In den ersten Jahren wirken sich Investitionsversäumnisse der Vergangenheit – etwa im Bereich Infrastruktur und Verteidigung – noch belastend aus. Doch gerade diese Aufgaben zählen zum staatlichen Kernauftrag und müssen aus dem regulären Haushalt finanziert werden. Der vorliegende Vorschlag zeigt auf, dass dies auch möglich ist: Die Investitionsausgaben werden um mehr als 50 % erhöht, die Verteidigungsausgaben auf das langjährige NATO-Ziel von zwei Prozent des BIP angehoben.

Dem Wähler ist offen und ehrlich darzulegen, welche Sanierungsanstrengungen der Staat heute unternimmt, um strukturelle Altlasten abzubauen. Nur so können langfristig Wohlstand, sichere Arbeitsplätze und eine intakte Umwelt gesichert werden. Auf diese Weise wird auch transparent, warum **ein Teil** der Einsparungen nicht sofort unmittelbar in Form persönlicher Entlastungen spürbar wird. Allerdings werden die beschriebenen Reformen einen zusätzlichen Wachstumsimpuls auslösen, der sich in dem realen Wachstum des BIP von zwei Prozent zeigt.

Im Ergebnis eröffnen sich im 20. Jahr der realisierten Reformagenda fiskalische Spielräume von jährlich **477,7 Mrd. Euro** – etwa die Hälfte davon durch ein jährliches reales Wirtschaftswachstum von zwei Prozent (siehe Teil 3, Tab. 14.1).

13 Zielkarte mit Ist-Werten

Die abschließende Darstellung der Zielkarte mit Zielgrößen und Zielerreichungen für die Jahre 2022 bis 2024 zeigt Tab. 13.1. Rote Werte zeigen Zielverfehlungen, schwarze Werte Zielerreichungen oder Ausgangswerte. Aufgrund der Ausgangsanalyse überwiegen Zielverfehlungen, teilweise mit negativer Tendenz. Es bedarf für ein neues deutsches Wirtschaftswunder daher dauerhafter Reformanstrengungen und eines Umdenkens weg von der Anspruchs-, zurück zur Leistungsgesellschaft.

Die Schritte, die Reformen dahin sind eine Revolution – jedoch eine sanfte, da sie zeitlich gestreckt verwirklicht werden. Selbstverständlich besteht in einer Demokratie das Risiko, dass ihre Umsetzung durch veränderte Mehrheiten unterbrochen wird. In der langfristigen Ausrichtung des Konzepts liegt jedoch zugleich eine große Chance: Wählerinnen und Wähler werden nicht überfordert, können die Erfolge schrittweise selbst erleben und werden so von der Richtigkeit des Weges überzeugt.

Tab. 13.1 Zielkarte mit Ist-Werten

Ziel	Zielgröße	2022	2023	2024
Wohlstand	Reale Wachstumsrate des BIP von 2 % pro Einwohner	0.64	−1,11	−0,47
	Schuldenbremse laut Grundgesetz 2024 einhalten,	nein	nein	ja
	(Explizite+Implizite Schulden)/BIP auf Zielwert 1 reduzieren	4,11	3,75	4,54
	Inflation 0 bis 2 % (Statistisches BA)	6,9	5,9	2,2
	Laufender Erfüllungsaufwand laut NKR in 5 Jahren auf 5 Mrd. Euro (Niveau 2020) senken	17,4	26,8	13,2[1]

(Fortsetzung)

M. Lüdiger, *Deutschland – Impulse für ein neues Wirtschaftswunder*, https://doi.org/10.1007/978-3-658-50754-1_13

Tab. 13.1 (Fortsetzung)

Ziel	Zielgröße	2022	2023	2024
	Bürokratiekostenindex Statistisches BA reduzieren (Dezemberwerte)	97,60	95,94	94,18
	maximal 4505 Tausend Mitarbeiter, Einsparung mind. preisbereinigt 59,1 Mrd. verteilt auf 5 Jahre	5206	5270	offen
	Index Strompreis USA/BRD und EU/BRD für Industrie und Haushalte auf 100 % verbessern	91,09/65,01	86,90/57,17	57,74/38,94
	Index Gaspreis USA/BRD und EU/BRD für Industrie und Haushalte auf 100 % verbessern	64,22/119,75	33,88/103,80	33,83/93,76
	Steuerbelastungsfaktor in fünf Jahren auf 2,2 verdoppeln und Steuertarif linearisieren	1,1	1,1	1,1
	Summe des beitragspflichtigen Bruttoarbeitsentgelds für Kranken-, Renten- Pflege- und	40,0	40,4	40,9
	Arbeitslosenversicherung unter 40 % stabilisieren			
	Bruttoanlageinvestitionen von 125,9 Mrd. (Index 94,8 in 2024, Basis 2020 preisbereinigt) in 10	92	92,2	94,8
	Jahren auf 185,9 Mrd. Euro p. a. (Index 140,0, preisbereinigt) steigern (4,0 Prozentpunkte p. a.)			
Umwelt	jährliche Reduktion um 26 Mio. CO_2e Tonnen ab 2025 und	761	672	649
	Rückgabe aller Einnahmen aus der CO_2-Abgabe an die Bevölkerung pro Kopf	nein	nein	nein
	Umsetzung EU-gesetz zur Renaturierung bis 2030, 2040, 2050, Beschluss 27.2.2024	Umsetzungsplan muß bis 1/2026 vorliegen		
	Reduzierung Verpackungsabfall pro Kopf von 227,5 kg in 2018 um 5 % auf 216,1 kg bis 2030	226,9	215,2	offen
	Reduzierung Kunststoffabfälle und energetische Verwertung um 20 % gg. 2022 (1,69 Mio. t) bis 2030	1,69 Mio t	1,63 Mio. t	offen
	Zunahme Lehrstühle zur Kernfusion/Plasmaphysik um 4 p. a.	keine bekannt		

(Fortsetzung)

Tab. 13.1 (Fortsetzung)

Ziel	Zielgröße	2022	2023	2024
Bildung/	Gesamtzahl Hochschulabschlüsse 511.606 (2024), Anteil MINT 184.470, Steigerung auf 40 %	36,4	36,0	36,1
Innovation	PISA-Test: Punktzahl Mathe, Lesen, Naturwissenschaften um je 5 Punkte p. a. erhöhen	475/480/492	Alle 3 Jahre	Alle 3 Jahre
	1,6 % Anteil deutscher Patente weltweit, Ausgangsjahr 2024	1,7	1,7	1,6
	Erhöhung um 1,0 % p. a., Ausgangswert 2024 sind 3.543.865 Unternehmen	3.435.478	3.469.918	3.543.865
	Anzahl Unternehmen Top 100, Zielwert plus 1 p. a., Ausgangswert sind 3 Unternehmen in 2022,	3	2	2
	Zulassungspflichtiges Handwerk, Ausgangswert 489403 (2022), Zielwert plus 0,5 % p. a.	−0,83 %	−1,30 %	offen
Sicherheit	Verteidigungsausgaben lfd. Haushalt auf 2 % des BIP erhöhen	1,27	1,20	1,21
	Rückgang der deutschen und nichtdeutschen gewaltkrimineller Tatverdächtigen, bei Nichtdeutschen auf den Anteil an der Bevölkerung (2022: 13,8 %, 2023: 15,2 %, 2024: 16,6 %)	13,9 %/19,2 % 38,8 %	2,2 %/14,5 % 41,5 %	0,7 %/7,5 % 43,1 %
	Nettozuwanderung Nicht-Europa auf 50.000 p. a. und Ausländerarbeitslosigkeit verringern	369.806, 13,4 %	391.767, 14,8 %	324.426, 15,1 %
	Auswanderung von 265035 Deutschen (2023) halbieren; 5 Prozentpunkte p. a., Veränderung in %	8,2	−1,2	1,9
	Zuwanderer mit Bluecard um jährlich 10 % erhöhen (Basis 2023: 113.550), Veränderung in %	27,4	27,6	Offen
Verteilung	Ginikoeffizient des Einkommens von 30 % halten	29,0	29,4	29,5
	Ginikoeffizient des Vermögen von 76,2 auf 71,0 % reduzieren, jährlich um 0,5	76,4	76,4	76,2
	Renten/Pensionseintrittsalter um 2 Jahre und Zunahme der Lebenserwartung erhöhen	ab Gesetzesänderung		

(Fortsetzung)

Tab. 13.1 (Fortsetzung)

Ziel	Zielgröße	2022	2023	2024
	Renten/Pensionen p. a. im Umfang des verfügbaren Lohns der Erwerbstätigen erhöhen (Kapitel 12.2)	ab Gesetzesänderung		
	Kapitalgedeckte RV: Steigerung des Wahlrechts um 2,0 Prozentpunkte p. a. über 50 Jahre auf 100 %	ab Gesetzesänderung		
	Sozialleistungen des Staates um jährlich 16,8 Mrd. Euro in Preisen von 2024 reduzieren (Tab. 2.13)	1160,3	1212,0	1295,9
	Nicht zugesagte Subventionen jährlich um mind. 1/5 auf 5 Mrd. Euro senken, Angabe Ist-Zahlen	41,6	45,0	65,8

Schwarze (rote) Ziffern: Jahresziel erreicht (verfehlt), 1 methodische Umstellung

Teil III

Die Reformagenda und ihre Haushaltseffekte

14 Zusammenfassung der Haushaltseffekte aller Reformen

Zum Abschluss ist es nun von Relevanz, die finanziellen Gesamteffekte der vorgeschlagenen Reformmaßnahmen zu überblicken. Dem Verfasser war es dabei besonders wichtig, ausschließlich Mittel einzusetzen, die zuvor volkswirtschaftlich erwirtschaftet wurden – im Einklang mit der ursprünglichen Schuldenbremse, den europäischen Fiskalregeln und dem Ziel einer stabilen Preisentwicklung.

Die nachfolgende Zusammenstellung der Haushaltseffekte über einen Zeitraum von 20 Jahren ist in Tab. 14.1 dargestellt. Es handelt sich um eine gesamtstaatliche Betrachtung der Haushaltseffekte aller Reformen, wenn auch die meisten Maßnahmen den Bundeshaushalt betreffen. Länder- und Gemeinden profitieren besonders vom Personalabbau durch Abbau von Bürokratie. Für diese Langfristbetrachtung wurden die Steuereinnahmen um die geplanten Entlastungen reduziert und anschließend jährlich mit einem realen Wirtschaftswachstum von zwei Prozent fortgeschrieben. Alle Werte sind preisbereinigt, finden also in einer gedanklichen Welt stabiler Preise statt. Damit sind die Jahreswerte problemlos vergleichbar:

- **Die Staatseinnahmen** wachsen ausschließlich mit dem realen BIP. Im Ausgangsjahr werden die geplanten Steuerentlastungen vom Einnahmeniveau abgezogen. Ab dem dritten Jahr setzt das unterstellte jährliche BIP-Wachstum von 2 % ein.
- **Die Steuerentlastung** wird über die ersten fünf Jahre schrittweise eingeführt und bleibt danach konstant.
- **Der Abbau von Personal- und Sachkosten** erfolgt ebenfalls über fünf Jahre.
- **Die staatlichen Gesamtausgaben,** die im Jahr 2024 vereinfacht den Steuereinnahmen von 947,7 Mrd. Euro entsprechen, werden real um jährlich 1,77 % bis auf das

M. Lüdiger, *Deutschland – Impulse für ein neues Wirtschaftswunder*,
https://doi.org/10.1007/978-3-658-50754-1_14

Tab. 14.1 Zusammenfassung der Haushaltseffekte aller Reformen

Übersicht aller vorgeschlagenen Strukturreformen mit ihren Einnahmen- und Ausgabenveränderungen für die öffentlichen Haushalte (preisbereinigt) in Mrd. Euro																					
	Jahr																				
Art der Maßnahme	**1**	**2**	**3**	**4**	**5**	**6**	**7**	**8**	**9**	**10**	**11**	**12**	**13**	**14**	**15**	**16**	**17**	**18**	**19**	**20**	**Summe**	**Kapitel**
Steuermehreinnahmen aus realem BIP Wachstum 2 % p. a.	0,0	0,0	16,5	33,3	50,4	67,8	85,7	103,8	122,4	141,3	160,6	180,2	200,3	220,8	241,7	263,0	284,7	306,8	329,4	352,5	3161,1	2.1
Einkommensteuerentlastung	−24,9	−49,8	−74,8	−99,7	−124,6	−124,6	−124,6	−124,6	−124,6	−124,6	−124,6	−124,6	−124,6	−124,6	−124,6	−124,6	−124,6	−124,6	−124,6	−124,6	−2242,9	8.5.2
Personalkostenabbau plus 40 % Sachkosten	16,5	33,1	49,6	66,2	82,7	82,7	82,7	82,7	82,7	82,7	82,7	82,7	82,7	82,7	82,7	82,7	82,7	82,7	82,7	82,7	1488,6	8.4
Übertrag „Rest strukturelle Einsparmaßnahme“ unten	0,2	0,2	−0,2	−0,8	−1,7	13,6	28,7	43,5	58.0	72,3	86,3	100,1	113,6	126,9	140,0	152,8	165,4	177,8	190,0	201,9	1668,8	
Verteidigungsausgaben strukturell auf 2 % des BIP steigern	−32,0	−32,0	−32,6	−33,3	−34,0	−34,6	−35,3	−36,0	−36,8	−37,5	−38,2	−39,0	−39,8	−40,6	−41,4	−42,2	−43,1	−43,9	−44,8	−45,7	−762,9	5.1
Bruttoanlageinvestitionen 10 Jahre mit 4 % p. a. steigern	−5,0	−10,3	−15,9	−21,9	−28,3	−35,0	−42,1	−49,7	−57,7	−66,2	−67,5	−68,9	−70,3	−71,7	−73,1	−74,6	−76,1	−77,6	−79,1	−80,7	−1071,8	2.5.4
Rückzahl. CO_2-Abgabe an Bürger, Erlös im Haushalt 2024	−13,0	−13,0	−13,0	−13,0	−13,0	−13,0	−13,0	−13,0	−13,0	−13,0	−13,0	−13,0	−13,0	−13,0	−13,0	−13,0	−13,0	−13,0	−13,0	−13,0	−260,0	9.1
Erhalt Biodiversität (Umsetzung EU-Renaturierung)	0,0	0,0	−1,6	−1,6	−1,6	−1,6	−1,6	−1,6	−1,6	−1,6	−1,6	−1,6	−1,6	−1,6	−1,6	−1,6	−1,6	−1,6	−1,6	−1,6	−29,3	9.2
zusätzliche Forschungsförderung Kernfusion	−0,5	−1,0	−1,5	−2,0	−2,5	−3,0	−3,0	−3,0	−3,0	−3,0	−3,0	−3,0	−3,0	−3,0	−3,0	−3,0	−3,0	−3,0	−3,0	−3,0	−52,5	9.4
Reduzierung der flüchtlingsbedingten Kosten um 17 Mrd.	3,0	5,0	8,0	11,0	14,0	17,0	17,0	17,0	17,0	17,0	17,0	17,0	17,0	17,0	17,0	17,0	17,0	17,0	17,0	17,0	296,0	11.3
GrESt-verzicht Erwerb selbstgenutzter Wohnimmobilie	−4,9	−4,9	−4,9	−4,9	−4,9	−4,9	−4,9	−4,9	−4,9	−4,9	−4,9	−4,9	−4,9	−4,9	−4,9	−4,9	−4,9	−4,9	−4,9	−4,9	−98,0	12.1.1

Förderung Erwerb selbstgenutzer Wohnimmobilie	−1,5	−1,7	−1,9	−2,1	−2,3	−2,5	−2,7	−2,9	−3,1	−3,3	−3,5	−3,5	−3,5	−3,5	−3,5	−3,5	−3,5	−3,5	−3,5	−3,5	−59,0	12.1.1
Besteuerung Verkaufsgewinn vermieteter Immobilie	13,1	13,1	13,1	13,1	13,1	13,1	13,1	13,1	13,1	13,1	13,1	13,1	13,1	13,1	13,1	13,1	13,1	13,1	13,1	13,1	262,0	12.1.2
Abschaffung Sonderregelungen ErbschaftsSt.	9,5	9,5	9,5	9,5	9,5	9,5	9,5	9,5	9,5	9,5	9,5	9,5	9,5	9,5	9,5	9,5	9,5	9,5	9,5	9,5	190,0	12.1.4
Subventionen um 62 Mrd. auf 5 Mrd. senken	12,4	24,8	37,2	49,6	62,0	62,0	62,0	62,0	62,0	62,0	62,0	62,0	62,0	62,0	62,0	62,0	62,0	62,0	62,0	62,0	1116,0	6.3.2
Steuervergünstigungen auf die Hälfte kürzen	16,0	16,0	16,0	16,0	16,0	16,0	16,0	16,0	16,0	16,0	16,0	16,0	16,0	16,0	16,0	16,0	16,0	16,0	16,0	16,0	320,0	6.3.2
Summe	**−11,1**	**−11,1**	**3,4**	**19,3**	**34,8**	**62,5**	**87,3**	**111,8**	**136,0**	**159,7**	**190,8**	**222,1**	**253,6**	**285,1**	**316,8**	**348,7**	**380,7**	**412,8**	**445,2**	**477,7**	**3926,1**	
Hinweis: Schuldenbremse max. Verschuldung 0,35 % BIP	−15,1	−15,4	−15,7	−16,0	−16,3	−16,6	−17,0	−17,3	−17,7	−18,0	−18,4	−18,7	−19,1	−19,5	−19,9	−20,3	−20,7	−21,1	−21,5	−22,0		
Anrechnung Einzelmaßnahme auf allgemeine Ausgabenkürzung von 1,77 % p. a.:																						
jährliche reale Ausgabenkürzung um 1,77 %	16,8	33,3	49,4	65,3	81,0	96,3	111,4	126,2	140,7	155,0	169,0	182,8	196,3	209,6	222,7	235,5	248,1	260,5	272,7	284,6	3157,4	8.2
-davon Personalkostenabbau plus 40 % Sachkosten	−16,5	−33,1	−49,6	−66,2	−82,7	−82,7	−82,7	−82,7	−82,7	−82,7	−82,7	−82,7	−82,7	−82,7	−82,7	−82,7	−82,7	−82,7	−82,7	−82,7	−1488,6	8.4
Übertrag in Position „Rest strukturelle Einsparmaßnahme“	0,2	0,2	−0,2	−0,8	−1,7	13,6	28,7	43,5	58,0	72,3	86,3	100,1	113,6	126,9	140,0	152,8	165,4	177,8	190,0	201,9	1668,8	

inflationsbereinigte Ausgabenniveau von 2004 reduziert.[1] Dabei werden durch die Verkleinerung des öffentlichen Dienstes auf die Mitarbeiterzahl des Jahres 2008 erzielbaren Einsparungen über 5 Jahre verteilt und auf die allgemeine Rückführung der Staatsausgaben von 1,77 % angerechnet. Die seit 2008 deutliche Ausweitung der Personalgerüstes in höhere Gehaltsgruppen wurde in seiner Struktur belassen. Es war dem Verfasser wichtig, keine Gefahren für das Funktionieren des Staates zu riskieren. Erforderlich sind allerdings ein konsequenter Bürokratieabbau und eine konsequente Digitalisierung. Gelingt beides, sind in der Zukunft durchaus noch einmal Einsparungen in ähnlicher Höhe möglich. Einspareffekte durch den Einsatz künstlicher Intelligenz in den Prozessen blieben noch außer Betracht, werden aber in Zukunft auch im öffentlichen Dienst an Bedeutung gewinnen.

- **Die Verteidigungsausgaben** werden ab dem ersten Jahr auf 2 % des BIP angehoben und steigen fortan entsprechend dem realen Wirtschaftswachstum. Die militärische Unterstützung der Ukraine bleibt mangels belastbarer Prognose außen vor. Sollte ein Kreditfinanzierungsbedarf entstehen, könnte dieser über eine Sonderverschuldung gedeckt werden – nach gegenwärtiger Kalkulation dürfte dies jedoch nicht erforderlich sein.
- **Die staatlichen Bruttoanlageinvestitionen** steigen über zehn Jahre hinweg um 60 Mrd. Euro auf das Zielniveau von 185,9 Mrd. Euro und wachsen zusätzlich mit dem realen BIP und damit ab dem Jahr 3 real um jährlich 6 %.
- Die **CO_2-Abgabe** wird dem Bürger vollumfänglich zurückgegeben. Als Struktureffekt werden die heutigen 13 Mrd. des nationalen Emissionshandelssystem des Jahres 2024 als Haushaltsausgabe berücksichtigt, zukünftige Einnahmenerhöhungen gleichen die Mehrausgaben aus.
- **Für den Erhalt der Biodiversität** werden die von der EU geschätzten Mehrausgaben mit jährlich 1,6 Mrd. Euro für Deutschland veranschlagt.
- **Für die Förderung der Kernfusionsforschung** sind zusätzliche Haushaltsmittel in Höhe von jährlich 3 Mrd. Euro eingeplant – ein beachtlicher Betrag. Deutschland soll an der Weltspitze bei dieser Zukunftstechnologie stehen.
- **Mit der konsequenten Begrenzung des Flüchtlingsstroms** nach Deutschland werden schrittweise Einsparungen von 17 Mrd. Euro möglich und damit mehr als eine Halbierung der Kosten. Das ist wie bereits in Kapitel 11.3 ausgeführt immer noch ein hoher Betrag, wenn man die 3 Mrd. Euro des Jahres 2013 als Vergleichsmaßstab nimmt.

[1] Alternativ hat der Verfasser für das Jahr 2024 die Gesamtausgaben von Bund, Ländern und Gemeinden von 1583,2 Mrd. Euro und einem Finanzierungsdefizit von 94,0 Mrd. Euro gemäß der EU-Haushaltsrahmenrichtlinie als Basis gewählt. Zu dem in diesem Buch in Kapitel 8.2 ermittelten Einsparvolumen von 285,2 Mrd. Euro, wurde das oben genannte Defizit der öffentlichen Haushalte von 94,0 Mrd. Euro addiert. Bezogen auf des Gesamtausgabenvolumen von 1583,2 Mrd. Euro müssen dann jährlich über 20 Jahre 1,36% p. a. eingespart werden. Quelle der Daten: Statistisches Bundesamt, EU-Haushaltsrahmenrichtlinie: Ausgaben, Einnahmen und Finanzierungssaldo des Öffentlichen Gesamthaushalts vom 4. April 2025.

- **Zur Förderung des selbstgenutzten Wohneigentums** werden geringere Einnahmen bei der Grunderwerbsteuer von 4,9 Mrd. Euro sowie eine individuelle Förderung angesetzt, die über zehn Jahre hinweg von 1,5 Mrd. auf 3,5 Mrd. Euro jährlich ansteigt.
- **Durch die Besteuerung von Verkaufsgewinnen vermieteter Immobilien** fließen zusätzlich 13,1 Mrd. Euro in den Staatshaushalt; weitere 9,5 Mrd. Euro jährlich ergeben sich aus der **Abschaffung der Sonderregelungen bei der Erbschaftsteuer** für Betriebsvermögen. Beides trägt zu größerer Steuergerechtigkeit und einer leistungsorientierteren Vermögensverteilung bei.
- **Subventionen werden über fünf Jahre hinweg weitgehend gestrichen** oder laufen aus, was ab dem fünften Jahr Einsparungen von rund 62 Mrd. Euro jährlich ermöglicht. Parallel dazu werden Steuervergünstigungen zur Hälfte abgebaut, was Mehreinnahmen von 16 Mrd. Euro jährlich schafft.

14.1 Gesamtwirtschaftliche Bewertung:

Die finanzielle Startphase der Reformagenda ist angesichts der Steuerentlastungen, der umfangreichen Umschichtungen zugunsten öffentlicher Investitionen und der Umsetzung des 2-Prozent-Ziels für Verteidigung besonders anspruchsvoll. In den Folgejahren steigen die Haushaltsüberschüsse jedoch erfreulich schnell an und erreichen im letzten Jahr der Betrachtung eine beachtliche Höhe von **477,2 Mrd. Euro jährlich**. Davon resultiert 73,7 % aus dem zusätzlichen Wirtschaftswachstum, das durch die Strukturreformen erzielt wird.

Die Einhaltung der ursprünglichen Schuldenbremse ist trotz der erheblichen Steuerentlastungen und der Rückgabe der CO_2-Abgaben an den Bürger gegeben. In den folgenden Jahren werden hohe und steigende Haushaltsüberschüsse erzielt. Das scheint aus heutiger Sicht schwer vorstellbar, ist aber eine Entwicklung, die in Unternehmen aus Phasen der konsequenter Kostendisziplin, Investitionen und in der Folge wachsender Erlöse häufig zu beobachten ist.

Tritt diese Entwicklung ein, kann in einer weiteren Steuerreform der Solidaritätszuschlag entfallen und in den regulären Steuertarif integriert werden. Zunächst liegt der Schwerpunkt auf der Entlastung von Erwerbstätigen mit mittlerem Einkommen, wovon auch höhere Einkommen profitieren. In einem zweiten Reformschritt sollte die sogenannte Reichensteuer erst bei einem verdoppelten Schwellenwert und mit einem linearisierten Tarifverlauf greifen.

Die hier modellhaft dargestellte Haushaltsentwicklung wird sich in der politischen Realität nicht vollständig umsetzen lassen, da der Wille zum Schuldenabbau – insbesondere von Altschulden – erfahrungsgemäß gering ist. Gleichwohl zeigt das Szenario, dass bei konsequenter Umsetzung erhebliche Spielräume entstehen – etwa zur Abfederung sozialer Härten oder zur Kompensation sinkender Beitragseinnahmen in der gesetzlichen Rentenversicherung im Zuge des Übergangs zu einem freiwilligen, kapitalgedeckten System. Auch für bereits entstandene Zukunftslasten wie bei den Beamtenpensionen müssen endlich Rückstellungen gebildet werden. Die „schwarze Null“ über den Konjunkturzyklus hinweg ist erreichbar. Voraussetzung ist der politische Wille und die Bereitschaft, den schwierigen Pfad der ersten Jahre im Sinne von „Erst das Land, dann die Partei“ zu beschreiten.

Neben den positiven Effekten in den öffentlichen Haushalten ergibt sich ein starker Wachstumsimpuls durch die Entlastung der Wirtschaft: Der wiederkehrende und einmaliger Erfüllungsaufwand für staatliche Vorgaben nimmt ab. Der Beitragssatz zur Arbeitslosenversicherung kann bei gleichzeitiger Neuaufstellung der Bundesagentur für Arbeit innerhalb von fünf Jahren halbiert werden. Damit sinken ihre Ausgaben auf 21,4 Mrd. Euro. Die Agentur wird gezwungen, Prioritäten zu setzen und effizienter zu wirtschaften.

Für die wissenschaftliche Erklärung, wodurch Wirtschaftswachstum entsteht, wurde der Wirtschaftsnobelpreis 2025 an den Wirtschaftshistoriker Joel Mokyr und die Wachstumsforscher Philippe Aghion und Peter Howitt verliehen. Deren Arbeiten geben den Reformschritten dieses Buches eine eindrucksvolle theoretische Basis für das angestrebte Wachstum. Die Nobelpreisträger erklären Wachstumserfolge und zeigen welche wesentlichen Faktoren dafür zusammenwirken müssen:

- Bildung und Forschung mit bahnbrechendem technologischen Fortschritt,
- einem Unternehmertum, das diese Erkenntnisse zur praktischen Anwendung bringt,
- Monopole **auf Zeit,** die Unternehmenswerte durch die ‚Monopolrendite‘ schaffen und
- einen institutionellem Rahmen (Offenheit für Wandel, Kartellbehörden), damit sich diese Monopole nicht dauerhaft verfestigen, sondern im Sinn des berühmten Ökonomen Schumpeter wieder im intensiven Wettbewerb durch neuen technologischen Fortschritt und andere Unternehmen verdrängt werden können (kreative Zerstörung).

14.2 Fazit

Das Gesamtbild ist ein Aufruf zu mehr Mut, Wandel zuzulassen und den Reformweg hin zu einem kleineren, effizienteren und weniger bürokratischen Staat zu beschreiten – mit dem Potenzial, als neues deutsches Wirtschaftswunder in die Geschichte einzugehen. Eine florierende Wirtschaft, gelebte soziale Verantwortung und ein durch marktwirtschaftliche Instrumente geschütztes ökologisches Gleichgewicht wären die Folge. Der Bürger profitiert mehrfach: durch geringere Abgaben, direkte Rückflüsse staatlicher Umweltabgaben und durch eine entschlackte Verwaltung.

Der politische Lobbyismus hingegen verliert an Einfluss, denn ohne Subventionen und Steuerprivilegien funktioniert die alte Form der Einflussnahme nicht mehr. Die Politik kann sich dann auf die wirklich wichtigen Themen der Republik konzentrieren – und davon wird es auch in Zukunft genügend geben.

Schlusswort

Dem aufmerksamen Leser wird aufgefallen sein, dass in diesem Buch keine gruppenspezifischen Entlastungen vorgesehen sind. Anders als in aktuellen Koalitionsverträgen – etwa von CDU und SPD – steht nicht die Bedienung einzelner Interessengruppen, sondern die strukturelle Neuausrichtung der Gesellschaft im Vordergrund. Allgemeine Steuersenkungen kommen allen Bürgerinnen und Bürgern sowie allen in Deutschland ansässigen Unternehmen zugute – und damit allen Leistungsträgern. Es ist nicht Ziel dieser Reformagenda, gezielt Kapitalgesellschaften oder internationale Investoren zu bevorzugen. Auch findet sich hier kein Vorschlag zur Wiedereinführung der Agrardieselsubvention – ebenso wenig wie zur Rückkehr der Mehrwertsteuervergünstigung auf Restaurantverzehr. Letztere ist im Gegensatz zu reduzierten Sätzen auf Grundnahrungsmittel sozial ungerecht, da Restaurantbesuche kaum ein Fall für Entlastungen sind und die so gebundenen Mittel an anderer Stelle für strukturelle Reformen fehlen würden.

Vielmehr gilt: Alle bestehenden Begünstigungen für Interessengruppen sind kritisch zu hinterfragen und im Zweifel abzuschaffen. Es ist ein schwerwiegender Strukturschaden der deutschen Politik, dass Politiker gerne mit Subventionen und Förderprogrammen glänzen, während Interessengruppen sich in dieser Kultur immer neue Sonderregeln sichern. Diese Unkultur schadet der deutschen Wirtschaft und verhindert notwendigen Wandel.

Zielkarte: Deutschland – Impulse für ein neues Wirtschaftswunder

Tab. 14.2 zeigt abschließend die vollständiger Zielkarte: Deutschland – Impulse für ein neues Wirtschaftswunder.

Tab. 14.2 Vollständige Zielkarte

Ziel	Unterziele	Messgröße	Zielgröße
Wohlstand	Steigerung reales (preisbereinigt) Bruttoinlandsprodukt	Wachstumsrate des realen Bruttoinlandsprodukt in Prozent pro Einwohner	Reale Wachstumsrate des BIP von 2 % p. a. pro Einwohner
	Solide Staatsfinanzen	Neuverschuldung	Schuldenbremse laut Grundgesetz 2024 einhalten,
			(Explizite+Implizite Schulden)/BIP langfristig auf Zielwert 1 reduzieren
	Preisniveaustabilität	Inflationsrate	0 bis 2 % (Statistisches Bundesamt)
	Bürokratie- und Regulierungsabbau	Erfüllungsaufwand laut Normenkontrollrat	Laufenden Erfüllungsaufwand p. a. laut NKR in 5 Jahren auf 5 Mrd. Euro (Niveau 2020) senken
		Bürokratiekostenindex Statistisches Bundesamt	Bürokratiekostenindex (Statistisches Bundesamt) reduzieren,

(Fortsetzung)

Tab. 14.2 (Fortsetzung)

Ziel	Unterziele	Messgröße	Zielgröße
		Mitarbeiterzahl im öffentlichen Dienst	maximal 4505 Tausend Mitarbeiter, Einsparung Personalkosten preisbereinigt 59,1 Mrd. p. a.
	Wettbewerbsfähigkeit Deutschlands erhöhen	Wettbewerbsfähige Energiepreise für Industrie und Haushalte	Index Strompreis USA/BRD und EU/BRD für Industrie und Haushalte auf 100 % verbessern
			Index Gaspreis USA/BRD und EU/BRD für Industrie und Haushalte auf 100 % verbessern
		Steuerbelastung Mittelstand senken: Steuerbelastungsfaktor (SBF)	SBK in fünf Jahren auf 2,2 verdoppeln und Steuertarif linearisieren
		Quote der Sozialversicherungsbeiträge am Bruttoarbeitsentgelt	Summe des beitragspflichtigen Bruttoarbeitsentgelds für Kranken-, Renten- Pflege- und Arbeitslosenversicherung unter 40 % stabilisieren
		Öffentliche Infrastruktur sanieren, 600 Mrd. Euro Investitionen nachholen	Bruttoanlageinvestitionen von 125,9 Mrd. (Index 94,8 in 2024, Basis 2020 preisbereinigt) in 10 Jahren auf 185,9 Mrd Euro p. a. (Index 140,0, preisbereinigt) steigern (4,0 Prozentpunkte p. a.)
Umwelt	CO_2-Neutralität erreichen	CO_2-Äquivalente (CO_2e), 2024 Emission Deutschland ca. 649 Mio. t CO_2e	jährliche Reduktion um 26 Mio CO_2e Tonnen ab 2025 und Rückgabe aller Einnahmen aus der CO_2 Abgabe an die Bevölkerung pro Kopf
	Erhalt der Biodiversität	Biodiversität durch Umsetzung des EU-Plans	Umsetzung EU-gesetz zur Renaturierung bis 2030, 2040, 2050, Beschluss 27.2.2024
	Verpackungsabfall reduzieren und stofflich verwerten	Verpackungs- und Kunststoffabfall in Tonnen/ Anteil stoffliche Verwertung	Reduzierung Verpackungsabfall pro Kopf von 227,5 kg in 2018 um 5 % auf 216,1 kg bis 2030

(Fortsetzung)

Tab. 14.2 (Fortsetzung)

Ziel	Unterziele	Messgröße	Zielgröße
			Reduzierung Kunststoffabfälle und energetische Verbrennung um 20 % gg. 2022 (1,69 Mio. t) bis 2030
	weltbeste Kernfusionsforschung	Anzahl neuer Lehrstühle für Kernfusion/Plasmaphysik	Zunahme Lehrstühle zur Kernfusion/Plasmaphysik um 4 p. a.
Bildung/ Innovation	Weltweite Spitzenposition in den MINT-Fächern	Anteil Universitätsabschlüsse in MINT-Fächern	Gesamtzahl Hochschulabschlüsse 511606 (2024), Anteil MINT 184470, Steigerung auf 40 %
Innovation	Weltweit bei Pisa unter Top 10-Ländern	Rang und Testpunktzahl	Punktzahl Mathe, Lesen, Naturwissenschaften um je 5 Punkte p. a. erhöhen
	Anteil der deutschen Patente weltweit halten	Anteil deutscher Patente weltweit in Prozent	1,6 % Anteil deutscher Patente weltweit, Ausgangsjahr 2024
	Anzahl selbständiger Unternehmen absolut und	Unternehmensanzahl (rechtliche Einheit)	Erhöhung um 1,0 % p. a., Ausgangswert 2024 sind 3.543.865 Unternehmen
	weltweit in TOP 100 erhöhen	Firmen weltweit in TOP 100 nach Marktkapitalisierung	Zielwert plus 1 p. a., Ausgangswert sind 3 Unternehmen in 2022,
	Anzahl selbständiger Meister erhöhen	Zahl zulassungspflichtiger Handwerksbetriebe	Ausgangswert 489403 (2022), Zielwert plus 0,5 % p. a.
Sicherheit	Deutschland und Europa verteidigungs-fähig machen	Verteidigungsausgaben am BIP aus dem lfd. Haushalt ohne Ukrainehilfe,	Verteidigungsausgaben im laufenden Haushalt auf 2 % des BIP erhöhen
	Kriminalität senken	Straftaten Deutscher/ Nichtdeutscher	Rückgang der deutschen und nichtdeutschen gewaltkrimineller Tatverdächtigen, bei Nichtdeutschen auf den Anteil an der Bevölkerung (2022: 13,8 %, 2023: 15,2 %, 2024: 16,6 %)
	Fluchtmigration verringern/Integration steigern	Nettozuwanderung aus Nicht-Europa, Ausländerarbeitslosigkeit	Nettozuwanderung Nicht-Europa auf 50000 p. a. und Ausländerarbeitslosigkeit verringern
	Deutsche Aus-wanderung verringern und qualifizierte	Auswanderung von Deutschen ins Ausland	Auswanderung von 265035 Deutschen (2023) halbieren; 5 Prozentpunkte p. a.

(Fortsetzung)

Tab. 14.2 (Fortsetzung)

Ziel	Unterziele	Messgröße	Zielgröße
	Zuwanderung aus dem Ausland erhöhen	Zuwanderung mit Blue-Card EU	Zuwanderer mit Bluecard um jährlich 10 % erhöhen (Basis 2023: 113550)
Verteilung	Ungleichverteilung optimieren	Ginikoeffizienten Einkommen und Vermögen	Ginikoeffizient des Einkommens von 30 % halten
			Ginikoeffizient des Vermögen von 76,2 auf 71,0 % reduzieren, jährlich um 0,5
	Generationenge-rechtigkeit sicherstellen	Renten/Pensionseintrittalter	Renten/Pensionseintrittsalter um 2 Jahre und Zunahme der Lebenserwartung erhöhen
		Gleiche WR der Renten/ Pensionen und Nettoeink. nach Sozialabgaben	Renten/Pensionen p. a. im Umfang des verfügbaren Lohns der Erwerbstätigen erhöhen (Kapitel 12.2)
		Wahlrecht auf anteilige Rentenvers./Pension mit Kapitaldeckung	Steigerung des Wahlrechts Rentenvers. um 2,0 Prozentpunkte p. a. über 50 Jahre auf 100 %
	Sozialleistungen einfrieren/ Subventionen senken	Sozialausgaben	Sozialleistungen des Staates um jährlich 16,8 Mrd. Euro in Preisen von 2024 reduzieren (Tab. 2.13)
		Summe Finanzhilfen/ Steuervergünstigungen	5 Mrd. Euro p. a., nicht zugesagte Subventionen jährlich um mind. 1/5 senken in Mrd. Euro

Literatur

1. Sachverständigenrat, Jahresgutachten 2024/2025
2. Internationaler Währungsfonds, Fiscal Monitor, Oktober 2024
3. Yongquan Cao, Vitor Gaspar, and Adrian Peralta-Alva, Costly Increases in Public Debt when r < g, IMF Working Papers, 24/10
4. Jörg Lichter: Protektionismus: Wann funktioniert er – wann schadet er dem Land? Handelsblatt Research Institut, 2024
5. Internationaler Währungsfonds, Fiscal Monitor, Oktober 2024
6. Internationaler Währungsfonds, World Economic Outlook, April 2025
7. Lewe Bahnsen, Gerrit Manthei, Bernd Raffelhüschen, Ehrbarer Staat? Die Generationenbilanz: Nachhaltigkeit im Klammergriff des Wahlkampfes, Argumente zu Marktwirtschaft und Politik Nr. 138, September 2017
8. Bernd Raffelhüschen u. a., Ehrbarer Staat? Die Generationenbilanz, Argumente zu Marktwirtschaft und Politik, Nr. 171, 2023 und Nr. 176, 2024, Nr. 183, 2025
9. Karen Feist, Bernd Raffelhüschen, Möglichkeiten und Grenzen der Generationenbilanzierung, in: Wirtschaftsdienst, 80 Jg., Juli 2000, Heft 7, S. 440
10. Deutsche Bundesbank, Vermögen und Finanzen privater Haushalte in Deutschland: Ergebnisse der Vermögensbefragung 2023, Monatsbericht April 2025
11. Justus Haucap, Christiane Kehder, Ina Loebert, Bürokratie und die Folgen für die Wirtschaft in Deutschland, Düsseldorf 11/2022
12. N. Potrafke/M. Schlepper/R. Schmid/M. Schmidt, Perspektiven für den Wirtschaftsstandort Deutschland – Reformvorschläge, ifo Schnelldienst 5/2024
13. Normenkontrollrat, Jahresbericht 2025
14. Normenkontrollrat, Jahresbericht 2023
15. Normenkontrollrat, Jahresbericht 2025
16. Statistisches Bundesamt, Bürokratiekostenindex, Stand 6.11.2024
17. IMD World Competitiveness Booklet, diverse Jahrgänge
18. OECD (2024), Taxing Wages 2024: Tax and Gender through the Lens of the Second Earner, OECD Publishing, Paris
19. Vbw-Studie: Internationaler Energiepreisvergleich für die Industrie, 10/2023
20. Blackout News GmbH, Schwedens Energieministerin legt mit der Kritik an der deutschen Energiepolitik nach, Karlsruhe, 20.12.2024

M. Lüdiger, *Deutschland – Impulse für ein neues Wirtschaftswunder*,
https://doi.org/10.1007/978-3-658-50754-1

21. IW-Gutachten, Martin Beznoska, Tobias Hentze: Die Steuerlastverteilung der Einkommensteuer und des Soli von 1998 bis 2021, Zahlen Spitzenverdiener weniger Einkommensteuern als früher?
22. Andreas Bach, Aktuelle Reformvorschläge zum Einkommensteuertarif, in: Wirtschaftsdienst 2021
23. Institut Arbeit und Qualifikation der Universität Duisburg-Essen, Beitragssatzentwicklung in der Sozialversicherung 1970 – 2025, 2025
24. S. Dullien /S. G. Iglesias /M. Hüther /K. Rietzler, Herausforderungen für die Schuldenbremse, Investitionsbedarfe in der Infrastruktur und für die Transformation, Köln 5/2024
25. Bundestagsdrucksache 18/3764, 1–2015
26. Verordnung (EU) 2024/1991 des Europäischen Parlaments und des Rates vom 24. Juni 2024 über die Wiederherstellung der Natur und zur Änderung der Verordnung (EU) 2022/869
27. CBD/COP/15/L.25, 18 Dezember 2022, UN-Beschluss zur Biodiversität
28. Europäische Kommission, Natura 2000, diverse Veröffentlichungen, https://environment.ec.europa.eu/topics/nature-and-biodiversity/natura-2000_en
29. Eurostat env_waspac, 2023, Stand 21.10.2025
30. Statistisches Bundesamt, Destatis, Europa, Recycling und Reduzierung von Siedlungsabfällen, Verpackungsmüll und Elektroschrott, 2023, Stand Januar 2026
31. Bertelsmann Stiftung, Circular Economy – Ein Schlüssel für eine Nachhaltige Soziale Marktwirtschaft? Fokuspapier Nr. 12, Gütersloh 6/2023, S. 54 ff.
32. Sven Wurbs u. a., Ist Kernfusion eine Energiequelle der Zukunft? September 2024
33. Statistisches Bundesamt (Destatis), Master-Abschlüsse in MINT-Fächern 2022, 9/2024
34. OECD, PISA 2022, Ergebnisse (Band I und II) – Ländernotizen Deutschland, S. 2/13
35. Institut für Qualitätssicherung im Bildungswesen, IQB-Bildungstrend 2021 und 2022
36. S. Hubig, K. Prien, T. Schopper, Vorschläge für die Bildung bis 2035, in: Bessere Bildung 2023, S.137 ff.
37. World Intellectual Property Organization, World Intellectual Property Indicators 2015, 2019, 2023, 2024, 2025
38. Deutschen Patent- und Markenamt, Jahresberichte 2023 und 2024
39. PwC, Global Top100 companies by market capitalisation, 4–2024
40. Statistisches Bundesamt, Umsatzsteuerstatistik
41. Heiner Röhl, Verteidigungsausgaben, Gerade so genug für die NATO, IW-Kurzbericht, 04/2024
42. Bundesregierung, 2024, Bundeshaushaltsplan 2024 und Einzelplan 14, https://bundeshaushalt.de/static/daten/2024/soll/epl14.pdf 4.3.2024
43. Finanzplan des Bundes 2024 bis 2028, Bundestagsdrucksache 20/12401
44. Wido Geis-Thöne, Abwanderung aus Deutschland bei einer insgesamt sehr positiven Wanderungsbilanz. Eine Analyse der verfügbaren Daten zu Fortzügen und Abwanderungsabsichten, IW-Report, Nr. 13, 2022
45. Bundesamt für Migration und Flüchtlinge, Zahlen zur Blauen Karte EU, Juli 2024
46. Eurostat, Gini-Koeffizienten Europa, Income distribution and income inequality, 2025
47. Deutsche Bundesbank, Vermögen und Finanzen privater Haushalte in Deutschland: Ergebnisse der Vermögensbefragung 2023, Monatsbericht April 2025
48. Servet Yanatma, Wo in Europa ist die Vermögensungleichheit am größten? Euronews, 4/2024
49. UBS Global Wealth Report, 2024
50. Statistisches Bundesamt, 15. Koordinierte Bevölkerungsvorausberechnung für Deutschland, Destatis.2024
51. Institut Arbeit und Qualifikation der Universität Duisburg-Essen, abbII13 und abbII13b
52. Subventionsbericht der Bundesregierung, in: Monatsbericht des BMF, November 2023 und 30. Subventionsbericht der Bundesregierung vom 10.09.2025

53. Internationale Währungsfonds, World Economic Outlook 4/2025, Kapitel 1
54. Konrad-Adenauer-Stiftung e.V., Politischer Durchbruch beim EU-Mercosur-Handelsabkommen, Länderbericht, Dezember 2024
55. Zinsen für griechische Staatsanleihen auf Rekordhoch, in: Spiegel vom 25.08.2011
56. Kerstin Benoth, Burcu Erdogan, Zinsspreads auf europäische Anleihen: Finanzmärkte verstärken Druck zu mehr Haushaltsdisziplin, Wochenbericht des DIW Berlin Nr. 51–52/2010
57. Ifo-Standpunkt 240: Das neue Kaufprogramm der EZB ist toxisch für die Währungsunion, Lars Feld, Clemens Fuest, Volker Wieland, Handelsblatt 5. August 2022
58. BVerfG, Urteil des Zweiten Senats vom 5. Mai 2020 – 2 BvR 859/15 -, - 2 BvR 1651/15 -, - 2 BvR 2006/15 -, - 2 BvR 980/16 -, Leitsätze 7 und 8
59. Europäische Zentralbank, Programme zum Ankauf von Vermögenswerten, Juni 2025
60. Europäische Zentralbank, Rückblick auf die PEPP-Umsetzung seit dem Ende der Reinvestitionen, 4/2025
61. Gabor Steingart, Die 7 Todsünden der Christine Lagarde bei der Inflationsbekämpfung, Focus online v. 3.5.2023
62. Nationaler Normenkontrollrat, Jahresbericht 2024
63. Justus Haucap, Christiane Kehder, Ina Loebert, Bürokratie und die Folgen für die Wirtschaft in Deutschland, Düsseldorf 11/2022
64. Protokoll 101. Arbeits- und Sozialministerkonferenz (ASMK) 12.2024, Top 5.1. Sicherung der Zukunfts- und Funktionsfähigkeit des Sozialstaates
65. Statistisches Bundesamt, Verdienste nach Branchen und Berufen, Monatliche Bruttomonatsverdienste, Zeitreihe, Gesamtdeutschland
66. International Energie Agentur, World Energy Outlook 2024
67. International Energie Agentur, World Energy Outlook 2025
68. Deutsche Gesellschaft für die Vereinten Nationen, Bevölkerungsentwicklung, Reproduktive Gesundheit und Rechte, 20.8.2025
69. vbw, Regionale Kooperationen bei der Energieversorgung, Dezember 2024
70. Smart-Market-Design in deutschen Verteilnetzen, Agora Energiewende (Auftraggeber), 110/02/-S-2017/DE, März 2017
71. Paul Kirchhoff; Bundessteuergesetzbuch. Ein Reformentwurf zur Erneuerung des Steuerrechts, Heidelberg 2011
72. Statistisches Bundesamt, Destatis, Qualität der Arbeit: Krankenstand, 2025
73. Der Informationsdienst des Instituts der deutschen Wirtschaft, Der Krankenstand in Deutschland, 21.05.2025
74. Bundesanstalt für Arbeit, Haushaltsplan 2024
75. Bundesanstalt für Arbeit, Haushaltsplan 2008
76. Stefanie Eich, EU beschließt CO2-Grenzausgleichsmechanismus, German Trade & Investment, 13.06.2023
77. Verordnung (EU) 2024/1991 des Europäischen Parlaments und des Rates vom 24. Juni 2024 über die Wiederherstellung der Natur und zur Änderung der Verordnung (EU) 2022/869
78. Regulation on nature restoration, Impact assessment (SWD (2022) 167, SWD (2022) 168 (summary)) accompanying a Commission proposal for a Regulation of the European Parliament and of the Council on nature restoration (COM (2022) 304)
79. Circle Economy 2023, The Circularity Gap Report 2023, Amsterdam
80. Mike Zeitz, Die Klimakonferenz bringt nichts mehr, Spektrum, 24.11.2024
81. Marvel Fusion, München/Fort Collins, Auszug der Pressemitteilung vom 7. August 2023
82. Times Higher Education World (THE) University Rankings 2025
83. Institut für Qualitätssicherung im Bildungswesen, IQB-Bildungstrend 2021
84. Institut für Qualitätssicherung im Bildungswesen, IQB-Bildungstrend 2022

85. Institut für Qualitätssicherung im Bildungswesen, IQB-Bildungstrend 2024
86. Pressemitteilung Stadt Hamburg vom 13.10.2023, PISA-Studie für Deutschland zeigt: Hamburg im Bundesvergleich erneut stark verbessert
87. KMK, Kultusministerkonferenz (KMK) fasst Beschluss zu PISA 2022, 08.12.2023
88. World Intellectual Property Organization, World Intellectual Property Indicators 2025
89. Hans-Jürgen Papier, Zurückweisungen an der Grenze „nicht nur möglich, sondern sogar geboten“ in: Welt vom 09.09.2024
90. BeckOK GG/Heusch, 64. Ed. 15.11.2025, GG Art. 16a Rn. 39, beck-online
91. Winfried Kluth, Reform des europäischen Asylsystems: Vor der Umsetzung gescheitert? Gastbeitrag in: C. H.Beck vom 12. Februar 2025
92. Deutschen Bundesbank, Monatsbericht April 2024
93. Statistisches Bundesamt, Wohnen/Eigentumsquote, Stand 19.02.2024, 2025
94. Statistisches Bundesamt, Mikrozensus Wohnsituation: Eigentumsquote, Zeitreihe 1998 – 2022, Destatis 2025
95. Institut der deutschen Wirtschaft, Wohneigentumsquote in Deutschland weiterhin niedrig, 02.01.2025
96. Immobilienmarktberichte Deutschland 2023 und 2025 der Gutachterausschüsse in der Bundesrepublik Deutschland, Bonn 2023 und 2025
97. European Commission, The distribution of wealth between households, research note 11/2013
98. Joachim Frick und Markus M. Grabka, Alterssicherungsvermögen dämpft Ungleichheit – aber große Vermögenskonzentration bleibt, Wochenbericht des DIW Berlin Nr. 3/2010
99. M. Demary und diverse, Die Rolle der Betriebsvermögen in der Vermögensverteilung, Institut der deutschen Wirtschaft für Stiftung Familienunternehmen, München 2021
100. Carsten Schröder und diverse, Verbesserung der Forschungsdateninfrastruktur im Bereich Hochvermögender mit dem Sozio-ökonomischen Panel, DIW, 1084–2020
101. Stefan Bach, Erbschaftsteuer: Privilegien abschaffen, DIW Berlin 17, November 2022
102. Sachverständigenrat, Jahresgutachten 2023/2024
103. Deutsche Rentenversicherung, Bundesmittel und Bundeszuschüsse: Staat erstattet Kosten für nichtbeitragsgedeckte Leistungen, 14.8.2024
104. Statistisches Bundesamt, EU-Haushaltsrahmenrichtlinie : Ausgaben, Einnahmen und Finanzierungssaldo des Öffentlichen Gesamthaushalts vom 4. April 2025

Stichwortverzeichnis

A
Abgabenlast, 28, 35, 37, 162
Alterspyramide, 93, 94, 172, 176
Arbeitslosenversicherung, 37, 39, 42, 131, 172, 190
Arbeitslosigkeit, 11, 42, 82, 131, 161
Arbeitsproduktivität, 8
Artensterben, 47
Asylbewerber, 158–162
Außenhandelsbilanz, 15
Außenhandelsbilanzdefizite, 16
Auswanderung, 83–86, 162–163

B
Betriebsvermögen, 171–172, 189
Bevölkerungswachstum, 126
Biodiversität, 48–51, 139–141, 188
Blaue Karte EU, 85, 162
Bruttoanlageinvestitionen, 42, 44, 188
Bürokratie, 21–25, 27, 85, 87, 115–122, 127, 153, 185
Bürokratiekostenindex, 25, 122

C
Circular Economy, 54, 141
CO_2-Abgabe, 127, 137, 188
CO_2-Äquivalente, 135
CO_2-Bepreisung, 98, 126, 137, 143
CO_2-Emissionen, 49, 125
CO_2-Grenzausgleichsabgaben, 137
CO_2-Neutralität, 48–49, 135–138
COP, 50

D
Daseinsführsorge, 50

E
Eigenheimzulage, 167
Emissionsrechte, 47, 49
Energiepolitik, 29–31
Energiepreise, 27–32, 122–128, 155
Erbschaftsteuer, 171–172, 189
Erfüllungsaufwand, 23–25, 116, 122, 190
EU-Kommission, 10, 51, 111, 137, 139
europäische Armee, 157
Europäische Union, 19, 135
Exzellenzwettbewerb, 147
EZB, 14, 20, 89, 112–115

F
Fluchtmigration, 79–83, 155, 158–162
Förderprogramme, 138

G
Geldpolitik, 19, 112, 113
Geldschöpfung, 8
Geldwertstabilität, 112
Generationenbilanzierung, 17, 18
Generationengerechtigkeit, 18, 92–95, 172–176
Gesamtverschuldung, 14, 18
Gewaltkriminalität, 77
Gini-Koeffizient, 87, 88, 92, 165
Grunderwerbssteuerbefreiung, 166
Grundgesetz, 11, 12, 64, 75, 82, 114, 117, 158

M. Lüdiger, *Deutschland – Impulse für ein neues Wirtschaftswunder*,
https://doi.org/10.1007/978-3-658-50754-1

H

Handelsbilanzüberschuss, 15
Handwerk, 71, 72, 155, 156
Haushaltseffekt, 111, 133, 185–187
hohen impliziten Schulden, 10

I

Industriestrompreis, 29, 31
Inflationsrate, 20, 36, 39, 110, 115, 129, 173
Internationale Währungsfonds, 8, 99
Investitionsstau, 37, 42, 132
IQB-Bildungstrend, 62, 63, 148

K

kapitalgedeckte Altersvorsorge, 155
kapitalgedeckte Rentenversicherung, 170, 174–176
Kaufkraftparität, 77
Kernfusion, 55, 56, 143, 144
Kernfusionsforschung, 55–56, 143–144, 152, 155, 188
Klimaerwärmung, 47, 124, 139
Kohlendioxidäquivalent, 49
Konjunkturzyklus, 8, 12, 39, 190
Krankenversicherung, 92, 130
Kriminalität, 77–79, 87, 91, 158–159, 161
Kunststoffabfälle, 51, 54

M

Marktkapitalisierung, 69, 70
Marktversagen, 113
MINT-Fächer, 57, 145

N

Netzentgelte, 31, 128, 137, 138
Netzinfrastruktur, 128
Normenkontrollrat, 23, 115

O

Öffentliche Infrastruktur, 42–45, 132–133

P

Patent, 66–69, 152–154
Personalausgaben, 119–121
PISA, 57, 59, 62, 63, 147, 148, 150, 152, 161
Plastikmüll, 51–55, 109, 141–143
Plastikverschmutzung, 47, 48
Potenzialwachstum, 8, 115
Preisniveaustabilität, 16, 19–21, 112–115, 155

R

Regenerationsfähigkeit der Natur, 47
Regulierungsabbau, 21–25, 115–122
Renaturierung, 50
Renteneintrittsalter, 94, 95, 172
Rentenversicherungssystem, 170, 173

S

Sachverständigenrat, 8, 173
Schuldenbremse, 10–15, 17–19, 42, 76, 77, 111, 133, 185, 189
Sicherheit, 75, 76, 109
Sonderschulden, 10, 19, 76
Sondervermögen, 10, 14
Sozialabgabenquote, 37
Sozialleistungen, 42, 95–99, 118, 119, 176–177
Sozialversicherungsbeiträge, 37–42, 94, 130–132
Spitzensteuersatz, 32, 35, 129
Staatsfinanzen, 8–19, 109–111, 155
Staatsverschuldung, 8, 10, 19, 112
STEPS, 122, 123
Steuerbelastung, 27, 32–37, 129–130
Steuerbelastungsfaktor, 35, 37
Steuereinnahmen, 12, 36, 37, 110, 129, 136, 171, 185
Steuerentlastungen, 129, 176, 185, 189
Steuerliche Gleichbehandlung, 168–170
Steuerstrukturreform, 129
Strategie, 3, 154
Strukturreformen, 18, 111, 172, 189
Strukturwandel, 16, 49, 98, 107, 123, 127, 137, 138, 143
Subventionen, 3, 31, 44, 47, 49, 50, 54, 76, 95–99, 108, 110, 126–128, 137, 155, 176–177, 189–191

T

Top-Universitäten, 145

U
Ukraine, 28, 30, 76, 77, 79, 82, 188
Umwelt, 7, 47–49, 51, 55, 127, 177
Umweltpolitik, 11, 47, 48, 97
Umweltschäden, 140
Ungleichverteilung, 87–92, 165–172
Unternehmensanzahl, 71, 154
Unternehmensregister, 71

V
verfügbarer Lohn, 172
Vermögensungleichheit, 20, 88–92, 155
Vermögensverteilung, 88, 90, 165, 170, 171, 189
Verpackungsabfälle, 54
Verteilung, 32, 45, 54, 90, 91, 114, 130, 172

W
Welthandelsorganisation, 16, 108
Wettbewerbsfähigkeit, 11, 12, 16, 25, 27–45, 49, 69, 94, 115, 122–133, 138, 145, 176
Wettbewerbsvorteil, 28, 66
Wirtschaftsnobelpreis 2025, 190
Wirtschaftswachstum, 7, 10, 177, 185, 188–190
Wohlstand, 7, 8, 20, 37, 47, 48, 57, 63, 69, 70, 75, 90, 92, 99, 108, 109, 123, 135, 141, 152, 154, 155, 172, 177
Wohneigentum, 155, 165–168

Z
Zuwanderung, 32, 83–86, 155, 158, 161–163, 175

FSC
www.fsc.org
MIX
Papier | Fördert
gute Waldnutzung
FSC® C083411

Kolibri 360 GmbH
Ferdinand-Jühlke-Straße 7
99095 Erfurt, Deutschland
produktsicherheit@kolibri360.de